本书获国家社会科学基金项目"振兴西藏乡村旅游背景下
（项目编号：18CGL023）的资助

乡村旅游背景下的
地方品牌化研究

桑森垚 ◎ 著

吉林大学出版社
·长春·

图书在版编目（CIP）数据

乡村旅游背景下的地方品牌化研究 / 桑森垚著 . -- 长春：吉林大学出版社，2023.9
　　ISBN 978-7-5768-2284-7

Ⅰ.①乡… Ⅱ.①桑… Ⅲ.①乡村旅游—品牌战略—研究—中国 Ⅳ.① F592.3

中国国家版本馆 CIP 数据核字（2023）第 201799 号

书　　名：	乡村旅游背景下的地方品牌化研究
	XIANGCUN LÜYOU BEIJING XIA DE DIFANG PINPAIHUA YANJIU
作　　者：	桑森垚
策划编辑：	卢　婵
责任编辑：	卢　婵
责任校对：	王　蕾
装帧设计：	三仓学术
出版发行：	吉林大学出版社
社　　址：	长春市人民大街 4059 号
邮政编码：	130021
发行电话：	0431-89580028/29/21
网　　址：	http://www.jlup.com.cn
电子邮箱：	jldxcbs@sina.com
印　　刷：	武汉鑫佳捷印务有限公司
开　　本：	787mm×1092mm　　1/16
印　　张：	22
字　　数：	320 千字
版　　次：	2023 年 9 月　第 1 版
印　　次：	2023 年 9 月　第 1 次
书　　号：	ISBN 978-7-5768-2284-7
定　　价：	98.00 元

版权所有　翻印必究

前　言

近几年，全球面临着许多挑战。全球化的步伐受到了地域性贸易保护主义的狙击，新冠肺炎的暴发也进一步延缓了全球性交流和世界一体化的进程，在这些挑战中，旅游业作为代表性的款待业受到了巨大的冲击。然而，对于全面检验"十三五"发展成果，并进入"十四五"规划关键时期的中国而言，中国旅游业同样面临着严峻的挑战，但也涌现出新的特点和产业发展机遇。

2020年是中国脱贫攻坚的收官之年。在新冠肺炎的压力下，经过全国人民的努力，尚存的"老少边穷"地区成功实现了全部脱贫。在这样的背景下，如何让刚刚脱贫并面临返贫压力的"新乡村"实现可持续脱贫，并在抵抗相对贫困之路上愈走愈远，进而成为促进中国经济发展和深化改革的新动能，成为广大乡村振兴实践者和研究者所面临的新领域。这其中的关键是跨越学科的桎梏，以理论促实践，探索并发展适合中国乡村发展自生性和内生性的本土化理论。

地方品牌化是近年来受到国外学者广泛关注的一个新兴理论。横向上，与商品品牌化、公司品牌化相比，地方品牌化将特定区域或领域范围作为品牌化的对象，强调地域的符号性和意义赋予。纵向上，与城市品牌化、国家品牌化、目的地品牌化相比，地方品牌化突破了地域范畴，强调任何可通过人际互动或人地互动而得以进行意义赋予以及社会表征化的区域均可以作为地方品牌化的研究和实践对象，如网络空间和社区。此外，地方品牌化强调地方品牌设计的动态性和活性，强调牵一发而动全身的整体化和系统性品牌设计理念。同时，地方品牌化旨在协调内部和外部利益相关者协调共生，尤其关注内部地方品牌化所激发的公正（social justice）地方品牌发展。总之，作为一个新生的理论，地方品牌化具有较强的地方适应性，即可通过不同的地方特征进行不同的品牌化嵌入。作为活化的理论，地方品牌化具有较强的情景适应性，可根据不同的社会情境（social context）和时代要求延展出不同的理论方案；地方品牌化本身作为人文地理学和市场营销学的跨学科理论，具有较强的学科包容性，其近二十年的研究还涉及了符号学、生态学、传播学、心理学等不同的学科方向，表现出强力的理论发展潜能。基于此，本研究提出了将地方品牌化理论作为利用乡村旅游打破乡村发展桎梏的可行性方案。

自2016年8月起至2020年，笔者深入Z省各地区乡村旅游品牌地进行实地调研，试图发现这些乡村旅游目的地发展地方品牌的共性，并将之概念化。其中既包括借助移动廊道而得以自生发展的沿线民宿集聚乡村旅游目的地、景区依托型乡村旅游目的地，也包括政府规划型乡村旅游目的地、演艺型乡村旅游目的地，以及传统文化依托型乡村旅游目的地。伴随着针对Z省不同乡村旅游目的地地方品牌化发展路径的主题分析，逐渐形成了一幅面向Z省乡村旅游地方品牌发展的研究路线图，并最终形成了本书。

总体而言，本研究成果分为绪论、核心理论、专题研究和结论四个部分，共八个章节。除第一章的绪论、第二章对乡村旅游的研究综述、第三章对地方品牌化的研究综述和第八章的结论之外，本研究的主体包括四个专题：Z省乡村旅游发展环境和竞争力评价报告，Z省乡村旅游内部地方品牌化分析，Z省乡村旅游地方品牌化整合分析路径的探索，Z省乡村旅游地方品牌化成功策略典型案例分析。

就各专题而言，本研究得出以下结论。首先，对Z省乡村旅游发展的政策环境、市场环境、资源环境和整体环境以及地方品牌化的发展现状和潜力进行了剖析。以强弱项、补短板、抓重点为整体思路,梳理了当下 Z 省乡村旅游发展过程中的相对竞争环境。在政策环境方面,政策目标不清晰、政策执行者获得感较低、政策出台和落实之间存在差距,以及政策资源投入较低的转化比始终是限制 Z 省乡村旅游发展的政策瓶颈。在资源环境方面,地方品牌与地方资源能效不匹配,以廊道型或故事线为核心的资源规模化优势和主题性优势未被合理挖掘,人力资源始终缺位,尤其是本地化旅游管理人才培育机制表面化,生态环境保护和资源开发之间不协调等问题始终存在。在市场环境方面,Z 省乡村旅游地方品牌的核心,即自然和社会文化生态并未得到合理开发。餐饮和住宿设施等满足市场最基础需求,以及作为地方品牌化发展最核心要素的内容被评价为较低表现,同时服务质量等直接对接人力资源环境的要素,以及作为 Z 省乡村旅游社区最短板的内容,在面对较高表现的主客互动时展现出低表现。以上从侧面证实了乡村游客地方本真体验是建立在"舞台化"建构本真基础上的,同时也凸显了 Z 省乡村旅游市场对本省乡村旅游品牌质量的期待不一致。

其次,在对环境进行整体把握的基础上,本研究将乡村社区参与视作构建 Z 省乡村旅游地方品牌化的基石。尤其是乡村社区居民作为地方品牌建设的本真表征和地方大使,内部地方品牌化的成功无疑是地方品牌化可持续发展的保证。以 D 村为案例地,从非正式制度的视角剖析了社区参与的特殊性存在的原因。更进一步,从符号学的视角,整体剖析了 D 村内部地方品牌化的发展路径和存在问题,捕捉到了以 D 村为例,在 Z 省乡村旅游地方品牌化过程中广泛存在的因内部地方品牌化路径不清晰而导致的政府公信力不足以及乡村社区凝聚力弱化。

再次,更多地从理论发展的角度对现有的地方品牌化分析框架进行了重塑。以 Z 省乡村旅游地方品牌化的典型案例地为基础,通过嵌入皮尔斯符号学理论、内外部环境理论、ICON 地方品牌化理论以及地方文化、地方认同和地方形象三维度动态地方品牌化模型,梳理了一种可以较为契合 Z 省乡村旅游地方品牌化发展现状、发展前景、潜力分析和路径探索的整合性地方品牌化研究方案,为未来的乡村旅游地方品牌化理论发展提供了参考空间。

最后，从地方品牌化内部营销和外部营销的不同视角，对现有Z省乡村旅游地方品牌较为典型的几个案例地进行剖析，提炼出较为适用于Z省乡村旅游地方品牌化发展的几种营销方式。

正如本前言开头所言，目前旅游业的发展面临更多不确定性，乡村旅游地方品牌化也面临着新的发展困境，但相应的，乡村旅游地方品牌化理论也迎来了新的研究语境。笔者对近年有关乡村旅游的新闻报道和网络评论（主要发布在抖音和新浪微博）进行内容分析，发现新媒体、云旅游、乡村民宿（rural stay）、乡村生态、近郊乡村休闲成为热点主题。这些主题一方面深化了乡村旅游地方品牌化的文化主题性和地方性，另一方面则提供了更广泛的乡村旅游地方品牌叙事（brand narrative）途径。因此，未来的乡村旅游地方品牌化更具研究潜力和研究可行性。但笔者也更为地方品牌化理论的本土化落地感到忧虑。一方面，中国政府仍然将地方品牌化停留在区域品牌化层面，将品牌视作形象传播的载体而充满目的性，如从"游丹寨就是扶贫"到"度假到丹寨"；另一方面，社区参与仍然面临实践困境，自下而上的品牌化参与和旅游决策对政府而言充满不确定性以及利益转换的时间不对等（no-value）。未来是否能找到可以充分实践地方品牌化理论的旅游目的地，如"阿者科计划"一样，在实践中指导理论发展，打破用已有的案例提取中国路径或是臆想地揣摩，不仅是地方品牌化理论的中国本土化，也是所有中国社会工作（social work）理论发展的关键。

目 录

第一部分 绪论

第一章 绪 论 ... 3

一、研究背景 ... 3

二、地方品牌化理论的发展背景 ... 5

三、研究价值和研究目的 ... 8

四、研究技术思路与内容 ... 9

第二部分 核心理论

第二章 乡村旅游 ... 13

一、乡村的概念 ... 13

二、乡村旅游的概念及我国乡村旅游建设 ... 15

第三章　地方品牌化·· 60

一、品牌和品牌化··· 60

二、地方品牌化的概念内涵··· 93

第三部分　专题研究

第四章　专题一：Z省乡村旅游发展环境和品牌竞争力评价报告······ 151

一、Z省乡村旅游政策执行度评价·· 152

二、Z省乡村旅游市场环境分析·· 168

三、Z省乡村旅游资源环境分析·· 179

四、Z省乡村旅游战略环境和竞争力分析······································ 182

五、小结··· 198

第五章　专题二：Z省乡村旅游内部地方品牌化分析·········· 201

一、符号学视角下的Z省乡村旅游内部地方品牌化探究

　　——以D村为例··· 203

二、Z省乡村旅游内部地方品牌化过程中的非正式制度嵌入

　　——以D村为例··· 216

三、基于AHP层次分析法的Z省乡村旅游社区参与障碍分析······ 224

四、小结··· 231

第六章 专题三：Z省乡村旅游地方品牌化整合分析路径的探索…… 233

一、基于整合ICON模型的Z省乡村旅游地方品牌化分析：

以D村为例 ………………………………………… 235

二、基于皮尔斯符号学的地方品牌化模型重构：

来自D村乡村旅游目的地品牌化的验证 …………… 246

三、小结 ……………………………………………… 260

第七章 专题四：Z省乡村旅游地方品牌化成功策略典型案例分析… 263

一、乡村节庆视角下的地方品牌建构

——以L市G村为例 ……………………………… 264

二、探索社交媒体影响乡村旅游社区居民参与

——以Z省T村为例 ……………………………… 269

三、基于故事讲述的乡村旅游地方品牌开发策略研究

——案例分析及思考 ……………………………… 283

四、小结 ……………………………………………… 289

第四部分 结论

第八章 研究结论……………………………………… 293

一、研究发现 ………………………………………… 293

二、研究价值和建议 ……………………………………… 295

三、研究不足与困惑 ……………………………………… 301

参考文献 ………………………………………………………… 303

第一部分 绪论

第一章 绪 论

一、研究背景

农业是我国国民经济的基础。农业兴则国家兴旺，农民富则国家富裕。建设富强、文明、和谐、美丽的社会主义新乡村是实现中华民族伟大复兴中国梦的关键要素。农业文明是中华文明的重要构成成分，是中华民族生存方式、价值观和社会传统的最直观表象，是城市文明和现代社会的根基，也是中华民族的文化根源和精神家园。建设"望得见山、看得见水、记得住乡愁"的美丽乡村是对中国现代化建设征程中传统精神永续的基本要求。

2013年，中央一号文件提出了加强乡村生态建设，努力建设"美丽乡村"的工作部署。2015年，中央一号文件再次提及要挖掘乡村生态休闲、旅游观光、文化教育价值，加大对乡村旅游休闲基础设施建设的投入，研究制定促进乡村旅游休闲发展的用地、财政、金融等扶持政策，落实税收优惠政策，扶持建设一批具有历史、地域、民族特点的特色景观旅游村镇，打造形式多样、特色鲜明的乡村旅游休闲产品。2016年，中央一号文件将大力发展休闲农业和乡村旅游业，使乡村旅游成为繁荣农村、富裕农民的新兴支柱产业作为工作重点，提出有规划地开发休闲农庄、乡村酒店、特色民宿、自驾露营、户外运动等乡村休闲度假产品；建设一村一品、一村一景、一村一韵的魅力村庄，推动产业融合发展成为农民增收的重要支撑，建设产业高度融合的美丽乡村。2017年，中央一号文件则具体提出乡村振兴要丰富乡村旅游业态和产品，打造各类主题乡村旅游目的地和精品线路，发展富有乡村特色的民宿和养生养老基地；鼓励农村集体经济组织创办乡村旅游合作社，或与社会资本联办乡村旅游企业；支持传统村落保护，维护少数民族特色村寨整体风貌。2018年，中央一号文件从"构建农村一二三产业融合发展体系""推进乡村绿色发展，打造人与自然和谐共生发展新格局"两方面，对乡村旅游做出了直接部署。2019年，中央一号文件突出鼓励社会力量积极参与乡村发展，将农村人居环境整治与发展乡村休闲旅游等有机结合。文件要求，一方面，要注重培育农业嘉年华、农事节庆等地方特色品牌活动；另一方面，则要加大培育休闲农业、特色乡村、休闲农业创意乐园等国家级和省级品牌。2020年，中央一号文件提出推动农村一二三产业融合发展，通过发展乡村文旅项目，最大限度地盘活乡村的生态、农业、民俗、民居等资源，形成一二三产业联动发展，带动乡村富民增收和产业升级。在《中共中央关于制定国民经济和社会发展第十四个五年规划和二〇三五年远景目标的建议》中，更是将发展乡村旅游单列为"十四五"规划要点。

纵观近八年来国家领导集体对乡村振兴提出的总体方略，可以得出几个特点。第一，乡村旅游被视作可持续乡村振兴、乡村脱贫的重要策略；第二，乡村旅游的地方品牌化和地方特色化被视作发展乡村旅游的关键要素；第三，乡村旅游的发展由休闲农业到少数民族特色村寨发展，由单一品牌发展到区域品牌集群和廊道品牌建设，由服务产业质量提质增效到一二三产业融合发展，由休闲度假乡村产品开发到文旅融合、全域旅游品牌规划，而呈现出本地化、品牌化、集成性、融合性的变化特征。而这种基于供给侧的结构性新需求和基于地方本真文化和地方社会形象相适应的地方品牌化理论呈现出相似的内部逻辑（桑森垚，2019）。

Z省作为我国重要的少数民族边疆地区和唯一省级集中连片贫困地区，乡村旅游一向被视作提振乡村经济、实现全面脱贫的战略方案。近年来，

Z省大力发展乡村旅游,乡村旅游在促进农牧民增收方面呈现出明显的积极作用。许多农牧民群众通过开设家庭旅馆、农家乐、牧家乐等方式参与旅游业,吃上"旅游饭"、走上"致富路"。乡村旅游产品不断丰富,由以往纯粹的观光型向个性化、特色化、市场化发展。在"十三五"期间,Z省重点打造了三大乡村旅游带,包括S市环城休闲文化旅游带、R市—N市乡野风情旅游带、L市—C市森林度假休闲旅游带。Z省乡村旅游依托国家文化和旅游部公布的全国乡村旅游重点村、"中国最美村镇生态奖""中国最美休闲乡村·历史古村"乡村旅游示范点等乡村旅游名片,致力于建设一批知名品牌。

随着乡村旅游的快速发展,Z省乡村旅游市场竞争也越来越激烈,缺乏规划和策划、人才匮乏、产品雷同多、旅游服务同质化等问题普遍存在,乡村旅游的发展遇到了瓶颈。地方品牌化作为构建地方符号价值的过程,不仅有利于促进乡村内生发展,最大化地方资源特色,强化地方市场竞争优势,提升区域产品的原产地效应,而且有助于乡村旅游的可持续发展和提升乡村旅游内外部顾客的价值感知。

二、地方品牌化理论的发展背景

国外有关地方品牌化的研究从地方品牌化概念、地方品牌化过程、地方品牌化研究对象的变化三个方面入手。

其中,地方品牌化概念包括由静态说到动态说的变化以及地方概念相关研究两个方向的发展。初期的地方品牌化概念研究将地方品牌与企业品牌相对比,并嵌入起源国理论(country-of-origin effect)与形象理论(Dinnie,2004)。Kavaratzis 和 Hatch(2013)则将地方品牌化重新定义为地方文化、地方认同及地方形象间循环影响的动态过程。之后的地方品牌化概念延用并发展了其动态过程说,并用不同的理论,如空间战略性规划理论(Oliveira,2016)、地方认同理论(Botschen, Promberger, Bernhart, 2017)等对地方品牌化的动态过程进行探索，尤其将地方变迁（place change）视作地方品牌化系统自发性运转的促进力量（Yoon & Chang，2017）。地方品牌化的静态说到动态说的概念性发展本质上是由对企划式（projected）地方品牌化研究到动态（dynamic）地方品牌化系统研究的演进。

而地方品牌化概念的另一个发展则是对地方概念探索的过程。初期的地方品牌化概念侧重于品牌和品牌化，仅将其嵌入到不同的区域类型，如城市品牌化、国家品牌化、目的地品牌化等，而忽视了地方的概念。Hansen（2010）将地方视作意义的载体。之后的研究则从人文地理学角度对地方品牌化的地方概念进行重新定义，尤其是 Sarabia-Sanchez 和 Cerda-Bertomeu（2016）对区域、领域和地方进行区分，指出地方是个体赋予空间意义的主观产物和人生体验的对象。

地方品牌化过程研究可以被区分为地方品牌的建立以及地方品牌化评估两个方面。地方品牌的建立的相关研究关注地方品牌形成与地理标志间的关系以及地方品牌建立过程中利益相关者之间的关系。Kavaratzis（2005）指出地方产业或是地方标志性产物影响地方品牌形象，地方品牌形象反之对地方产品有原产地效应。而随着研究的发展，关键事件（Ashworth，2009）、城市符号（Castillo-Villar，2016）、影视（Giraldi & Cesareo，2016）等对地方品牌化的工具性作用也逐渐被纳入研究范畴。最近的研究则探索类似地理标志对地方品牌化的影响及其原因，如 Cassinger 和 Eksell（2017）认为地方品牌化过程其本质是地方品牌的过渡和地方品牌开发者对其他利益相关者的魔法式"欺诈"。

早期的利益相关者关系研究探讨了自上而下品牌化以及自下而上品牌化方式间的比较优势。最近的研究则更加倾向于探索不同的利益相关者参与地方品牌化决策的影响要素和方式。例如，Cerda-Bertomeu 和 Sarabia-Sanchez（2016）的研究发现，不同的利益相关者，其对利益和权力追求的差异影响其在地方品牌化决策过程中的角色扮演。

地方品牌化评估研究可区分为客观评估和主观评估研究。客观评估研究关注品牌化过程中吸引投资、吸引游客和移民等客观数据的变化。而主观评估研究则经历了由以消费者为对象的外部地方品牌化评估研究到以地方居民以及其他利益相关者为对象的内部地方品牌化评估研究的过程。

地方品牌化研究对象的变化呈现出由城市到乡村、由西方到东方的研究趋势。Vuorinen 和 Vos（2013）指出农村地方品牌化比城市更具复杂性。Donner 等（2016）则指出，地方品牌化是新农村建设的关键，是催生农村内生发展以及实现农村可持续发展的关键。而 Yousaf（2015）和 Nursanty 等（2016）则分别以巴基斯坦和印度尼西亚为案例地，研究结果凸显出东方背景下地方品牌化机理的特殊性。

将国内地方品牌化相关研究与国外研究进展进行对比，则呈现出以下几个特点。

首先，国内地方品牌化概念和过程研究尚处于初级阶段。大部分研究将 place branding 翻译成区域品牌化，而研究对象也大多是基于区域产品、产业集群效应的地理标志而促生的地方品牌化研究。较为具有代表性的包括孙丽辉，毕楠，李阳等（2009）基于温州集群品牌的区域品牌形成研究，以及苏悦娟（2013）的地理标志区域品牌化策略研究。赵卫宏（2014、2015、2017）的研究从整体层面上探索区域品牌的动态演化过程，虽然其提及了地方（区域）认同对内部地方品牌化的规范压力，但是并未嵌入成熟的地方概念。而运用地方概念进行地方品牌化研究的以人文地理学者朱弘（2011、2017）等少数学者为代表，但是其缺乏对地方品牌化过程的系统性讨论。

其次，由于我国快速的现代化以及国家对乡村振兴的重视，国内乡村地方品牌化研究以及适应社会变化的品牌化研究呈现出持续发展的趋势。如陈文胜（2016）、范公广（2017）等人基于供给侧结构性改革的乡村地方品牌化探讨，以及王敏（2017）等基于"互联网+"的乡村地方品牌建构探索。

综合国内外地方品牌化研究进展，可以推断出以下几点研究特点及不足。首先，现阶段地方品牌化研究呈现跨学科以及逐渐由理论引领实践的发展特性，如人文地理学、社会学、语言符号学、人类学等多学科理论的嵌入，而其是否具有共通性以及如何将其适用于本土化研究尚且存在理论上的发展空间。其次，关于利益相关者，尤其是政府和行政等公共部门在对话式地方品牌化中所发挥的作用的研究大多集中于西方背景。探索中国体制背景下，尤其是如何建立能充分发挥公共部门作用的地方品牌化合作机制，需要在现有的研究基础上进一步拓展。另外，虽然不同形态案例地背景下的研究呈现多元化，但是本研究背景下，在解决我国农村快速的经济、文化和社会变革以及国家对农村地区可持续发展要求间的冲突，以及少数民族边疆乡村文化和地域特殊性与旅游扶贫间的冲突方面，现阶段的地方品牌化研究理论和框架需要做进一步的本土化讨论。

三、研究价值和研究目的

结合国内外的研究进展以及当下地方品牌化理论研究的特点和不足，本研究的学术价值体现在以下几方面。第一，本研究拟结合人文地理学、社会符号学与管理学等多学科对地方品牌化的概念进行梳理，并嵌入地方品牌化过程研究，有助于地方品牌化理论的发展。第二，本研究从整体层面上考量动态的地方品牌化系统，有助于探索地方变迁背景下地方品牌化系统的运作机制。第三，本研究将地方品牌化理论嵌入中国少数民族乡村旅游环境，能促进地方品牌化研究的多元化，以及为今后探索中国体制下地方品牌化系统的特殊性提供理论支撑。

将地方品牌化理论嵌入Z省乡村旅游发展策略中，一方面，有助于Z省乡村旅游充分发挥区域优势，避免乡村旅游供给侧结构失衡，在实现"一村一貌"的同时保护地区自然和文化生态；另一方面，有助于Z省乡村旅游在发展过程中平衡公、私之间的决策矛盾，对乡村和谐发展具有重要的现实意义。探讨适应本土化的地方品牌理论动态系统，对于地方管理机构针对性地统筹乡村旅游发展，引导乡村旅游适应地方和文化变迁，实现乡村旅游的可持续发展具有重要的意义。

因此，本研究的主要目标是最终得出Z省乡村旅游地方品牌化过程中利益相关者协商的有效机制以及构建动态的 Z 省乡村旅游地方品牌化系统框架。

具体而言，本研究旨在探索当前 Z 省乡村旅游发展过程中不同类型的利益相关者对地方品牌化概念的认知、在地方品牌化过程中的感知赋权、对当前地方品牌的符号性认知以及评价，找到不同利益相关者参与乡村旅游地方品牌建设的动力点。此外，本研究还将基于 Z 省乡村旅游目的地的发展过程，重构乡村旅游地方品牌化的动态模型。在该过程中，重新梳理本地居民感知地方变迁和适应地方变化的过程，并探讨增强本地居民参与乡村旅游地方品牌化发展的参与意识及正向参与态度的方案。

四、研究技术思路与内容

（一）研究思路

本研究采用定量与质性相结合的研究方法。在资料收集阶段，采用民族志的资料收集方法。课题组深入所选案例地从事田野调查，通过观察法、非正式访谈、深层访谈及焦点小组访谈等方式收集相关资料，并通过设计问卷收集利益相关者对地方品牌化的主观评判数据。同时，收集案例地的宣传资料、新闻报道、旅游开发相关资料等为进一步分析做准备。在分析阶段，采用符号学分析方法分析所收集的宣传资料、新闻报道等；借助扎根分析的核心归纳方法分析所收集的访谈资料、田野备忘录以及旅游开发相关资料等；通过定量分析方法（如差异分析、回归分析等）分析所收集的相关数据资料。

本研究的创新之处表现在以下几方面。首先，学术思想方面，本研究突破了单一学科限制，结合人文地理学、社会学、管理学等跨学科的学术思考。其次，学术观点方面，本研究重视地方品牌化理论的本土化研究，考量到研究背景的特殊性；同时区分地方品牌化概念和区域品牌化概念的差异；从动态发展的角度构建地方品牌化模型，重视地方变迁对地方品牌的影响。再次，研究方法方面，本研究采用定量与质性相结合的研究方法，提升了资料收集和分析的可靠性。最后，案例地方面，本研究以Z省乡村旅游的几处乡村目的地品牌为研究对象，案例地具有互补性和代表性，层次结合合理、有一定程度的实践性意义。

（二）研究框架

本研究主要的基本框架分为四部分，研究的基本内容如下。

第一部分及第一章，绪论。介绍了本书的研究背景、研究目的、研究对象、研究思路和研究框架等。

第二部分，相关理论概述，包括两章。第二章介绍了乡村旅游的相关理论，包括乡村旅游的概念溯源和特点、政策发展以及我国目前乡村旅游的现状等。第三章介绍了地方品牌化的发展溯源，包括品牌和品牌化、战略品牌管理、地方、地方品牌和地方品牌化。

第三部分，专题研究，包括四章。第四章为Z省乡村旅游发展环境和竞争力评价报告（专题一）。第五章为Z省乡村旅游内部地方品牌化分析（专题二），对Z省乡村旅游案例的内部地方品牌化进行分析。第六章为Z省乡村旅游地方品牌化整合分析路径的探索（专题三）。第七章为Z省乡村旅游地方品牌化典型案例的成功策略分析（专题四）。

第四部分及第八章，结论。介绍了研究结论和不足之处，以及研究展望。

第二部分　核心理论

第二章 乡村旅游

一、乡村的概念

理解乡村需要从乡村的空间属性、时间属性、社会文化属性三个方面入手。

广义的乡村，将区别于城市之外的、包括城郊在内的空间统一定义为乡村（Halfacree，1993）。这种基于空间位置的乡村定义凸显了以城市为中心的生产资料的分布特点，即乡村为城市源源不断地提供赖以生存的养分，而城市作为区域的政治、经济中枢，一方面掌握着对乡村的绝对统治；一方面则通过劳动力转移和城市去中心化蚕食着乡村的生存空间（高鉴国，2006）。在城市和乡村的空间权力对立和属性分离中完成了二者的区分。这种基于新马克思主义城市地理学的乡村概念，通过城乡对立的矛盾状态所辨析的乡村概念，是对乡村空间意义的深挖。

相对于新马克思主义地理学，传统马克思主义历史观则提供了从进化论角度探索乡村时间属性的思考方式。最初的乡村作为具有简单功能的零散聚落，人口密度低、土地粗放利用、自给自足、空间相对隔离、人际交往依靠道德束缚是其主要特征。伴随着劳动分工精细化，不同村落之间利用频繁的交易市集，形成了早期城镇的雏形，进而出现了不事生产、仅依靠贸易交换获取中间利益的商人和管理市场交易、制定交易规则的政客。

农民作为一种职业，与其他职业相区别，以农业生产为主的农村地区也因此而与城镇地区相分离。在该过程中，信息的不对称和权力机构的结构化、生产资料加工的精细化、大规模工业生产的出现使农民在权力上处于被动地位，在经济上处于被剥削地位，农村也逐渐成为城市的附属，城市乡村的区分进一步凸显。

乡村的社会文化属性表现在"城里人"对作为"他者"的"村里人"的"后殖民地性"凝视。传统、落后、慢节奏、生活宗教和宿命论构成了乡村的阈限空间。基于乡土符号的文化传承和基于社区网络的村民自治是乡村社会文化的主要建构方式。Halfacree（1993）将乡村空间划分为三个维度，分别是乡村的本土特性（rural locality），即构成乡村的聚落景观和非聚落景观，前者是乡村地区居民一切活动的据点，而后者则是村民从事劳作和生产的地方；乡村的表征（representations of the rural），包括乡村的村集体政治形态、文化特性、宗教信仰、社会关系、经济分工等；乡村地区居民的日常生活（everyday lives of the rural population），该维度是乡村表征的符号实践，包括村民日常生活中的仪式仪轨、地方节庆以及村民社会层级等。而这种内生性的、传统的、难以改变的表征意义作为乡村性（rurality）的概念，成为乡村旅游最核心的消费品（Zhou，2014）。

综上所述，乡村的概念是多维的，相对且动态变化的。第一，仅仅从空间或时间的角度定义乡村，而忽视乡村的社会文化属性难以在乡村大发展的背景下，正确地理解乡村产业升级；第二，仅仅从乡村的社会文化属性的角度定义乡村，而忽视乡村的空间属性和时间进化特性，又难以理解乡村的城镇化进程以及乡村的地方变迁过程（王铭铭，杨清媚，2010），只有三者有机统一，才能完整地解读乡村概念，构建研究乡村的理论体系；第三，乡村是区别于城市的概念，不管是从时间角度、空间角度还是社会文化角度来看，若要理解乡村，只有从乡村和城市特征的相对关系入手（见表2-1）。

表 2-1　城市和乡村的特性对比（Frankenberg，1966）

属性	乡村	城市
政治形态	基层社区性质	政治联合性质
社会关系	①涉及多重角色关系的社会领域 ②同一人扮演不同的社会角色 ③亲密的社会关系	①涉及重叠角色关系的社会领域 ②不同的人扮演不同的社会角色 ③松散的社会关系
经济形态	①单一经济形态 ②较少的劳动分工 ③生活和工作的整合特性	①多样的经济形态 ②劳动力分工的精细化 ③生活和工作的相对分离
社会等级制度	①先赋地位 ②教育程度取决于社会地位 ③角色包容（role embracement） ④经济收入仅仅是社会等级的决定因素之一	①后天成就地位 ②社会地位来源于教育程度 ③角色承担（role commitment） ④经济收入是核心的社会等级决定因素
地方感	①地方依恋的、本地性的 ②与本土相结合的意义诉求	①世界主义的、全球化的 ②与本土相分离的意义诉求

二、乡村旅游的概念及我国乡村旅游建设

（一）乡村旅游的概念

MacCannell（1976）将游客视作符号的朝圣者，将旅游行为视作世俗的、组织化的宗教活动替代品，将旅游体验视作游客追寻自我存在（self-existing）、体验精神满足的（spiritual fulfillment）过程。旅游作为和日常生活、工作的对立面被视作一种常规的世俗仪式，在个人从日常生活空间脱离，进入旅游的阈限空间过程中（rite of passage），个人体验到身份的消融和重构、共睦态，乃至自我恢复（refreshment）（田敏，撒露莎，2015）。

全球化以及信息化进程所带来的对人类社会的最直观影响包括时空压缩和城市化进程的加快。城市对乡村空间的蚕食及城市与乡村的加速对立促使"新时代（new generation）"与"过去"的时空断层，进而导致城市

居民的精神异化①。在这种背景下，逃离市中心至市郊的去城市化浪潮在城市中兴起。但是更多的中产阶级市民面临生活和经济压力，无法离开都市中心，而此时，乡村作为修复都市居民精神异化的阈限空间，为都市居民提供了新的"朝圣"可能。

理解乡村旅游的概念需要从乡村旅游参与者动机、与乡村旅游相关的旅游形态对比、乡村旅游的社区影响以及乡村旅游的景观属性四方面入手。

1. 乡村旅游参与者动机

乡村旅游参与者的动机研究大致可以分为 Goeldner 和 Ritchie 提出的物理、文化、人际关系和地位旅游动机理论视角（Goeldner & Ritchie, 2003）以及推拉旅游动机理论视角（Wu, Xu & Erdogan, 2009）。Goeldner 和 Ritchie 的四维旅游动机理论嵌入至乡村旅游背景，从放松动机、社会交往动机、学习动机、亲情动机、猎奇动机和刺激寻求动机六个维度对乡村旅游参与者进行解读。殷章馨、夏赞才和唐月亮（2018）的乡村旅游市场细分化研究基于此将乡村旅游参与者市场划分为家庭教育型、休闲放松型、探索娱乐型和全面活跃型四种类型，并最终得出子女教育动机和家庭教育型旅游者是中国情境下乡村旅游的特点之结论。而 Elisabeth Kastenholz 等（1999）则以葡萄牙为例，得出了乡村旅游参与者包括全面活跃型、无拘无束型、传统追求型和环境追求型四类。

相对比，Pesonen（2012）从推拉动机的视角对乡村旅游参与市场进行细分化探索，最终分析出社交型游客、快乐追求型游客、地方性追求型游客以及家庭型游客四类。

相比于推拉动机和四维动机对乡村旅游参与者市场的阐释，乡村旅游的核心特性是满足游客休闲放松、家庭团聚、教育需求及新奇体验，传统

---

① 异化（alienation），作为与本真性相对应的概念，在存在主义观点中，描述了人类与日常生活和栖息地产生强烈脱节的心理和社会状况，它代表了个体在日常生活中所感知到的无常感（normlessness）、无意义（meaninglessness）、自我疏离感（self-estrangement）、孤立（isolation）和无力感（powerlessness）。

和环境的原始性、轻松的社会氛围是乡村旅游所提供的核心体验商品，即所谓乡村性（rurality）。

乡村性是乡村旅游的核心辨析概念。传统的聚落景观、原始的自然环境和慢节奏的社会氛围为乡村旅游参与者提供了逃离都市繁忙、寻找自我、恢复精神异常的独特条件。在对过去的怅惘、体验空间的位移、解读乡村符号意义的过程中体验自我存在本真（self-existential authenticity）（Wang，1999），即所谓乡愁。乡愁从时间、空间和意义三个维度将乡村旅游参与者的自我与乡村地方相连接（self-place connection）（桑森垚，尼玛，2018）。若乡村性作为乡村旅游吸引乡村旅游游客的核心内容，则乡愁是乡村性之于乡村旅游参与者的体验表征。游客在与乡村性的交互过程中，体验到乡愁，即追求乡愁体验是乡村旅游参与者的内涵动机。据此，从乡村旅游参与者参与动机的角度来看，乡村旅游可以被定义为"以乡村性作为吸引游客的主要手段，通过提供乡愁体验而满足游客不同需求的旅游形态"。

2. 乡村旅游和相关的旅游形态辨析

乡村旅游的相关旅游形态包括相对的城市旅游形态以及类似的乡村旅游形态（如农家乐、生态旅游等）。正如乡村之于城市的对比，乡村旅游之于城市旅游同样呈现出不同的特点（见表2-2）。地域方面，乡村旅游一般特指发生于人口密集程度较低、具有较大开放空间且以自然环境为主的乡村地区。与之对比，城市旅游发生于人口密集程度较高、具有较小公共空间且以建筑环境为主的城镇地区。活动类型方面，乡村旅游以积极的室外个人活动为主；相反，城市旅游更倾向于被动的室内娱乐和购物体验。经营方式方面，乡村旅游更倾向于个体和小微企业的业余经营模式，旅游经营者仅把旅游作为经济收入的来源之一，而且所聘用的员工多为近距离的本地居民；城市旅游则更倾向于连锁或规模化的专业管理模式，旅游经营者将旅游作为经济收入的主要来源，所聘用的员工的家乡也较为分散。市场营销方面，乡村旅游需要注意季节性的影响，面对的客户群较窄但客户关系较为私人化的问题，有助于发展点对点忠诚顾客（person-to-person loyalty）；城市旅游较少受季节性的影响，面对的客户群较丰富，客户关系管理较为标准化，有助于顾客信赖的形成。所提供的产品特性方面，乡村旅游以乡村性为卖点，推销特色且传统的旅游商品；城市旅游则以城市性为卖点，推销标准化且时尚的旅游产品。

表2-2 乡村旅游和城市旅游特点对比（Slee & Farr, 1996）

城市旅游	乡村旅游
较小的开放空间	较大的开放空间
密集的人口集聚	分散的人口集聚
建筑环境为主	自然环境为主
较多的室内活动	较多的室外活动
充足的基础设施	基础设施不足
丰富的娱乐/购物活动场所	丰富的个人活动场所
外资/国有企业	个体户
全职旅游经营者	兼职旅游开发参与者
旅游利益自给自足	旅游带来其他利益
员工和工作场所距离较远的可能	员工和工作场所距离较近
较少受季节性影响	较多受季节性影响
顾客相对较多	顾客相对较少
顾客关系相对匿名化	顾客关系相对私人化
专业的管理	业余的管理
现代且统一的建筑外观	传统且特色的建筑外观
变迁的价值观念	保守的价值观念
一般的吸引力	特殊的吸引力
面向大众市场	面向小众市场

即便乡村旅游在与城市旅游横向对比的过程中，因其特性的显著差异而有助于乡村旅游的定义。在面临与乡村旅游相近似的旅游形态对比中，特性的近似往往容易造成旅游形态的混淆。尤其是被翻译为"农业旅游或农家乐"的agritourism或者agricultural tourism更是在乡村旅游研究中被广泛提及。表2-3梳理了国内外关于乡村旅游及其近似概念的定义。

首先，对比乡村旅游及其近似概念，乡村旅游不止限于在农村空间之内从事农事相关活动，而是暂时访问类似于农场的实体空间，进行参与、教育或观察的行为；凡是进入农村地区，以体验乡村性为目的的旅游活动，均被定义为乡村旅游活动。这其中，包括在乡村空间内所发生的生态旅游体验、节庆旅游体验和民俗文化旅游体验等。Marques更是明确将农业旅游定义为乡村旅游的特殊类型，而不像Gibber，将乡村旅游和农业旅游混为一谈。

其次，提炼国内外有关乡村旅游的定义，旅游活动、旅游产品和旅游空间是大部分定义中所共同提及的乡村旅游特性。最为简洁的定义源自OECD，也是现下最为广泛使用的乡村旅游定义，即"乡村旅游指发生在乡村的一系列旅游活动，乡村性是其独特卖点。"但是，这种基于乡村旅游主体的定义，并不能凸显旅游客体的特征及主客关系。相较之下，近几年中国乡村旅游研究者将旅游活动、旅游产品、旅游动机、旅游效益等结合在一起，令人更加直观地了解乡村旅游的外延和内涵。如郭丽（2010）将乡村旅游定义为"乡村旅游是指在乡村地区，以乡村自然和人为景观为吸引物，使旅游者领略农村乡野田园风光，体验农事生产劳作，了解风土民俗和回归自然，融观赏、考察、学习、参与、娱乐、购物、度假等于一体，能够满足旅游者求异、求知、求根等需求并能产生经济效益的旅游活动。"该定义是对乡村旅游的完整表述和高度囊括。

表2-3 国内外关于乡村旅游及其近似概念的定义

（Phillip，Hunter & Blackstock，2010；张晶晶，2018）

概念	区分内容	定义	定义者
农业旅游（agritourism）	旅游活动	以吸引游客为目的，基于农事活动的旅游实践。	Barbieri & Mshenga（2008）[168]
	旅游活动 旅游空间	乡村旅游的一种特殊类型，在这种类型中，待客房屋必须与农业地产融为一体，既是业主居住的空间，同时允许游客在该地产上参加农事活动。	Marques（2006）[151]
	旅游活动	将农事活动和旅游消费整合在一起的旅游经营活动。	McGehee（2007）[111]，McGehee, Kim & Jennings（2007）[280]
	旅游产品	与农业活动、农业产品直接相关的旅游产品开发。	Sharpley 等（1997）[9]
	旅游活动	农场主及其家庭成员所开发的与农业活动直接相关的旅游接待业。	Sonnino（2004）[286]

续表

概念	区分内容	定义	定义者
休闲农业（Agrotourism）	旅游活动	主要受雇于第一或第二经济领域的个人在非城市地区从事的旅游活动。	Iakovidou（1997）[44]
	旅游活动	由从事农业的人在农村地区开展的小规模、家庭或合作社性质的旅游活动。	Kizos and Iosifides（2007）[63]
	旅游活动	由农事活动所提供的旅游机会。	Wall（2000）[14]
农场旅游（farm tourism）	旅游产品	将农事活动视作旅游产品一部分的乡村旅游形态。	Clarke（1999）[27]
	旅游活动	在农场接待旅游者并为其提供农业生产活动的机会。	Iakovidou（1997）[44]
	旅游活动	在农场工作环境中为游客提供参与、观察或教育的活动机会。	Ollenburg（2006）[52]
乡村旅游（rural tourism）	旅游活动	乡村旅游的对象局限于农场、牧场，其本质是农业旅游，农户为旅游者提供住宿，使其在农场、牧场等典型的乡村环境中从事各种休闲活动。	Gibber（1990）
	旅游活动 旅游空间	乡村旅游指发生在乡村的一系列旅游活动，乡村性是其独特卖点。	OECD，1994
	旅游活动 旅游空间	乡村旅游是指位于农村区域的旅游活动，具有农村区域的特点。	Reichel，1999
	旅游活动 旅游空间	乡村旅游是指发生在非城市地区的旅游活动，它与土地密切相关。	Dernoi，2001
	旅游活动	乡村旅游是一种基于农业生产活动和旅游活动融合发展而来旅游形态，既包括传统的乡村休闲游憩，又包括乡村研学或民俗体验活动。	Bernard Lane，1994
	旅游商品	乡村旅游是乡村生活体验的商品化和模式化。	Busby，2000
	旅游空间	乡村旅游就是发生在乡村和自然环境中旅游活动的总和。	吴必虎，2001
	旅游空间 旅游产品	乡村旅游是指以乡村社区为活动场所，以乡村独特的生产形态、生活风情和田园风光为客体的旅游类型。	马波，2004
	旅游空间 旅游产品	以地方农业、农村自然环境和农村民俗风情三者为核心，与城市旅游相对立的，建立在乡村空间环境和乡村生产关系上的特殊旅游类型。	吴人韦，2006

续表

概念	区分内容	定义	定义者
乡村旅游（rural tourism）	旅游空间 旅游活动 旅游产品 旅游动机 旅游效益	乡村旅游是指在乡村地区，以乡村自然和人为景观为吸引物，使旅游者领略农村乡野田园风光，体验农事生产劳作，了解风土民俗和回归自然，融观赏、考察、学习、参与、娱乐、购物、度假等于一体，能够满足旅游者求异、求知、求根等需求并能产生经济效益的旅游活动。	郭丽，2010
	旅游空间 旅游产品 旅游动机	发生在乡村的，以乡村自然田园风光、文化习俗、生产生活等乡村的物质和非物质的资源，通过科学规划和开发设计，为游客提供观光、休闲、度假、体验、娱乐、健身等多项需求的旅游经营活动。	刘维星，2016

3. 乡村旅游的社区影响

旅游开发一直被视为地方可持续发展的有效方式，得到了学界和地方政府的青睐。基于地方特色资源禀赋的旅游开发不仅对地方经济发展具有重要的促进作用，而且对于地方特色文化保护、增强社区居民的凝聚力、提升地方居民的生活质量均有显著的正面影响。然而，促进地方旅游开发的关键在于平衡社区各利益相关者之间的利益关系，尤其是作为地方旅游品牌开发的关键内部消费者（inner consumers），社区居民对旅游开发的态度将直接影响其支持旅游开发的行为，包括积极主动社区市民行为的增加以及积极参与旅游开发决策等。

而社区居民对旅游开发的态度是其权衡旅游开发所带来的价值的结果。根据社会交易理论，个体的感知价值可由其感知交易的得失来衡量。置于旅游发展背景下，居民在旅游开发过程中，必然会权衡旅游开发所带来的积极和消极社区影响的相对比重（Teye，Sirakaya & Snmez，2002）。若感知旅游开发的积极影响权重大于消极影响，社区居民会在整体上呈现出对旅游开发的正面态度，进而影响其旅游参与行为；反之则亦然。

一方面，乡村的社会网络更为紧凑、社区居民之间的社会关系相对亲密，因此居民的旅游决策行为更具集体性；另一方面，乡村居民较城镇居民，其地方依恋更为强烈，基于传统文化的地方认同感更具稳定性，因此，乡村社区居民对于旅游开发所带来的地方变迁更为抵触，其对于旅游开发所带来正面和负面的社区影响更为敏感，对各类影响（见表2-4）感知的相对权重也更具特殊性（桑森垚，2019）。

（1）经济影响

经济影响是乡村居民所能感知到的最直观的乡村旅游开发利益。乡村旅游开发不仅带来了村集体乃至个体经济收入的增加、地方基础设施的完善以及地方产业的多样化发展，还包括了地方居民就业机会的增加以及就业方式的转变。尤其是对就业方式更为单一的边缘地区或少数民族地区来说，乡村旅游开发更有助于乡村地方产业的多元化，间接促进本地村民本村就业的多样性，对于减少村民就业性流失，缓解乡村空心化有着积极的意义。另一方面，多元性的就业方式为村民减少了来自单一经济收入来源的不确定性因素，包括季节性和自然灾害、农畜产品市场变动所带来的收入变化风险。因此，有学者形象地将乡村旅游开发称作农民的再创业（张晶晶，2018）[24]。

但是，乡村旅游开发同样给本地村民带来潜在的经济风险。包括潜在的物价上升风险，尤其是外来资本的涌入可能带来的房地产经济泡沫以及本地居民感知因旅游开发所造成的土地征用补偿不公正及旅游开发分红分配不均，这些都是本地居民感知消极的经济增权、对旅游开发者的不信任并最终引发与政策制定者间的冲突的潜在诱因。

（2）社会文化影响

乡村旅游能够激活乡村"沉睡的资源"。乡村旅游不仅仅是以乡村乡土文化、农事活动和土特产品为对象，吸引游客参与和体验的"农家乐"，还包括以蕴含地方民族民俗特色文化的遗产遗迹符号为体验对象的物质文化/非物质文化遗产旅游（如Z省尼木县吞巴藏香村）、以地方特殊地貌和自然产物、地质特征为体验对象的生态旅游（如Z省S市羊八井镇的羊八井地热温泉）、以承载地方传统文化意义的节庆/仪式为体验对象的节庆旅游（如傣族村寨的泼水节）等多种不同的旅游形态。

就基于物质文化/非物质文化遗产，或是以民俗节庆/仪式为体验物的乡村旅游形态而言，乡村旅游为文化的传承和保护提供了社会和社区居民参与的机会。一方面，乡村旅游的开发完善了文化基础设施并丰富了居民的文化活动。这不仅丰富了社区居民的业余文化活动，也为传统文化符号融入现代文明以及社区居民了解本地文化提供了机会。例如，Z省通过乡村发展的契机在各村推行的"农家书屋"建设，在提升全域文化学习动机的同时，成了游客深入了解地方文化的"景点"。另一方面，乡村旅游开发促使社区居民进一步关注地方文化，吸引社会资金增加对地方文化遗迹的保护，直接和间接地促进了文化传承。例如，几近消逝的藏纸工艺在乡村旅游发展的背景下在吞弥·桑布扎的故乡——T村重新焕发荣光。此外，乡村旅游的开发增进了社区居民的文化认同感，进而提升了其地方依恋，增强了社区凝聚力。此外，地方文化、地方认同和地方形象是构成地方品牌的核心三要素，三要素间存在动态的循环影响关系。从该视角看，社区居民文化认同感的增加必然带来地方公共形象的提升，而地方公共形象的提升又反作用于地方认同和地方文化的传承性保护。简言之，乡村旅游开发是地方文化可持续发展以及地方社会和谐稳定的助推器（Venkatesan & Kumar，2004）。

但是，乡村旅游发展到一定阶段必然对地方文化和社会环境带来一定的负面影响。以旅游空间和游客量为依据的旅游目的地生命周期将经历由以背包客探索本地居民生活空间为主的初探期到以大众游客访问目的地共享空间（旅游空间和生活空间混杂）为主的快速增长期/成熟期，乃至以后大众旅游者访问目的地旅游空间为主的稳定期/衰退期的生命周期历程（Ye，Xiao & Zhou，2018）。在不同的阶段，本地居民和游客的社会交互意愿和程度发生变化的同时，旅游发展对本地文化和社会的影响程度也同样经历了由浅入深再逐渐消退的过程。尤其是在经历时间较长的快速增长/成熟期，大量游客的涌入所带来的外来文化入侵，本地居民为迎合大众游客口味所设置的虚假"前台"和"生活性表演"（Cohen，1976），无疑对传统本地文化的存续和本真带来了巨大的冲击。例如，Z省L市古乡巴卡村为迎合游客，所设置的篝火晚会活动，完全脱离了本地的传统文化史实，而表现出一种狂热的"酒吧"口味。

除了上述乡村旅游发展对传统文化变迁带来的负面影响以外，大众游客的涌入，以及社区居民迫于压力所经历的生活空间/旅游空间的共享（Shim & Santos，2014），必然使本地居民感知到社会空间的压缩。这不仅包括公共服务和设施（如交通系统、医院等）的竞争力加大，还包括对潜在社会交互行为的焦虑增加（桑森垚，2017），这种焦虑情绪和现实性威胁是导致本地居民对外来游客群体产生消极态度和行为（逃离、犯罪、蓄意破坏等）的潜在诱因，同时也是诱发本地居民感知生活质量下降的先导性因素。

（3）环境影响

乡村旅游发展所引发的本地居民感知环境影响同样存在积极和消极的方面。作为乡村旅游的重要形态，乡村生态旅游吸引了大量具有较高自然资源/环境保护意识的游客，对于宣传环境保护行为、激发全社会对地方环境的保护意识以及对特殊地理地貌的保护行为具有重要的意义。反之，游客的增加以及游客不文明行为的不可控又将直接导致环境的退化、水电浪费、白色污染、因交通工具的频繁使用所造成的大气污染等加剧，这一切都将破坏乡村旅游的可持续发展，与"绿水青山就是金山银山"的发展理念背道而驰。例如，普兰县巴嘎乡因《冈仁波齐》电影的热度而开发神山旅游，在促进地方经济发展的同时却带来了神山上大量垃圾遗留的问题，增加了垃圾清理成本，破坏了神山环境，同时带来了本地居民对旅游开发的负面态度。同样的问题还发生在珠峰大本营附近地区，冬季旅游政策的实施和低空直升机旅游的开发，对珠峰地区的环境保护带来了巨大的负面压力。

表 2-4　乡村旅游开发的社区影响

感知影响类型	具体内容	代表研究
经济影响	积极影响：增加就业机会、促进地方产业发展、完善地方基础设施、提高村民经济收入等。	Fredline & Faulkner（2000） Yoon et al.（2001）
	消极影响：物价上升风险、资源分配不均、税收压力增加等。	Kuvan & Akan（2005） Wang et al.（2006） Dyer et al.（2007）
社会文化影响	积极影响：文化基础设施的增加、文化活动的增加、文化传统的保护和继承、文化认同感的提升、地方公共形象的提升等。	Gu & Ryan（2008） Diedrich & García（2009） Vargas et al.（2011）
	消极影响：文化遗产破坏的风险增加、公共服务竞争威胁加大、增加的犯罪和破坏行为等。	Nunkoo & Gursoy（2012） Prayag et al.（2013） Garau et al.（2014）
环境影响	积极影响：自然资源保护意识/环境保护意识的增强等。	Almeida, Balbuena & Cortés（2015） Sinclair et al.（2015） Vargas et al.（2015）
	消极影响：环境退化、污染程度增加、交通问题等。	Wang & Xu（2015）

虽然乡村旅游开发利弊参半，但合理的乡村旅游开发模式能够最大化地减少社区居民感知负面影响，进而增加旅游开发地方居民的整体正面影响感知，增强其对旅游开发的正面态度，进而促进其积极参加乡村旅游开发决策，以最大化减少内耗，通过内部地方品牌化的成功实施实现可持续的乡村旅游开发。

乡村旅游的可持续发展必须以延续乡村文化的独特性为核心。仅仅为满足游客需求而制定纯粹的以游客为中心的开发模式（tourist-centric approach）最终可能造成社区居民感知威胁的增加、本地文化本真性的丧失、生态环境破坏的加剧等负面的影响。只有让利益相关者的利益均衡（桑森垚，何伟，刘呈艳，等，2018）的旅游开发模式（multi-stakeholder market oriented approach）才能实现乡村旅游经济性和文化传统性的共生性发展。在该过程中，社区居民占据了重要的位置。首先，社区居民自身是乡村性的符号主体，是旅游者所解读的本地文化本真表征；其次，基于乡村旅游的特性，本地居民是乡村旅游开发的主要产品供货商和服务供给商，本地居民的积极参与是乡村旅游发展的核心力量；再次，本地居民继承了本地文化的核心内涵，是本地文化天然的"言说者"，本地居民所掌握的文化要义是开发乡村旅游产品以及规划乡村旅游线路的重要标的；最后，本地居民在长期的生产生活中形成了独有的社会资本，若本地居民感知正面的乡村旅游开发影响，其社会资本将成为旅游开发的强大助力，反之，若本地居民感知较大的负面乡村旅游开发影响，其社会资本将成为阻碍旅游开发和决策行为的重大障碍，甚至诱发本地居民与其他关键利益相关者之间的冲突。例如，Z省波密县米堆冰川开发初期，由于地方政府和附近村民的沟通不当，演变成附近村民阻拦交通的群体性事件，给双方均带来不可挽回的经济和社会损失。由此可见，在乡村旅游开发过程中如何获取本地居民的支持是可持续乡村旅游品牌开发的关键。

桑森垚（2018）在以Z省D村为案例地的研究中提到，增权是有效提升乡村社区居民对旅游开发积极影响感知的显著要素。增权不仅是基于公平利益分配的经济性增权，还包括社会增权、心理增权和政治增权。其中，社会增权意味着旅游开发过程中本地居民感知社区凝聚力的增加；心理增权则指乡村旅游开发对本地居民感知自尊的强化效用；而政治增权则是本地居民所能感知到旅游决策参与权的能力的增强。无论是社会增权还是心理增权，都是促使本地居民强化文化认同感和地方依恋的关键要素。合理开发乡村旅游不仅有助于增强本地居民的文化认同感，而且本地居民的政治增权也有助于将最代表地方形象的文化传统嵌入旅游开发决策过程中，进而促进了本地居民的社会增权和心理增权感知。因此，社会增权、心理增权和政治增权并非独立，而是在相互影响过程中动态发展的。在三者间动态互为影响的过程中，实现了乡村旅游的内部地方品牌化。此外，本地居民感知政治增权又强化了其对政府和旅游开发商等目的地管理部门的感知信任，降低了本地居民和旅游目的地管理者间的潜在冲突风险，最终实现了乡村旅游的和谐共荣发展。

4. 乡村旅游的景观属性

根据游客所凝视的对象对乡村社区的涉入程度，乡村旅游的景观类型可以大致分为人文景观和自然景观。人文景观以本地居民生活的乡村社区聚落为核心，包括社会属性和文化属性两个方面的内容。其中，社会属性包括乡村特有的社会关系、生产生活方式、社会网络与阶级等，以及社会符号互动过程中的仪式仪轨；而文化属性则涵盖乡村特有的文化氛围、文化和宗教符号、有形文化遗产、特色文化产品以及非物质文化遗产、节庆等。人文景观的社会属性和文化属性是相互依存的，文化属性是社会生活内涵和意义的体现，而社会生产生活方式则是文化意义的符号性实践。自然景观则以乡村所属空间为核心，拓展到乡村边缘的非聚落景观，涵盖乡村特殊的空间位置和非人为的自然景观，如特色的地质地貌、山川湖泊等。因此，乡村旅游的景观属性可以从景观的社会文化属性和空间自然属性两个维度进行阐述。

（1）社会文化属性

微观社会学理论探索了社会成员间的符号互动过程，将社会符号互动过程中的常规仪式视为最基础的地方文化表征。一方面，互动符号彰显了地方社会成员间最根本的等级以及权力关系；另一方面，互动仪式是该地方社会成员构建共同的集体认同，以区别于其他微观社会群体的最基本社会规范（social normal）。对于乡村社会来说，乡村集体成员间的符号互动相较于城市社会，保留了最基本的仪式元素，而这种仪式元素所代表的文化的传统性、原始性、本真性乃至与世隔绝的特性均为乡村旅游者后殖民性凝视的对象（Sang，2018）。如青藏高原大多数地区仍然保留着对喇嘛的敬畏，在见到寺庙高僧时，仍会用谦卑的鞠躬、除帽和额头触手的方式来凸显地位的差距和尊敬。

乡村地区所特有的生产生活方式对于乡村旅游者而言，是逃离城市生活的精神异化，进入乡村阈限空间的证明，即所谓的乡村性。这种乡村性是旅游者感知地方文化本真的关键对象。旅游者通过五感来感知乡村的客观本真，通过凝视和触摸乡村特有的符号，如建筑风格、生产劳作工具；

品尝乡村特有的食材，如野菜、山珍；嗅闻乡村特有的味道，如牲畜味道、泥土气息；耳闻乡村特有的声音，如牛叫、鸡鸣，来确证乡村空间的客观真实性。同时，旅游者通过体验乡村生产生活来感知乡村的建构本真，如骑马、采摘等活动。在探索客观本真和建构本真的过程中，旅游者将乡村的现实与记忆联系在一起，随着时间的推移和空间的移位来体验乡愁，并通过对过往的怀旧实现自我恢复和体验自我实存感。

随着我国现代化进程的不断推进，越来越多的乡村走向城镇化和城乡融合。大量的乡村失去了原有的社会和文化氛围。甚至在原来的贫困边缘地区，随着乡村振兴战略的深入实施，易地搬迁和集中安居战略在带来乡村生活改善的同时，破坏了原有的文化遗存。例如，Z省某地区的易地搬迁工程所修建的标准化、现代化安居房已经失去了原有的文化本真性。所固有的乡村社区不得不通过构建虚假的舞台（fake stage）和表演来满足游客探寻乡村文化本真的需求，而大量的文化仪式乃至宗教习俗，不得不转为生活宗教（livelihood religious）的形态深埋入乡村社区的文化后台（backstage）（李毓，孙九霞，2018）。城市居民越来越难以从城市附近的乡村寻找到乡愁，只能走向远方，通过感受"文化的他者"来怀旧。这种"他者"的最集中表现就是民族村寨旅游。

作为乡村旅游的特殊形态，民族村寨旅游是生态旅游、乡村怀旧和民俗文化探访的交融。民族村寨旅游特指以少数民族乡村社区为旅游目的地，以目的地人文和自然风光为旅游吸引物，以体验"他者"的文化异质性，满足"求新、求异、求乐、求知"心理动机的旅游活动（李瑞，殷红梅，2010）。民族村寨旅游在促进民族贫困地区经济发展的同时，对维护民族地区文化传承、民族团结和社会稳定具有显著的促进作用。民族村寨旅游所提供的文化属性与旅游者之间的关系异于普通乡村旅游，而更具新奇性。因此，事前意向（pre-image）成为旅游者解读民族村寨符号意义、体验民族村寨文化本真的关键。对特定民族村寨并不熟知的旅游者，其事前意向的形成只能依托于社会公共传播形象（如网络新闻、大众新闻媒体等）或是第三方个体的描述（如朋友、网络游记等）。旅游者通过事前意向的透镜凝视民族村寨符号,并形成与事前意向大致相同的体验以避免认知不一致,旅游中的体验又深化旅游者的记忆并由旅游者向社会再次传播,如此循环,形成了对民族村寨的刻板印象,而民族村寨为了迎合社会刻板印象,不得不刻意改变自己的文化表征,长此以往,民族文化展演同样成为虚假的舞台表演(桑森垚,2016)。

(2)空间自然属性

乡村的最大特色是其区别于城市的空间性,最大的卖点也是充满乡村自然和社会文化气息的空间外延和内涵。乡村空间不仅是乡村旅游者体验乡村的语境,同时也是乡村自然风貌的承载者和辐射点。因此,乡村旅游的空间自然属性体验不仅包括乡村旅游者对特殊地质地貌、自然风光等非人为风景的观感和互动,还包括对农田牧场、田间地头等人为自然风光的审美。例如,在Z省Q市的赛马节中,除了带给旅游者面对草原风光时的沉醉,同时也使旅游者产生对骑手和骏马共奔驰的美的凝视。

(二)我国发展乡村旅游的模式、现状和困境

1.我国乡村旅游的发展缘起

任何新理念的出现、新技术的发明、新市场的开拓、新制度的变迁都是受到内外部环境压力共同作用的结果。我国乡村旅游的大力发展始于20世纪后期,同样是宏观政策引导、大众市场需求、市场经济变迁和社会文化潜力相互作用的结果。

(1)我国乡村旅游发展的政策环境

乡村旅游在我国农业产业升级、振兴乡村经济、改善"三农"问题、建设美丽乡村等一系列社会倡导的推动下蓬勃兴盛,因其所具备的改善农村环境、实现乡村可持续发展、增加农民收入、缩小城乡经济差距、强化城乡一体化融合发展、对老少边穷地区的有效治贫、提升农民素质等功能逐步得到国家重视,国家从顶层设计方面出台了一系列促进乡村旅游发展的鼓励性措施和规划性文件(见表2-5)。

近几年,中央一号文件连续对乡村旅游做出部署。2018年明确提出实

施休闲农业和乡村旅游精品工程，对新时代乡村旅游发展提出了新任务、新要求。为贯彻落实党中央、国务院的一系列战略部署，2015年，农业部会同国家发展改革委员会等11个部门联合印发《关于积极开发农业多种功能 大力促进休闲农业发展的通知》（农加发〔2015〕5号），2016年农业部会同财政部等14个部门联合印发了《关于大力发展休闲农业的指导意见》（农加发〔2016〕3号），2018年，农业农村部印发《关于开展休闲农业和乡村旅游升级行动的通知》，对推动乡村休闲旅游高质量发展提出了明确要求。2018年9月，中央农村工作领导小组出台《国家乡村振兴战略规划（2018—2022）》，对乡村旅游发展的目标、要求、土地制度，乃至发展方向等细节问题进行了阐述。以该规划的出台为契机，全国各省、市、县三级根据自身的发展特色相继出台了地方性乡村振兴战略规划。

表2-5　国家关于休闲农业和乡村旅游发展的政策性文件摘要（截至2019年）

制定机关	文件名	核心内容
国家旅游局	国家旅游局关于促进农村旅游发展的指导意见（2006年7月）	①加大对农村旅游发展的扶持力度 ②促进农村旅游服务体系建设 ③做好农村旅游市场开拓工作 ④促进各方加强对农村旅游人才的培养 ⑤加强对农村旅游发展的分类指导 ⑥认真组织对农村旅游的政策研究
国家旅游局、农业部	国家旅游局、农业部关于大力推进全国乡村旅游发展的通知（2007年3月）	①加大乡村旅游扶持力度 ②积极促进乡村旅游服务体系建设 ③加强乡村旅游调查研究 ④解决制约乡村旅游发展的瓶颈性因素 ⑤做好乡村旅游市场开拓工作 ⑥探索各种类型的乡村旅游模式 ⑦组织实施乡村旅游"百千万工程"
国务院	关于促进旅游业改革发展的若干意见（2014年8月）	①加强规划引导，提高组织化程度，规范乡村旅游开发建设，保持传统乡村风貌 ②加强乡村旅游精准扶贫，扎实推进乡村旅游富民工程，带动贫困地区脱贫致富 ③统筹利用惠农资金加强卫生、环保、道路等基础设施建设，完善乡村旅游服务体系 ④加强乡村旅游从业人员培训，鼓励旅游专业毕业生、专业志愿者、艺术和科技工作者驻村帮扶，为乡村旅游发展提供智力支持

续表

制定机关	文件名	核心内容
国务院	关于进一步促进旅游投资和消费的若干意见（2015年8月）	①加大对乡村旅游扶贫重点村的规划指导、专业培训、宣传推广力度 ②组织开展乡村旅游规划扶贫公益活动，对建档立卡贫困村实施整村扶持 ③到2020年，全国每年通过乡村旅游带动200万农村贫困人口脱贫致富 ④扶持6000个旅游扶贫重点村开展乡村旅游，实现每个重点村乡村旅游年经营收入达到100万元
农业部等11个部门	关于积极开发农业多种功能并大力促进休闲农业发展的通知（2015年8月）	①在实行最严格的耕地保护制度的前提下，对农民就业增收带动作用大、发展前景好的休闲农业项目用地，各地要将其列入土地利用总体规划和年度计划优先安排。支持农民发展农家乐，闲置宅基地整理结余的建设用地可用于休闲农业 ②鼓励利用村内的集体建设用地发展休闲农业，支持有条件的农村开展城乡建设用地增减挂钩试点，发展休闲农业。鼓励利用"四荒地"（荒山、荒沟、荒丘、荒滩）发展休闲农业，对中西部少数民族地区和集中连片特困地区利用"四荒地"发展休闲农业，其建设用地指标给予倾斜。加快制定乡村居民利用自有住宅或者其他条件依法从事旅游经营的管理办法
国土资源部、住房和城乡建设部、国家旅游局	关于支持旅游业发展用地政策的意见（2015年11月）	积极保障旅游业发展用地，加强旅游业用地服务监管 ①积极保障旅游业发展用地供应 ②明确旅游新业态用地政策。在符合相关规划的前提下，农村集体经济组织可以依法使用建设用地自办或以土地使用权入股、联营等方式与其他单位和个人共同举办住宿、餐饮、停车场等旅游接待服务企业 ③自驾车房车营地项目土地用途按旅馆用地管理，按旅游用地确定供应底价、供应方式和使用年限 ④加强旅游业用地服务监管

续表

制定机关	文件名	核心内容
中国共产党中央委员会	中共中央、国务院关于落实发展新理念加快农业现代化实现全面小康目标的若干意见（2015年12月）	大力发展休闲农业和乡村旅游 ①强化规划引导，采取以奖代补、先建后补、财政贴息、设立产业投资基金等方式扶持休闲农业与乡村旅游业发展，积极扶持农民发展休闲旅游业合作社。引导和支持社会资本开发农民参与度高、受益面广的休闲旅游项目 ②加强乡村生态环境和文化遗存保护，发展具有历史记忆、地域特点、民族风情的特色小镇，建设一村一品、一村一景、一村一韵的魅力村庄和宜游宜养的森林景区。依据各地具体条件，有规划地开发休闲农庄、乡村酒店、特色民宿、自驾露营、户外运动等乡村休闲度假产品。实施休闲农业和乡村旅游提升工程、振兴中国传统手工艺计划 ③开展农业文化遗产普查与保护。支持有条件的地方通过盘活农村闲置房屋、集体建设用地、"四荒地"、可用林场和水面等资产资源发展休闲农业和乡村旅游。将休闲农业和乡村旅游项目建设用地纳入土地利用总体规划和年度计划合理安排
发改委等7个部门	关于金融助推脱贫攻坚的实施意见（2016年3月）	精准对接特色产业、重点项目和重点地区等领域金融服务需求 ①各金融机构要立足贫困地区资源禀赋、产业特色，积极支持能吸收贫困人口就业、带动贫困人口增收的绿色生态种养业、经济林产业、林下经济、森林草原旅游、休闲农业、传统手工业、乡村旅游、农村电商等特色产业发展。有效对接特色农业基地、现代农业示范区、农业产业园区的金融需求，积极开展金融产品和服务方式创新 ②健全和完善区域信贷政策，在信贷资源配置、金融产品和服务方式创新、信贷管理权限设置等方面，对连片特困地区、革命老区、民族地区、边疆地区给予倾斜
国家旅游局	全国旅游标准化发展规划2016—2022（2016年4月）	①到2020年，我国旅游国家标准将达45项以上，行业标准达到60项以上，地方标准达到300项以上 ②新建200个以上全国旅游标准化试点示范单位 ③旅游标准覆盖领域进一步拓宽，标准体系结构明显优化，标准之间协调性有效增强，适应和支撑现代旅游业发展的标准体系更加健全

续表

制定机关	文件名	核心内容
国家旅游局等12个部门	乡村旅游扶贫工程行动方案的通知（2016年9月）	（1）五大任务 ①科学编制乡村旅游扶贫规划 ②加强旅游基础设施建设 ③大力开发乡村旅游产品 ④加强乡村旅游宣传营销 ⑤加强乡村旅游扶贫人才培训 （2）八项行动 ①乡村环境综合整治专项行动 ②旅游规划扶贫公益专项行动 ③乡村旅游后备箱和旅游电商推进专项行动 ④万企万村帮扶专项行动 ⑤百万乡村旅游创客专项行动 ⑥金融支持旅游扶贫专项行动 ⑦扶贫模式创新推广专项行动 ⑧旅游扶贫人才素质提升专项行动
国务院	"十三五"脱贫攻坚规划的通知（2016年11月）	（1）因地制宜发展乡村旅游 开展贫困村旅游资源普查和旅游扶贫摸底调查，建立乡村旅游扶贫工程重点村名录。以具备发展乡村旅游条件的2.26万个建档立卡贫困村为乡村旅游扶贫重点，推进旅游基础设施建设，实施乡村旅游后备箱工程、旅游基础设施提升工程等一批旅游扶贫重点工程，打造精品旅游线路，推动游客资源共享。安排贫困人口旅游服务能力培训和就业 （2）大力发展休闲农业 依托贫困地区特色农产品、农事景观及人文景观等资源，积极发展带动贫困人口增收的休闲农业和森林休闲健康养生产业。实施休闲农业和乡村旅游提升工程，加强休闲农业聚集村、休闲农业园等配套服务设施建设，培育扶持休闲农业新型经营主体，促进农业与旅游观光、健康养老等产业深度融合。引导和支持社会资本开发农民参与度高、受益面广的休闲农业项目 （3）积极发展特色文化旅游 依托当地民族特色文化、红色文化、乡土文化和非物质文化遗产，大力发展贫困人口参与并受益的传统文化展示表演与体验活动等乡村文化旅游。坚持创意开发，推出具有地方特点的旅游商品和纪念品。支持农村贫困家庭妇女发展家庭手工旅游产品

续表

制定机关	文件名	核心内容
中国共产党中央委员会	中共中央国务院关于深入推进农业供给侧结构性改革 加快培育农业农村发展新动能的若干意见（2016年12月）	（1）大力发展乡村休闲旅游产业 充分发挥乡村各类物质与非物质资源富集的独特优势，利用"旅游＋"、"生态＋"等模式，推进农业、林业与旅游、教育、文化、康养等产业深度融合。丰富乡村旅游业态和产品，打造各类主题乡村旅游目的地和精品线路，发展富有乡村特色的民宿和养生养老基地。鼓励农村集体经济组织创办乡村旅游合作社，或与社会资本联办乡村旅游企业。多渠道筹集建设资金，大力改善休闲农业、乡村旅游、森林康养公共服务设施条件，在重点村优先实现宽带全覆盖 （2）培养宜居宜业特色村镇 打造"一村一品"升级版，发展各具特色的专业村。支持有条件的乡村建设以农民合作社为主要载体、让农民充分参与和受益，集循环农业、创意农业、农事体验于一体的田园综合体，通过农业综合开发、农村综合改革转移支付等渠道开展试点示范。深入实施农村产业融合发展试点示范工程，支持建设一批农村产业融合发展示范园
财政部、农业部	关于深入推进农业领域政府和社会资本合作的实施意见（2017年5月）	①将农业田园综合体作为聚焦重点，推进农业领域PPP工作。支持有条件的乡村建设以农民合作社为主要载体、让农民充分参与和受益，集循环农业、创意农业、农事体验于一体的田园综合体 ②财政部与农业部联合组织开展国家农业PPP示范区创建工作。各省（区、市）财政部门会同农业部门择优选择1个农业产业特点突出、PPP模式推广条件成熟的县级地区作为农业PPP示范区向财政部、农业部推荐。财政部、农业部将从中择优确定"国家农业PPP示范区"。国家农业PPP示范区所属PPP项目，将在PPP示范项目申报筛选和PPP以奖代补资金中获得优先支持 ③充分发挥中国PPP基金和各地PPP基金的引导作用，带动更多金融机构、保险资金加大对农业PPP项目的融资支持

续表

制定机关	文件名	核心内容
农业部	关于推动落实休闲农业和乡村旅游发展政策的通知（2017年5月）	①在用地政策上，争取将休闲农业和乡村旅游项目建设用地纳入土地利用总体规划和年度计划合理安排。要支持有条件的地方发展休闲农业和乡村旅游 ②在财政政策上，要鼓励各地整合财政资金，将中央有关乡村建设资金向休闲农业集聚区倾斜 ③在金融政策上，要创新担保方式，搭建银企对接平台，鼓励担保机构加大对休闲农业和乡村旅游的支持力度，帮助经营主体解决融资难题 ④在公共服务上，要从规划引导入手，积极推进"多规合一"，将休闲农业和乡村旅游开发纳入城乡发展大系统中，打造产业带和产业群 ⑤在品牌创建上，要按照"3+1+X"的品牌培育体系，在面上继续创建全国休闲农业和乡村旅游示范县（市、区），在点上继续推介中国美丽休闲乡村，在线上重点开展休闲农业和乡村旅游精品景点线路推介，吸引城乡居民到乡村休闲消费
农业部、中国农业发展银行	关于政策性金融支持农村一二三产业融合发展的通知（2017年5月）	支持农业多种功能开发，增加农村产业融合发展拓展力。 ①运用农业资源优势发展特色旅游产业。依托田园风光、乡土文化、农耕体验等资源特色，积极支持宜居宜业特色村镇建设、乡村休闲旅游产业和休闲农业发展、红色旅游、教育基地建设和农业生态旅游开发等，围绕有基础、有特色、有潜力的产业，推动农业与休闲旅游、教育文化、健康养老等产业深度融合，支持打造农业文化旅游"三位一体"、生产生活生态同步改善、一二三产业深度融合的特色旅游小镇、特色旅游景区景点以及生态建设项目 ②加大力度支持贫困地区农业绿色生态功能开发。发挥生态扶贫在产业融合中的促进作用，鼓励引导贫困农民、林区贫困职工利用当地生态资源，大力发展特色农业、乡村旅游等绿色产业

续表

制定机关	文件名	核心内容
中国共产党中央委员会、国务院	乡村振兴战略规划2018—2022（2018年9月）	①统筹保护、利用与发展的关系，努力保持村庄的完整性、真实性和延续性。切实保护村庄的传统选址、格局、风貌以及自然和田园景观等整体空间形态与环境，全面保护文物古迹、历史建筑、传统民居等传统建筑。尊重原住居民生活形态和传统习惯，加快改善村庄基础设施和公共环境，合理利用村庄特色资源，发展乡村旅游和特色产业，形成特色资源保护与村庄发展的良性互促机制 ②实施休闲农业和乡村旅游精品工程，发展乡村共享经济等新业态，推动科技、人文等元素融入农业 ③大力发展生态旅游、生态种养等产业，打造乡村生态产业链。进一步盘活森林、草原、湿地等自然资源，允许集体经济组织灵活利用现有生产服务设施用地开展相关经营活动。鼓励各类社会主体参与生态保护修复，对集中连片开展生态修复达到一定规模的经营主体，允许在符合土地管理法律法规和土地利用总体规划、依法办理建设用地审批手续、坚持节约集约用地的前提下，利用1—3%治理面积从事旅游、康养、体育、设施农业等产业开发 ④积极开发传统节日文化用品和武术、戏曲、舞龙、舞狮、锣鼓等民间艺术、民俗表演项目，促进文化资源与现代消费需求有效对接。推动文化、旅游与其他产业深度融合、创新发展
	中共中央、国务院关于坚持农业农村优先发展做好"三农"工作的若干意见（2019年1月）	①鼓励社会力量积极参与，将农村人居环境整治与发展乡村休闲旅游等有机结合。广泛开展村庄清洁行动 ②开展美丽宜居村庄和最美庭院创建活动 ③按照先规划后建设的原则，通盘考虑土地利用、产业发展、居民点建设、人居环境整治、生态保护和历史文化传承，注重保持乡土风貌，编制多规合一的实用性村庄规划 ④充分发挥乡村资源、生态和文化优势，发展适应城乡居民需要的休闲旅游、餐饮民宿、文化体验、健康养生、养老服务等产业

（2）我国乡村旅游发展的社会文化背景

中国自古以来就是农业大国，农业是国家经济发展的命脉。乡村旅游的发展在中国有着传统的农村文化积淀。传统农事生产生活方式和传统手工艺是我国传统乡村文化的外延，宗族文化和差序格局则是我国传统乡村文化的内涵。这些为我国乡村旅游的发展提供了潜在的可能。

在中国的传统文化中，既有"道法自然""天人合一"的道家人文理念，又有"唯天下至诚，为能尽其性；能尽其性，则能尽人之性；能尽人之性，则能尽物之性；能尽物之性，则可以赞天地之化育；可以赞天地之化育，则可以与天地参矣。"的儒家价值观。这些共同形成了我国乡村旅游和休闲农业发展不可或缺的文化基础。长久以来，《徐霞客游记》所记述的山水田园式乡村旅游描绘，以及"采菊东篱下，悠然见南山"的浪漫主义情怀、"洛阳亲友如相问，一片冰心在玉壶"的乡土情结，又赋予了中国人自古至今对乡土田园生活的向往以及对远乡的思念。这种根植于中国人血脉中的乡愁为乡村旅游的发展提供了天然的人文基础。

但是，随着我国工业化和城市化的发展，高强度、快节奏的工作方式逐渐占据了都市居民的生活主体。人们越来越向往慢节奏的田园生活，逃离都市生活异化、亲近乡土、返璞归真逐渐成为一种生活时尚。另一方面，工业文明的发展在极大地提升人们物质生活水平的同时，造成了社会资源的极大浪费和生态环境的严重污染，城市的"雾霾"和加剧的热岛效应促使人们急切想要回归自然。对乡土的天然向往和逃离都市的"念头"共同为乡村旅游提供了最具"合理性"的发展契机。

（3）我国乡村旅游发展的市场经济背景

供给和需求侧变化是决定市场环境变化的关键因素。除了社会文化的变迁所引发的需求侧变革以及政策环境变化所引发的供给侧变革之外，影响乡村旅游市场供给和需求侧变化的最主要因素在于国民经济的全面增长和休闲时间的变化。

21世纪初，我国城乡居民收入水平总体上进入发展型消费阶段。根据国家统计局最新数据，2018年年底，全年全国居民人均可支配收入达到28228元，城镇居民人均可支配收入为39251元，农村居民人均可支配收入为14617元，处于持续增长阶段。全年全国居民人均消费支出达到19853元，城镇居民人均消费支出26112元，农村居民人均消费支出达到12124元，均呈现高速增长的态势。与此同时，居民消费升级提质，全国居民恩格尔系数为28.4%。[①]这些数字表明，当下中国城乡居民已经有相当数量的"闲钱"用于发展型消费，包括旅游休闲消费。这说明了我国乡村旅游发展的经济背景持续向好。根据途牛旅游网《2018年乡村旅游分析报告》显示，截至2017年底，乡村旅游接待游客28亿人次，占国内游客接待总人次的56%；营业总收入超7400亿元，占国内旅游总收入的16.2%。与此同时，乡村旅游行业市场规模也得到了快速发展。截至2018年8月，全国休闲农业和乡村旅游示范县（市/区）共388个、中国美丽休闲乡村560个。途牛旅游网监测数据显示，2018年，途牛有关"乡村""农家乐""乡村度假"等关键词的搜索量相比2017年增长了30%。与此同时，乡村旅游产品的咨询量、预订量也在持续上升。[②]

除了全民经济总收入持续上升对乡村旅游发展带来的旅游经济支配方面的促进作用之外，国民休闲时间的持续宽松也同样是乡村旅游发展的关键诱因。国家休闲时间政策的持续增加和合理化使越来越多的城镇居民掌握更多的可支配时间，而越来越多的"有闲阶级"选择了出行时间自由、出行半径较短的乡村旅游，从而促进了乡村旅游市场的发展。

另外，在供给侧方面，随着国家提振乡村经济的相关政策逐渐落实，越来越多的乡村青年选择回乡就业。而随着发展乡村旅游的市场环境持续向好，一大批受到高等教育、思想意识前沿的乡村精英选择扎根乡土，发掘乡村市场。这两个变化相互作用，中国乡村出现了新的面貌，包括村容村貌的改善、旅游厕所等基础设施的完备，为乡村旅游的开发提供了基础的物质条件。而"新农民"的增加，则为乡村旅游服务质量的改善、管理方式的多元化、经营方式的现代化以及服务方式的标准化提供了人才条件。

---

① 数据来源国家统计局。
② 数据来源途牛旅游网。

2.我国乡村旅游的发展模式

2018年,农业农村部农产品加工局出版了《全国休闲农业和乡村旅游经典案例》一书,该书基于地域差异、资源禀赋、经济水平及发展模式的遴选,收录了我国最具特色的91个案例,是对我国乡村旅游发展的最新总结。通过对比这91个案例,笔者对我国乡村旅游的发展模式进行了特性梳理和总结(见表2-6)。

《全国休闲农业和乡村旅游经典案例》一书根据91个典型案例的开发模式,将乡村旅游和休闲农业分为田园农业开发模式、休闲度假开发模式、科普教育开发模式、农业主题开发模式、民族风情开发模式、村落乡镇开发模式、回归自然开发模式7种类型,本质上是基于旅游资源和区域依托强度的一种分类方式。而邹统钎在《乡村旅游:理论·案例》一书中,则根据驱动乡村旅游目的地方式为依据,将乡村旅游区分为龙头景区带动模式、文化创意先导模式、都市农业驱动模式、特色产业驱动模式、自然风光旅游模式和民俗文化展示模式6种类型。另外,朱伟的《乡村旅游理论与实践》一书则进一步根据乡村旅游开发区域将乡村旅游区分为景区边缘型、都市郊区型、老少边贫地区型3种类型。相较而言,邹统钎的区分方式要优于其他两种。前者的区分方式在旅游资源和坐落地之间无法做到统一,容易引起混淆;后者的区分方式则过于笼统,仅仅基于开发区域的区分无法满足乡村旅游开发的管理模式选择。

表2-6 中国乡村旅游开发模式

开发模式	案例地(部分)	特色资源	管理模式
田园农业开发模式	巴布洛生态谷	创意农业 休闲度假	公司制
	无锡田园东方	休闲农业 特色节庆	公司制
	源野山庄	生态旅游 户外教育 特色节庆	公司制
	碧雪春生态园	茶园体验	茶叶专业合作社

续表

开发模式	案例地（部分）	特色资源	管理模式
田园农业开发模式	圣瓦伦丁休闲农业观光园	休闲康乐	公司制
	微山岛乡村旅游特色镇	红色旅游	政府管理
	会盟银滩农业观光园	特色节庆	公司与科研院所合作
	中国南方葡萄沟	特色休闲	公司+农庄+农户
	南丹巴平休闲农业园	特色节庆	公司+基地+合作社+农户
	三道堰镇青杠树村	特色节庆	村委会下属资产管理公司与社会化公司成立平台公司
	新安农业公园	特色节庆	政府牵头成立公司
	神采八卦园	特色节庆 红色旅游	政府开发+个体经营
	红渡旅居农家创意农业园	红色旅游	政府开发+企业经营+农户个体经营
	哒啦仙谷休闲田园综合体	袁隆平题字 特色休闲	公司+合作社+农户（入股分红）
	天宝现代农业园区	休闲养生	公司制
休闲度假开发模式	千朝谷	特色文化 特色节庆	公司+农户
	凤凰山休闲农业生态旅游区	康养	公司制
	鹭湖生态旅游度假区	特色休闲 特色节庆	公司制
	岩藤农场	特色文化	公司制
	湖州获港渔庄	特色文化 会议接待	公司制（乡村精英）
	凯光新天地旅游度假村	特色文化 主题教育	公司制
	青岛永昌实业集团生物科技园	土特产	公司+合作社+基地+农户
	老乐山休闲农业产业园	特色休闲 特色节庆	公司制
	小平乐休闲农业基地	生态旅游	专业合作社+农民
	美丽南方休闲农业示范区	文学IP 特色文化	政府+公司+农户
科普教育开发模式	察尔湖生态旅游度假区	特色节庆 特色休闲	公司+农民+合作社
	莲花荷花博览园	赏花	公司+合作社+农户
	雪野农博园	特色节庆 民俗体验	公司制
	湖北采花茶业科技园	民俗体验	公司+农户
	苍溪·梨文化博览园	农事体验	政府下属单位

续表

开发模式	案例地（部分）	特色资源	管理模式
科普教育开发模式	绿点花花世界	农事体验 教育康养	公司＋农户
	娘娘山高原湿地休闲农业和乡村旅游示范点	温泉康养	公司制
	腾冲高黎贡山茶博园	茶文化	公司制
农业主题开发模式	七彩蝶园	亲子 教育	公司制
	戎子酒庄	酒文化 葡萄酒销售	公司制
	两栖小镇青蛙生态创意村	特色主题	公司制
	太仓现代农业园	婚礼庆典 科普教育	公司制
	笕川村花海	赏花	村集体成立公司理事会管理
	中国薰衣草庄园	赏花	公司制
	华汉茶庄	茶文化	公司制
	亚龙湾国际玫瑰谷	赏花	公司＋合作社＋农户
	原香·国际香草园	赏花	基地＋公司＋专业合作社＋农户
民族风情开发模式	馆陶粮画小镇寿东村	红色旅游	公司＋合作社＋农户
	晋汉子生态农庄	特色文化	公司制
	辽金时代观光园	特色文化	公司制
	金达莱朝鲜族民俗村	特色文化	公司制
	篁岭民俗文化村	特色文化	公司＋经济合作社＋农户
	南太行窑洞文化村	特色文化	政府成立协会＋合作社＋农户
	龙潭仡佬丹砂古寨旅游景区	特色文化	公司制
村落乡镇开发模式	小城子村农家乐	特色餐饮	个体经营
	喀喇沁旗三家村	特色餐饮	乡村旅游专业合作社＋农户
	黄龙岘茶文化村	茶文化	村党支部成立公司＋合作社＋协会＋农户
	中村村农家乐集聚村	特色文化	政府投资＋乡、村两级管理
	木兰古道	自然生态	公司制
	小都百乡村旅游区	特色文化	村民为经营主体的集体公司
	成都幸福田园	民俗体验	集体经济委托专业经营
	农科村农家乐	国家领导参观 特色节庆	镇政府管辖
	遵义花茂村	精准扶贫 特色文化	乡村旅馆自主经营
	袁家村·关中印象体验地	特色文化	村委会/党支部主体经营＋村民

续表

开发模式	案例地（部分）	特色资源	管理模式
村落乡镇开发模式	西宁乡趣卡阳户外旅游度假景区	特色文化 精准扶贫	企业家＋驻村干部＋村党支部＋农户
	固原龙王坝村	特色文化	村委会＋合作社＋农户
回归自然开发模式	渔岛海洋温泉景区	生态康养	公司制
	天沟桥森林公园	生态旅游	国有控股公司
	怪石岭生态公园	生态旅游	公司制
	龙湾美宿——王家台后村	山海资源	渔家旅游专业合作社
	东楮岛乡村旅游	渔村文化	公司制
	海口开心农场温泉村	火山资源 温泉旅游	公司制
	务川洪渡河漂流景区	特色文化 漂流	公司＋农户

然而，邹统钎（2005）的区分方式也有局限性，因为他对乡村旅游案例地的考察不足。《全国休闲农业和乡村旅游经典案例》一书提供了丰富的乡村旅游案例地类型，对于乡村旅游开发模式的重新梳理提供了丰富的二手资料。基于此，本研究提出了两种可供探讨的区分类型。

（1）基于特色资源和特色产品的开发模式

第一种为基于特色资源和特色产品类型的开发方式。笔者将其区分为土特产品依托型、特色文化依托型、自然生态依托型、康养教育会议型和主题小镇型五种类型的乡村旅游开发模式。

土特产品依托型乡村旅游以土特产品为特色资源，以土特产品的售卖为最终渠道，兼之土特产品种植养殖生产过程中的游客体验，以偏向于传统"农家乐"的方式而定义。如苍溪梨文化博览园、成都幸福田园等。这种开发模式多为吸引近郊游客的休闲农业模式，兼之地方保护性的土特产品售卖方式，是当下最广泛使用的乡村旅游促扶贫模式，尤其以国家地理标志产品[①]为开发的典范。互联网＋和电商平台的积极应用，为土特产品走出大山、走入城市、为更多人所了解提供了机遇，如拼多多的

---

① 指产自特定地域，所具有的质量、声誉或其他特性取决于该产地的自然因素和人文因素，经审核批准以地理名称进行命名的产品，并进行地域专利保护。地理标志保护产品包括：一是来自本地区的种植、养殖产品；二是原材料来自本地区，并在本地区按照特定工艺生产和加工的产品。

电商扶贫平台。

　　特色文化依托型乡村旅游是以特色乡村旅游，包括少数民族文化和红色文化为基础所开发的乡村旅游模态。这种文化既包括遗产遗迹等有形的文化符号，又包括文化传承、文化精神等无形的文化内涵。表现形态包括对遗迹的保护性开发、地方特色性节庆、传统文化手工艺体验、扎根于地方的文化教育等。例如微山岛乡村旅游特色镇、西宁乡趣卡阳户外旅游度假景区等。这种开发模式多出现在老少边穷地区，以保护性开发为主，兼之乡村扶贫的目的。自2017年国家发展改革委员会印发《全国红色旅游经典景区三期总体建设方案》后，全国掀起了红色旅游的新一轮开发热潮，也给个别乡村地区带来了红色旅游的发展机遇。红色旅游多以教育性旅游和团体游为主，面向的人群包括政府事业单位人员、学校学生群体，因此有较为固定的受众，是乡村旅游扶贫性开发的新形态。

　　自然生态依托型乡村旅游既包括以乡村周边自然风景观光和旅行为目的地的生态旅游、山地旅游、登山、帆船等体育旅游等多种不同类型，又包括以人造景观为主的乡村旅游形态，如赏花旅游。自然依托型乡村旅游吸引的游客一般具有较高的亲环境意识（eco-friendly），因此是促进环境可持续发展的一种旅游形态。如天桥沟森林公园、中国薰衣草庄园等。近期网红经济的极速兴起，促生了大批的网红打卡地。这种网红经济给乡村旅游的发展带来了新的契机，但也为乡村环境保护和可持续发展带来了新的挑战。

　　康养教育会议型乡村旅游包括各类康养小镇、基于地方特色的休闲村寨、提供亲子或社会性教育的园区以及提供会议或庆典（如婚礼庆典）场地的近郊地方等。如开设了温泉体验、林卡（野炊）营地和CS基地的Z省D村、提供国际会议场所的L市国际会议小镇等。这种类型的乡村旅游以休闲为主，一般位于城市近郊，对乡村文化具有较低的依赖性。

　　主题小镇型乡村旅游开发模式以创新文化为载体。相较于特色文化依托型乡村旅游开发模式，它并不完全依托于原有的遗产遗迹。其可以以传说或某种地方传承为文化主体，也可以创新文化模态。一般需要投入大量的资金和地产成本。这种创新文化的发掘并不纠结于文化的客观本真性体验和地方认同，而是构建了一种虚假的文化舞台以满足游客实存性本真体验（Sang，2018）。如我国的戎子酒庄、青蛙生态创意园，以及韩国的法国小镇等。

（2）基于社区参与方式的乡村旅游类型区分

第二种为基于社区参与模式的乡村旅游类型区分方式，乡村旅游是一种有效的脱贫减贫方式。具体表现在以下三个方面：第一，乡村旅游可以有效刺激乡村地区的内生性动力。长期以来，乡村地区作为城市的经济和政治"附庸"以及劳动力的供应方而面临内生动力不足的局面（高宣扬，1989）。单一的生产方式和愈发被压缩的生存空间令乡村地区不得不处于与城市博弈的下风，沦落为城镇经济发展的"输血者"角色。乡村旅游的发展将乡村地区闲置的空间和人文地理特色开发为经济动能，通过刺激城市居民的需求而逐渐获取经济交易和相对权力交易的平衡状态。乡村旅游的开发使农民摆脱了单一的生产生活方式，经营地方特色的差异化开发，成功的开发对提振地方认同的贡献也使乡村地区进入了良性的内生循环。

第二，乡村旅游可有效缓解乡村的空心化进程。乡村地区在面临和城市博弈状态下的不平衡使劳动力流失、空巢老人、留守儿童等成为长期困扰我国乡村经济社会发展的问题。尤其是20世纪80年代起尘嚣喧上的农民工问题，即农民工群体在加速了我国城市建设进程的同时，所带来的乡村土地空置、农民工所引发的城市治安成本增加、农民工子女就学困难等问题成为中国的发展痛点。虽然2006年中华人民共和国中央人民政府网公布《国务院关于解决农民工问题的若干意见》（国发〔2006〕5号）为解决部分农民工问题提供了思路和指导办法，但通过促使农民工自主回乡本地就业以从根源上解决农民工问题的思想仍难以落实。乡村旅游的大发展恰恰提供了这样的机会。农民工问题的核心在于乡村地区生产方式单一，乡村环境难以提供多元化的就业创业机会以及子女教育问题难以解决。乡村旅游使乡村在与城市博弈中获取主动权，一方面增加了本地就业的多元性,另一方面资本的涌入增加了乡村地区的收入来源。此外,乡村地区持续开放弥补了城市和乡村教育的落差。农民工群体相较于乡村社区而言,摇身成为具有现代眼界和先进理念的"乡村精英",经济环境的变化和社会地位的改变从根本上刺激了农民工群体返乡就业,有效缓解了乡村的空心化。

第三,乡村旅游可以有效提升乡村的生态和文化可持续性。可持续发展经历了从前工业化时期的共生性发展、工业化时期的有效可持续状态、后工业化时期的非可持续状态到现在的可持续发展回归的历史过程(朱伟,2014)[219]。绿色发展理念逐渐成为现代社会发展的核心议题。"绿水青山就是金山银山"的指导思想深入人心。将生态保护与乡村发展相结合,构建保护性发展的新模式,为乡村旅游的发展提供了新的契机。此外,乡村旅游是充分利用本地文化特色的旅游方式。在乡村旅游开发过程中,本地社区深刻感受到文化传承和发展带来的经济和社会利益,因而刺激社区投入更多资本保护本地文化生态。文化生态的发掘和保护进而提升了乡村社区的文化凝聚力和地方认同,间接增强了社会的和谐稳定(桑森垚,2018)。据此,乡村旅游的发展从自然和文化生态两方面增强了经济社会发展的可持续性。

综上所述,乡村旅游刺激乡村可持续发展及经济社会动能的功能性使其成为有效的脱贫减贫方式(Zhao W. & Ritchie J. R. B.,2007)。在这一视角下,探讨乡村旅游如何具体带动社区发展,或了解乡村旅游开发过程中社区参与模式的类型,均有助于寻找最适合地方特色的乡村旅游减贫方案。笔者根据《全国休闲农业和乡村旅游经典案例》一书提供的案例进行分析,将基于社区参与类型的乡村旅游大致分为公司制、合作社制、政府主导型、个体经营四种类型,如表2-7。

表 2-7 基于社区参与方式的乡村旅游类型区分

形态	方式	村民参与方式	优势	风险
公司制	外部公司开发和管理、本地居民参与；村委牵头组建公司、村民参与；乡村精英或村民集资自发成立公司	公司直接雇佣农户，通过雇佣临时工或正式工的方式为村民提供了多渠道就业的路径	增加农民收入的同时解决了公司本地化生产的问题，达成双赢	在某种程度上破坏了乡村社区结构
		公司+农户外包的方式，即由公司提供商品服务标准，由农户个体生产，公司进行回购	最大化地保护和传承地方文化	农户可能存在绕过公司进行独立销售的意愿，存在破坏品牌形象的潜在风险
		通过土地流转支付农户土地租金或参与分红，以减少农户经济压力的方式	农民通过土地置换、土地租赁和土地经营权股份合作制参与三种凭借土地流转分享乡村旅游成果的类型	存在对农业生产的破坏风险
合作社制	旅游类专业合作社 村两委+合作社+农户模式 公司+合作社+农户		有利于资源配置和生产力要素配置，以合作促分工，提高资源使用效率；有利于保障农民利益诉求和实现规模化经营，壮大集体经济，在与其他利益相关方博弈过程中占据优势地位；有利于提升整体产业的服务水平、生产质量及服务效率，提升营销规模和经营的专业度；有利于减少内耗，实现合作共赢	
政府主导型	成立政府下属事业单位的形式对乡村旅游进行管理；由政府直接管辖；由国有企业全权控股进行开发和管理；由政府对乡村旅游发展进行监管，协调公司、合作社和农户关系		容易实现规模化经营、标准化经营、减少内耗和政令统一	在体现村民自治、市场化运作方面略有不足

续表

形态	方式	村民参与方式	优势	风险
个体经营		通过开设家庭旅馆、售卖手工艺品、开设特色餐馆、提供特色交通观光工具等,村民获取了除农事生产外的多渠道生产方式,改善自身经济条件		需要村民自负盈亏,同时容易陷入恶性竞争的局面
其他		旅游协会 基地开发模式 科研院所介入乡村旅游开发模式 政府委派驻村干部的乡村旅游开发模式		

公司制可分为外部公司开发和管理、本地村民参与以及村委牵头组建公司、村民参与并采用公司化运营以及本地村民自发成立公司等三种方式。根据本地居民参与的方式,可分为以下三种。

第一种方式是公司直接雇佣农户,通过雇佣临时工或正式工的方式,为村民提供了多渠道就业的路径,增加农民收入的同时也解决了公司本地化生产的问题,实现双赢。这种方式的缺点是在某种程度上破坏了乡村社区结构,而且也可能对农业生产造成破坏。

第二种方式是公司+农户外包的方式,即由公司提供商品服务标准,由农户个体生产,公司进行回购。这种方式能够最大化保护和传承地方文化,例如 Z 省某村品牌藏香的生产。但是,这种方式的缺点是农户可能存在绕过公司进行独立销售的意愿,从而存在破坏品牌形象的潜在风险。

第三种方式是通过土地流转支付农户土地租金或参与分红,以减少农户经济压力的方式。2015 年,农业部等 11 个部门发布了《关于积极开发农业多种功能、大力促进休闲农业发展的通知》。该通知重点提出鼓励利用"四荒地"发展休闲农业,其建设用地指标给予倾斜。在实行最严格的耕地保护制度的前提下,对农民就业增收带动作用大、发展前景好的休闲农业项目用地,各地要将其列入土地利用总体规划和年度计划优先安排。此外,支持农民发展农家乐,闲置宅基地整理结余的建设用地可用于休闲农业。同时,鼓励利用村内的集体建设用地发展休闲农业,支持有条件的农村开展城乡建设用地增减挂钩试点,促进休闲农业的发展。在中西部少数民族地区和集中连片特困地区，利用"四荒地"发展休闲农业，并给予一定支持。

张晶晶（2018）在《乡村旅游学研究》一书中提及了七种农村集体土地流转的方式：（1）土地互换，即农村集体经济组织内部的农户对各自土地的承包经营权进行交换；（2）出租和转包、转让，即农民将其承包的土地经营权出租给承租方；（3）股份合作社，即农户以土地经营权为股份共同组建专业合作社，按照"群众自愿、土地入股、集约经营、收益分红、利益保障"的原则返租倒包给其他经营者；（4）入股（股田制）或股份合作经营，即农户将承包土地经营权作价入股，建立股份公司，按公司治理方式经营；（5）抵押或土地银行，即金融资本将土地作为存贷的主要标的，经营与土地有关的长期信用业务，最终让农业经营合作组织采用银行运作模式进行生产；（6）土地托管，即村民缴纳管理费，将土地交由合作社管理，合作社经营农民土地，将收益交给农民；（7）土地信托，即政府出资在县或乡镇设立农村土地承包经营权信托有限公司，接受农民名下的土地，企业再从政府的信托公司手中连片租赁土地，从事乡村旅游开发经营活动。这七种土地流转方式宏观上可以分为农民通过土地置换、土地租赁和土地经营权股份合作制参与三种凭借土地流转分享乡村旅游成果的类型。

合作社制乡村旅游的社区参与方式与村委牵头组建公司的公司制有所区别。后者可以是由村委会/管委会引进公司成立平台公司，村委会/管委会发挥主体作用，如三道堰镇青杠树村；也可以直接由村委班子牵头，通过乡村旅游发展专项资金或吸引社会资本成立公司，采用公司化的运营方式，如笕川村花海。前者则是在农村家庭承包经营的基础上，同类农产品的生产经营者或者同类农业生产经营服务的提供者、利用者，自愿联合、民主管理的互助性经济组织。[①] 合作社可以由村集体表决成立，由乡村精英牵头成立或是由村两委（村委会和村党委班子）牵头成立，体现村民互

---

① 出自《中华人民共和国农民专业合作社法》。

助以及自治、民主自愿的原则。合作社制乡村旅游的社区参与方式可以分为旅游类专业合作社，如龙湾美宿、王家台后村；村两委＋合作社＋农户模式，如固原龙王坝村；公司＋合作社＋农户，如馆陶粮画小镇寿东村等。不同区分方式体现了合作社在社区参与过程中所扮演的角色，如旅游类专业合作社体现的是合作社对土地和景区的主体经营和开发作用；"合作社＋"体现的是合作社作为中介机构与公司或村两委博弈，为农户争取利益最大化的同时保证农户生产经营的质量，以实现某种程度的规模化经营。农民合作社是创新乡村管理的有效载体，是发展乡村经济的新型实体。发展合作社式乡村旅游经营模式，有利于资源配置和生产力要素配置，以合作促分工，提高资源使用效率；有利于保障农民利益诉求和实现规模化经营，壮大集体经济，在与其他利益相关方博弈过程中占据优势地位；有利于提升整体产业的服务水平、生产质量及服务效率，提升营销规模和经营的专业度；有利于减少内耗，实现合作共赢。

政府主导型体现的是由政府作为开发和经营的主体单位，或者通过成立政府下属事业单位的形式对乡村旅游进行管理，如苍溪梨文化博览园；或者由政府直接管辖，如通过所谓"乡政村治"的管理模式，典型案例地为中村村农家乐集聚村；或者由国有企业全权控股进行开发和管理，如天桥沟森林公园；或者由政府对乡村旅游发展进行监管，协调公司、合作社和农户关系，如美丽南方休闲农业示范区。不同的类型均体现了自上而下式的开发和经营模式。政府主导型开发模式虽然在某种程度上容易实现规模化经营、标准化经营、减少内耗和政令统一，但是在体现村民自治、市场化运作方面略有不足。

个体经营方式是乡村旅游开发过程中，村民个体自主经营"吃住行游购娱"等乡村旅游项目的模式，也是村民直接参与乡村旅游开发的模式。通过开设家庭旅馆、售卖手工艺品、开设特色餐馆、提供特色交通观光工具等，村民获取了除农事生产外的多渠道生产方式，改善自身经济条件。但是个体经营需要村民自负盈亏，同时容易陷入恶性竞争的局面。如孙九霞（2008）提到的西双版纳傣族村寨村民之间为争夺游客而发生的物理冲突，对旅游开发带来了不利影响。

除了上述的公司制、合作社制、政府主导型、个体经营等四种乡村旅游开发社区参与模式以外，各地还创新了不同的开发、经营和监管主体。例如，旅游协会是由政府或自发成立的，体现了不同利益相关方之间良性沟通，减少因信息不均衡所造成内耗的主体责任。南太行窑洞文化村是典型案例地。通过建立手工业生产基地，联系不同村集体合作社或直接联系农户，实现乡村旅游特产的质量化、规模化经营。青岛永昌实业集团生物科技园是典型案例地。科研院所介入乡村旅游开发模式，例如会盟银滩农业观光园，为乡村旅游的可持续开发和个性化产品经营提供了可供借鉴的模式。政府委派驻村干部的乡村旅游开发模式，主要发生在老少边贫地区，驻村干部作为政府"代言人"，起到沟通不同经营主体、落实政府扶贫开发专项资金、引进各类乡村扶贫项目的作用。如西宁乡趣卡阳户外旅游度假景区。

不论是哪种乡村旅游开发经营模式，都应该具备社区参与、村民增权、规模化经营、自主自愿、本地特色的特点。尤其是本地特色，不仅包括本地的人文和生态景观，还应该适用于本地的历史和现实背景，最小化经营内耗，最优化村民参与的特色经营管理理念。简单地照搬成功案例并不能带来乡村旅游开发的品牌化效应。

3.我国乡村旅游发展的新趋势、困境和反思

我国乡村旅游的发展是政治社会环境、市场经济环境和传统文化背景共同作用的结果。发展的新趋势和面临的新挑战受到技术革新、理念创新和社会变迁的推动。多元营销策略、多元主体参与和规模化经营在带来我国乡村旅游规模不断提升、农村面貌日益改善、农民收入持续增加、农民素质稳步提高的同时，也给我们带来乡村旅游可持续发展、多头管理、旅游漏损、自治混乱、品牌化缺失等不得不反思的问题（张晶晶，2018）[27]。

（1）多元营销策略促进乡村旅游品牌化

新技术和新理念的发展改变了乡村旅游品牌的行销模式。特别是多

元营销策略的组合应用，使得乡村旅游品牌不再局限于传统大众媒体传播的困境。旅游目的地的形象不再是固有的社会集体记忆，而是旅游目的地经营者通过快餐式的新媒体传播和事件营销方式主动创造目的地形象。这一过程反作用于目的地社会和文化，带来了目的地的地方变迁。在这一过程中，所谓新媒体+和旅游IP成为目的地开发者的营销"主谋"。

新媒体的营销方式既是技术变革的结果，也是营销理念的促使。包括媒体公众号、朋友圈宣传、抖音等短视频平台、网红主播宣传等多元的新媒体营销方式共同推动了乡村旅游目的地的"网红化"以及粉丝经济效应，令乡村旅游目的地可以在短时间内进入旅游消费者的"唤醒集（evoked set）"，从而在短时间内产生规模化品牌效应，形成独有的"社会记忆"。但是这种社会记忆并非源于消费者基因里的集体认同，而是一种快餐化的社会认知，无法通过形成社会的集体情感而影响消费者的正向态度（Sang, He & Ni，2020）。一方面，快餐式的营销文化造成了不同乡村旅游目的地之间的恶意竞争，基于消费者体验和满意度的良性市场竞争最终沦为收获粉丝的营销竞争。另一方面，新媒体粉丝经济时代的特点是"快速聚粉、快速脱粉"，粉丝的行为转换率较低，造成了"僵尸粉"的大量累积，在获取规模化品牌效应的同时难以获得规模化经济效应。

事件营销为乡村旅游品牌拓展提供了另外的短期规模化品牌效应方式。无论是通过人为构造旅游IP引爆乡村旅游热点，例如《爸爸去哪儿》综艺节目对云南普者黑的引爆，或是《冈仁波齐》电影对Z省神山旅游的引爆，以及拼多多扶贫广告的病毒式营销，又或是"游丹寨就是扶贫"等通过刺激社会大众情感的营销方式；或是偶发性网红事件引爆乡村旅游目的地的热点话题，例如洱海周边乡村的网红打卡地等。事件营销提供了乡村旅游目的地构建自己的品牌个性的渠道。事件营销既为有特色的乡村旅游目的地提供了"圈粉"的平台，又为缺乏特色文化产品的乡村提供了旅游资源生产的机会。尤其是各种节庆节事活动的开发，作为特殊的事件，成为乡村旅游品牌开发的引爆点，例如Z省D村的房车音乐节作为一种新开发的社会"事件"吸引了部分年轻群体，而D村所开发的传统沐浴节节庆则作为传统文化吸引了近郊休闲居民和试图探索地方文化本真的外来游客（桑森垚，2019）。但是，事件营销同样存在问题。事件营销和新媒体营销一样，试图在短时间之内"圈粉"。但是，一方面，这种脱离大众口碑的事件较容易昙花一现，例如，D村的房车音乐节只举办了一届就因无法形成规模经济而被迫中止。另一方面，大部分脱离地方文化的事件容易被模仿，例如洱海沿途村庄处处可见的所谓网红打卡地，大部分布满灰尘，无人问津。而仅有的几处则呈现圈地经营，村民比游客多，沿途拦停游客，强迫消费，同村恶性竞争甚至大打出手的混乱局面。这进一步加剧了游客的反感。

毕竟，所谓网红经济只兴极一时，不能长久。可持续的乡村旅游开发必须回归游客口碑。网红经济、事件营销仅仅是新时代旅游开发背景下的新道具。将道具作为开发的稻草，只能适得其反。

（2）多元主体参与视角下的中国农村村民自治和乡村旅游开发

乡村旅游的发展无外乎两种途径。第一种是自上而下式的开发模式，即由政府主导的自上而下（up-bottom）的发展模式。这种发展模式源于乡村公社时代，由上层政府主导，村公社作为基层村治组织协调乡村管理。家庭承包式经营模式和"乡政村治"时代的出现改变了这种传统的乡村生产经营模式。自下而上式的发展理念强调以村集体为核心的村民自治的生产生活方式，村委会作为基层村民自治代表机构参与乡村发展决策，各种合作社和村办企业逐渐在乡村发展中崭露头角（徐勇，1997）。该时期乡村旅游发展的特点是乡村精英带头开发形态（张晶晶，2018）[25]。乡村精英包括返乡创业的青年、有经济资本的富农、有教育基础的返乡大学生、本村的政治或意见领袖等不同类型，作为资本和先进理念的携带者成为村里"先富起来的一批人"。

随着网络时代的来临和乡村基础教育的普及，信息不对称和因学致贫逐渐不再成为阻碍乡村发展的问题。乡村旅游的开发因此而进入全员参与和多元参与的时期。全员参与是指全体村民通过不同的方式加入乡村旅游的发展过程中，通过社区政治增权、经济增权、心理增权和社会增权而在乡村旅游发展中获利（桑森垚，2018）。多元参与是指乡村社区不再是纯粹的乡村旅游发展过程中的弱势一方。通过旅游协会、政府协调、村两委建立沟通平台、自发组织合作社等"弱弱联合"的多元化方式，乡村社区村民逐渐获得了博弈的主动权。这个过程中，尤其凸显出基层党组织和基层党员作为基层政治建设的中坚力量，发挥出重要的沟通和促进作用。例如Z村网红客栈老板"平措大叔"，作为一名基层党员，积极参与乡村旅游建设、主动承担村民与政府沟通的桥梁、通过雇佣贫困村民协助乡村脱贫，充分显示了基层党员的先进性，成为乡村旅游发展中的"新乡贤"。乡村社区区别于城市，具有更亲密的邻里关系和更密切的社会网络。乡村旅游品牌的开发依靠占据更多社会资本的乡村社区网络中的"精英"人物。但是，精英人物往往会发展成把控乡村基层政治和经济的"资本家"，普通村民或沦落为附庸，或失去社区参与的话语权，因此，探索适合于本地特色的乡村自治制度才是乡村旅游品牌化可持续发展的关键，这个过程中，区别乡村精英的类型（如宗族精英、宗教精英、政治精英、党员精英等）尤为重要（贺雪峰，2011）。

中国农村村民自治是中国特色社会主义的重要组成部分，是一种制度化的民主形式。这种制度性表现在中国乡村基层治理的各个方面，通过成立村委会代表全体村民进行包括村务管理、政策下沉以及集体经济结构调整等管理和决策行为。尤其是民主化的乡村自治制度，通过民主化决议构建具有地方特色的经济结构、代表村集体参与招商引资和招标经济项目、代表全体村民与入驻企业商谈以最大化村民利益等，为新时代中国乡村克服经济发展阻力、实现乡村振兴提供了重要的内生性保障。乡村旅游发展同样受益于中国乡村的制度化民主，在民主化发展的背景下，外部环境压力和内部发展需求共同作用于固有的乡村制度，促生乡村的制度性变迁以适应于乡村旅游发展（郑少茹，桑森垚，2020），从而涌现出适用于不同地方特色的不同方式的村民参与乡村旅游发展的新制度、新方法。

根据张骁鸣和保继刚（2009）的起点—动力假说和路径依赖（path-dependence）理论（North，1990），乡村旅游开发过程中的制度产生起源于偶发事件和历史条件，经历了由非正式制度到正式制度的固化，在内外部条件共同作用下，经历时代的筛选，再次进入偶发性变迁的过程，由此循环往复。由此可见，在乡村旅游发展过程中，乡村社区中的非正式制度是引导正式制度形成的关键因素。而非正式制度的规则性嵌入，必不可少的是村民的主动参与，该过程被定义为"参与式地方品牌化（participated place branding）"的过程，其中凸显的是村民的市民意识（citizenship）。

但是，制度的产生并非基于村民绝对的理性思考，受信息的不均衡和固有的乡土价值观的限制，村民只能通过有限理性决策来判断在制度中所能获取的利益。因此，在乡村旅游发展过程中，必然会出现旅游漏损、公租悲剧等负面的事件。在这个过程中，政府的公信力成为解决问题的关键。因此，未来的乡村旅游发展单纯通过自上而下或自下而上的模式难以获得共赢，只有两者双管齐下才能获得公共利益最大公约数，以期乡村旅游地方品牌的可持续发展。

（3）规模化乡村旅游开发

旅游业是一种极易受外部环境影响的产业。在乡村旅游发展的初期阶段，受政策和经济发展要求的影响，家庭作坊式承包制乡村经营方式是我国乡村旅游开发的主要方式，个别乡村精英通过一家一户分散经营获得了第一桶金。但是这种小农生产方式难以抵御外部环境风险，在面临政策、经济环境变化时较易被市场淘汰。因此，通过合作社、协会或村两委引领等方式，发动全村参与旅游开发，甚至是参与全域旅游发展成为乡村旅游开发的新形态。以区域品牌集群的规模化生产方式，建立全域的旅游开发质量标准和品牌规范成为新时期乡村旅游发展的关键。例如，Z省提出的"十三五"乡村旅游改革示范点建设工程，通过建立乡村旅游重点村名录，高标准规划10个乡村旅游示范县、50个乡村旅游风情小城镇和151个乡村旅游示范村。以S市环城休闲文化旅游带、R市—N市乡野风情旅游带、L市—C市森林度假休闲旅游带等特色各异的乡村旅游带为核心，实现乡村旅游的规模化开发，以城市中心区、重点旅游景区到乡村旅游区（点）之间的旅游道路、151个乡村旅游示范村的"六小工程"（包括1个停车场、

1个旅游厕所、1个垃圾集中站、1个医疗急救站、1个农副土特产品商店和1批旅游标识牌）和"三改一整"（改水、改厕、改厨，修整院落）为要点规划乡村旅游的标准化质量体系。

但是在我国乡村旅游区域标准化和规模化开发过程中，始终面临着两个困境。第一，如何客观看待乡村旅游发展，避免陷入大发展、大开发的极端局面。第二，如何建立乡村旅游品牌个性和规模化、标准化生产之间的平衡关系。

①如何客观看待乡村旅游发展

中国是一个农业大国，近几年农村人口比例虽然处于持续下降阶段，但农村人口比例仍占据全国总人口的36.11%（截至2020年国家统计局公布数据），农村土地面积更是占据国土面积的94%以上（截至2018年光明日报公布数据）。这样的人口和土地比例使中国比其他国家在发展乡村经济方面拥有更得天独厚的优势。近年来，国家提出"绿水青山就是金山银山"的发展口号，推动绿色乡村发展理念深入人心。保护乡村风貌，建设"产业兴旺、生态宜居、乡风文明、治理有效、生活富裕"的新农村成为国家上下发展乡村经济的共识。在此背景下，乡村旅游因其绿色发展性、本土文化性、地方品牌发展的社会影响力和较低的资本获取特性受到了各级政府及乡村地方开发者的青睐，大量的农家乐、渔家乐、牧家乐、古镇和民族村寨打着"扶贫"或是"乡愁"的旗号如雨后春笋般涌现。但是，并不是所有的乡村地区都适合乡村旅游的发展。乡村旅游的失败带来的不仅仅是经济效益的不可得，更多的是乡村地方品牌形象的破坏以及乡村社区居民认同感和凝聚力的不可逆损失。在乡村旅游开发初期准确定位可持续乡村旅游开发可行性尤为重要。

A. 独特的自然特性

独特的自然禀赋是乡村旅游发展的基础之一，也是最重要的乡村生态旅游吸引物。独特的自然特性包括可供开发的山林资源、水资源、沙漠资源以及野生动物资源等。独特的自然资源开发必须秉持绿色的开发理念，并适应当地的自然观。具体而言，开发者需要考量地方村民与自然生态间的传统关系。例如,在某些信奉萨满教地区,山林是神圣而不可侵犯的,开发者不能违背当地信仰。以 Z 省为例,大部分山林湖泊都被原始宗教赋予了神圣色彩,因此乡村生态旅游开发有时会受到当地村民的阻挠。

B. 独特的文化社会特性

同自然禀赋一样,独特的社会文化特性同样是乡村旅游发展的关键。不仅乡村文化符号等有形外观,特色文化仪式和社会关系等无形内涵也是乡村旅游开发的对象。根据旅游生命周期理论,乡村旅游发展初期是由少数背包客偶发性闯入乡村后台,本真的文化属性主导了游客凝视;随着地方形象的社会扩散,乡村旅游进入快速发展阶段,大众旅游逐渐成形,文化本真也逐渐成为虚假的前台表演,甚至失去独特性,而成为满足旅游者形象认知的伪造品。因此,独特的社会文化特性开发需要维护乡村文化本真,而不是一味迎合社会形象,让本地社区的参与式品牌开发主导社会认知,才能实现文化生态的可持续发展。

C. 区位优势

大部分乡村旅游目的地吸引的是都市游客,因此受到周边可辐射旅游集散城市的显著影响。此外,城市辐射特性也意味着旅游可达性的交易实现。交通是制约大部分乡村旅游发展的关键要素,也是影响游客出行动机的限制性因素。但并非良好的交通条件一定能为乡村旅游发展带来正面效应。在调研 Z 省 R 市乡村旅游过程中,研究者发现,交通的完善给乡村旅游发展带来的更多是负面效应。以前的旅游目的地由于交通的改善变成了旅游过路地,当天就可以到达 R 市的交通便利条件阻碍了旅游的发展;同样的事情也发生在工布江达县太昭古城,游客鲜有从交通要道上下来参观太昭古城的意愿,致使之前繁荣的太昭古城乡村旅游越来越沉寂。

D. 基础设施

乡村由于其城市附庸的社会位置,占据较少的社会资本。因此,在旅游厕所等基础设施建设方面存在劣势。而开发旅游基础设施以发展乡村旅游又存在旅游市场竞争力的不确定性。以 Z 省工布江达县太昭古城为例,笔者在调研过程中发现,太昭古城的管理者存在着先开发旅游再开发基础设施的概念。其原因在于对投入资金开发基础设施能否在后期旅游发展过程中资金回笼的忧虑。因此，为解决类似问题，政府必须为前期资金投入背书，以政府为主导，实现初期规模化开发，是解决基础设施建设和乡村旅游开发悖论的有效方案。

E.社会公共形象和管理技巧

乡村旅游的开发需要乡村已经具备一定的正面社会影响力。零起点的乡村旅游因其需要在初期投入大量的社会宣传资本很难在短时间内获得规模化效应。旅游IP的制造固然可以帮助乡村地方快速"圈粉"，但是正如基础设施建设，很少有乡村地方有初期资本制造具有社会效应的引爆点。具有一定社会影响力的乡村天然形成了IP，适度的社会引导就可以实现社会形象的快速传播。但是，并非所有的社会形象制造都是正面的社会引导。例如，在中央电视台疯狂传播的丹寨旅游广告口号，"游丹寨就是扶贫"，笔者通过网络民族志的调研发现，大部分潜在游客都表示因为这句口号而将丹寨排除在旅游目的地之外，"因为这句话只会让丹寨成为一个弱者，而这个时代是弱者的时代，我们不想带着心理负担去游丹寨。"。

综上，并不是所有乡村都适合开发乡村旅游。首先，乡村地区需要具备独特的资源禀赋；其次，乡村地区需要绝佳的区位优势；再次，乡村地区需要大量的社会资本背书，包括社会形象和初期经济投入。

另外，乡村旅游的发展面临着可持续性危机。不仅表现在大众旅游浪潮所带来的乡村生态破坏，还表现在乡土文明的逝去、文化商业化、乡村城市化、乡民边缘化以及公正旅游危机等方面。

乡村旅游的发展在带来经济效益的同时，改变了乡村原始的生活生产方式，加剧了耕地面积的减少以及传统农业的消逝，进一步导致了乡村地区的成建制减少。截止到2005年末，全国村庄成建制减少了70215个（朱伟，2014）[234]。大部分乡村正在走向城市化，而现存的乡村同质化气息越发严重。古镇的一味模仿抄袭导致原有的特色地方文化逐渐消逝，而为了满足游客的需求，更多的乡村选择将文化改造成适于演出的形态，文化商业化造成地方本真的破坏。

乡村社区的居民在面对开发者以及政府管理者时，始终处于权力博弈的弱势一方。信息不均衡和资本不均衡致使乡村居民不得不处于乡村旅游开发政治增权和社会增权的边缘。甚至参与旅游开发的居民也不得不面临公正旅游危机，即处于与游客交互的弱势地位。游客参与乡村旅游往往带有后殖民主义凝视色彩，本地居民不得不用落后、原始的乡村性满足游客需求（Sang，2018）。本地居民失去了社区主人（host）所应得到的尊重，在乡村旅游发展的过程中被逐步异化。这一切都造成了乡村社区居民较低的获得感和幸福感。

据此，客观地看待乡村旅游是开发乡村旅游的关键，乡村旅游开发并不是乡村经济发展和脱贫的绝对良药，不合理的乡村旅游开发只能带来乡村社区和自然生态被破坏的恶果（Yang，Hung & Xiao，2018）。

②乡村旅游品牌个性化和标准化

工业化后的全球化浪潮对服务业带来的最直接影响是"麦当劳化"，即服务和商品的标准化（里茨尔，1999）。随着后现代社会的来临，标准化的服务业受到消费者的广泛诟病，追求个性和多元体验成为消费者的核心需求。但是，标准化的服务带给消费者的是稳定的服务期待和体验的可预测性，提供标准化的服务能够最大化降低服务供应者的经营风险。因此，服务业内标准化和个性化之争始终未曾停歇。乡村旅游作为服务业的特殊形态，同样面临选择提供标准化或个性化服务的两难境地。

标准化的乡村旅游要求旅游服务者提供标准化的服务产品，包括服务的有形性、可信度、可靠性，以及提供标准的乡村旅游资源评价体系。个性化的乡村旅游则要求乡村旅游服务者具备移情性和反应性，以及多元的乡村旅游开发方式和基于本地文化根源的乡村旅游地方形象。乡村旅游的标准化和个性化在乡村旅游的地方品牌化中得到诠释（Haven-Tang & Sedgley，2014）。

乡村旅游地方品牌化过程是动态的体系化过程。地方文化通过地方认同的形成成为社会公众形象的核心而被社会大众所解读。反之，社会公众形象会影响地方文化变迁并因此影响本地居民的地方认同和凝聚力。因此，构建动态的地方品牌形象舆情监测系统和增强地方居民的增权感知是打造个性化地方品牌、凸显乡村内涵的关键。而地方品牌的外延需要系统的乡村旅游管理和生产标准。据此,个性化的地方特色激发了乡村游客的新奇感期待,标准化的地方服务降低了乡村游客的感知不确定性。两者并行,构成了可持续的乡村旅游地方品牌路径。

第三章 地方品牌化

一、品牌和品牌化

近现代社会，消费经济经历了产品消费时代（good）、商品消费时代（product）、服务消费时代（service）以及迄今为止的体验消费时代（experience）的变革（Pine & Gilmore，1999）。相应地，品牌也经历了无品牌产品、标记品牌、个性品牌和图标品牌的演进过程，品牌角色和本质的变化使品牌成为企业最重要的资产以及商品销售最重要的附加值（Aaker，1997）。

从品牌结构的角度而言，品牌是品牌文化（brand culture）、品牌认同（brand identity）和品牌形象（brand image）的动态系统。因此，品牌虽然是通过有形化的商品而与消费者之间产生交互，但品牌本身是无形的品牌意义（brand meaning）所嵌入的符号（Whelan，2011）。从狭义的品牌概念而言，品牌是可视的外观、logo、宣传口号、味道、触感等由五感所组成的消费者可直接感知到的符号表征的集合体；但从广义的品牌概念而言，品牌是消费者所认知的格式塔式形象体、所赋予的个性、所体验到的情感等无形的品牌符号概念和象征性意义。

意义并非固定不变，而是由社会不断商榷的。一方面，消费者定义品牌并诠释品牌；另一方面，品牌制造商向消费者传递品牌信念和品牌哲学。

消费者和品牌制造商在互动的过程中协商并试图达成平衡。然而，这种平衡可能在外部环境压力（如技术革新）以及内部环境适应（如消费者角色的变化——由儿子变成父亲）的过程中被打破，迫使品牌意义重新被书写。乡村旅游的兴盛实际上是乡村地域管理者和旅游消费者对"乡村"这一品牌意义的重新诠释，其经历了从低生产水平及城市附属品的地域性概念，到满足都市居民短期休闲的农家乐概念，再到寄托过去和乡愁的体验性概念的变革。

暨南大学的谷虹教授将品牌视作有生命的个体，并赋予其拟人的三阶段发展过程，即品牌1.0、品牌2.0和品牌3.0。品牌1.0被视作品牌幼儿阶段，即"人性化"阶段，品牌刚刚获得成长的可能。该阶段的品牌在自上而下的品牌设计和自下而上的品牌内化之间摇摆不定。品牌管理者和品牌的内外部消费者[①]不断根据品牌的需求和供给相互博弈，试图达到供需的平衡。未完全定性的品牌1.0拥有最大化的消费者赋权（empowerment）的可能，不管是内部消费者或是外部消费者都在这一阶段建立自己的品牌认同和品牌黏性（Kohli, Harich & Leuthesser, 2005）。品牌2.0是品牌的成长阶段，即"社会化"阶段，品牌作为拟人化的个体与社会相互作用。品牌获取固定的品牌定位，并进入特定利基消费者的朋友圈和社会网络，构建自己的"粉丝群"。尤其是在大众媒体和自媒体盛行的今天，品牌2.0展现出通过"社会嵌入"而获取的强大影响力。这一阶段，品牌作为消费者的自我表现的一部分，在获取消费者移情的同时与消费者一荣俱荣、一损俱损。品牌3.0是品牌的动态进化阶段。品牌通过内外部消费者及品牌管理者等所有品牌利益相关者构建的品牌网络而获取协同进化的能力。品牌不断适应内外部环境的变化对自身的定位和品牌意义进行微调，品牌文化作为品牌核心，品牌形象和品牌认同作为品牌内涵，品牌logo、品牌口号和品牌实践作为品牌外延，几者之间相互影响，且变化的幅度由外及内递减。从品牌发展

---

① 品牌的内部消费者是作为雇主品牌化的对象，即员工；品牌的外部消费者是作为品牌消费的对象，即顾客。

的三阶段来看，首先，品牌并非是单纯的传播符号，而是蕴含外部消费者需求、内部消费者认同和企业领导力的混合体，是企业的经营哲学的最终体现；其次，品牌并非是自上而下的设计，而是多方利益相关者博弈的结果；再次，品牌是消费者指向和市场指向的风向标，是向消费者传递企业运营理念的"先锋"；最后，品牌并非是一成不变的，而是基于多方博弈的动态过程，现阶段多元媒体的兴起带来的是消费者对品牌而言愈发深刻的自我赋权能力，这种能力致使品牌面临来自外部的危机，要求品牌强化自己的品牌弹性（Gelya & Frank，1988）。

综上，基于品牌管理者和消费者分析的协商在面临技术进步的情况下愈发激烈。自上而下的品牌设计在自下而上的品牌意义赋予的情况下难以坚守自己的主导地位，尤其是由大众媒体到新媒体再到自媒体的发展过程中，消费者建立自己的品牌社区（brand community）并共享品牌信念，重新定义品牌文化并向品牌管理者"宣战"，信息不对称和知识给品牌管理者带来的天然"权力"优势出现了换位，消费者开始成为权力对决的主导方（Carlson，Suter & Brown，2008）。以小米为例，小米的消费者自称"米粉"，将小米视作一种生活方式，并自诩为小米的天然代言人，代替小米向其他竞争品牌，如苹果和华为悍然宣战。而另一个极端的表现则体现在地方品牌方面，地方的局内人作为地方品牌的内部消费者，将地方视作自己的天然"身份"，作为地方规划者的友军和其他地方资源竞争者激烈厮杀，如南阳和成都市民为诸葛亮的身份而展开的口水战。这一切都可能被地方品牌设计者所利用以增加地方热度。因此，理解品牌的含义在当下消费社会愈发重要。

从国家宏观决策层面的具体要求来看，2011年，《国民经济和社会发展第十二个五年规划纲要》提出了"推动自主品牌建设，提升品牌价值和效应，加快发展拥有国际知名品牌和国际竞争力的大型企业"的要求。为贯彻落实这一规划精神，工信部、国资委、商务部、农业部、国家质检总局、国家工商总局等部门非常重视，分别从不同的角度发布了一系列有关品牌建设的指导意见。工信部等七部委于2011年7月联合发布了《关于加快我国工业企业品牌建设的指导意见》，为工业企业品牌建设引领了方向并提供了政策支撑。国家质检总局于 2011 年 8 月发布了《关于加强品牌建设的指导意见》，明确了加强品牌建设的指导思想和基本原则、重点领域、主要措施和组织实施。

国务院国有资产监督管理委员会于 2011 年 9 月发布了《关于开展品牌协会培育和建设工作的指导意见》，在政策层面上为中国品牌建设提供了保障，同时为全面加强中国品牌建设、实施品牌强国战略、加快培育一批拥有知识产权和质量竞争力的知名品牌明确了原则和方向。

2016 年 4 月 4 日，国务院办公厅印发了第 18 号文件《贯彻实施质量发展纲要 2016 年行动计划》。该计划围绕"质量与品牌"的核心任务，分别从"增强质量和品牌提升的动力""优化质量和品牌提升的环境""培育质量和品牌竞争新优势""夯实质量和品牌提升的基础""实施质量和品牌提升工程"五个方面进行了具体部署。

2016 年 6 月，国务院办公厅发布的《关于发挥品牌引领作用推动供需结构升级的意见》（国办发〔2016〕44 号）明确提出：我国将大力实施品牌基础建设工程、供给结构升级工程、需求结构升级工程三项重大工程。同时特别指出，要大力营造良好社会氛围，积极支持自主品牌发展，大力宣传知名自主品牌，讲好中国品牌故事。按照党中央、国务院关于推进供给侧结构性改革的总体要求，积极探索有效路径和方法，更好地发挥品牌引领作用，加快推动供给结构优化升级，适应引领需求结构优化升级，为经济发展提供持续动力。以发挥品牌引领作用为切入点，充分发挥市场决定性作用、企业主体作用、政府推动作用和社会参与作用，围绕优化政策法规环境、提高企业综合竞争力、营造良好社会氛围，大力实施品牌基础建设工程、供给结构升级工程、需求结构升级工程，增品种、提品质、创品牌，提高供给体系的质量和效率，满足居民消费升级需求，扩大国内消费需求，引导境外消费回流，推动供给总量、供给结构更好地适应需求总量、需求结构的发展变化。

2017 年 3 月，李克强总理在政府工作报告中明确提出，广泛开展质量提升行动，加强全面质量管理，健全优胜劣汰的质量竞争机制。他指出，质量之魂，存于匠心，要大力弘扬工匠精神，厚植工匠文化，恪尽职业操守，崇尚精益求精，完善激励机制培育众多"中国工匠"，打造更多享誉世界的"中国品牌"，推动中国经济发展进入质量时代。同年5月，国务院将每年5月10日设立为"中国品牌日"，以提升全社会品牌意识，彰显国家打造中国品牌的决心，释放中国品牌效应具有里程碑意义。

因此，从品牌的理论层面和国家经济发展、宏观政策需求两方面来看，品牌和品牌化都已成为当前"社会需求性"研究的重点方向。

（一）品牌的定义

1. 品牌

最初的品牌是出于生产者避免模仿和低质量，为了更容易识别而刻画的独家印记，随后这种印记通过口碑效应被故事叙述（storytelling）而得以传播，最终成为品牌神话，如劳力士。一个名字加一个商标，作为对产品性能真实与可信赖的保障和承诺成为品牌最初的定义。美国市场营销协会（AMA）对品牌的定义强调品牌差异化的视觉特征："旨在将一个卖方或买方群体的产品或服务与其竞争者区分开的名称、术语、符号、标志或设计，或是上述品牌元素（brand elements）[①]的组合。"马克贝特在《品牌的本质》中（2015）[9]这样描述品牌："当有形产品被其他一些诸如形象、符号、知觉、感觉等因素所放大，产生的整体概念的效果要大于组成该整体的各部分效果的总和时，产品就成了品牌。"Ogilvy 则将品牌定义为"一种内涵丰富的象征，不仅是产品名称、标识、包装外观、价格和有形属性，同时还包括消费者对品牌声誉、文化等无形因素的感知和记忆。"南开大学品牌价值评价研究课题组在文献考察的基础上对品牌高度概括，将品牌定义为"依附在某种载体上，以一定名称、符号、标识、设计等呈现出来

[①] 形成品牌认同并使之差异化的品牌名称、标识、符号、包装设计或其他有助于识别产品并使其与其他产品区别开来的属性。

的，不仅涵盖了质量、服务、技术创新等功能性要素，还涵盖了历史、文化、知名度、联想、溢价等象征性要素"的概念模型。载体是连接品牌意义和消费者的品牌表征形式，是品牌符号的能指，包括故事讲述、代言人和核心消费者、区域及事件等。品牌名称、符号、标识和设计则是品牌载体所承载的具体内容，表现品牌的具体传播实体，是诱发消费者品牌联想和品牌回想的标识物（maker）。品牌的功能性要素是品牌所代表产品或服务、体验基础属性的表达，是消费者五感体验所能感知到的有形内容。相对的，品牌的象征性要素则是消费者对品牌的认知、情感、行为性态度，是对品牌的联想和品牌记忆。

综上所述，品牌有以下几个特征：第一，品牌载体和传播途径的多样性，任何可以承载品牌所指的表征路径都可以作为品牌载体而存在；第二，品牌传播的计划和非计划性，品牌传播可以是计划性的传播，如广告，也可以是不可预测的，如消费者口碑效应；第三，品牌的功能和象征融合性，品牌通过功能性要素和象征性要素的融合与消费者产生互动，且形成品牌资产；第四，品牌和产品的可分离性，一些品牌依靠其产品的业绩创造了竞争优势，其他一些品牌则通过与产品不相关的方式创造了竞争优势，即品牌与产品或许不存在必然的联系。从另一个角度而言，品牌与竞争优势间的关系被弱化，而与明确定位关系更密切。品牌沟通不再是单向的形象控制，而变成对话、沟通、不同利益相关者的共同参与的过程。

品牌可以划分为多个维度。其一为品牌认同，是基于品牌文化的品牌受众认同；其二为品牌形象，是基于品牌认同的品牌公共态度。从市场营销者的角度看，品牌是承诺和契约，不仅仅是对消费者固定品牌形象的输出，以减少消费者的不确定性和风险感知，也是对补偿消费者特定需求，以特定的个性和象征性意义给予消费者特定情感的心理和社会承诺。从消费者的角度看，品牌是联想、感知和期望的集合。随着消费满足的积累，消费者由浅层涉入（involvement）转变成深层涉入，品牌开始成为消费者身份的象征和消费者情绪的宣泄口，品牌感知开始转变为品牌记忆（brand memory）。记忆可以分为短时记忆和长时记忆，而长时记忆又可以分为语义记忆和自传体式记忆（桑森垚，2016）。对于语义记忆而言，品牌作为一种语义符号，通过消费者的社会交互而得以传播，成为一种新语言存在于社会和文化记忆中，如"百度一下"。对于自传体式记忆，品牌作为故事线索（cue）被记忆在个体中，故事所储存的个人情感成为消费者独特的品牌经验。对于一个品牌联想网络而言，消费者每一次与品牌信息的接触都是一种信息的输入，并被添加到脑海中消费者的品牌联想网络中。新信息或是对消费者的品牌记忆进行强化，或是对现有的品牌记忆进行修正。修正的品牌信息作为原有品牌记忆的噪音，可能对原有品牌记忆起到品牌意义扩散的正面影响或是记忆削弱的反作用。因此，从神经心理学角度，品牌被定义为"通过不同形式交织在一起的一个神经元网络"（Gordon, Wendy & Sally Ford-Hutchinson, 2002）。一个品牌在不同人的眼中基于不同的文化和社会透镜（lens）获得不同的品牌认知，形成不同的语义网络。从这个角度看，品牌的最终意义塑成更多的是从消费者角度而不是市场角度来考量。消费者最终赋予品牌意义。因此，从消费者的角度而言，品牌是消费者对特定品牌的属性感知、人格想象、价值赋予、意义解读、情绪关联的综合，见表3-1。

表3-1 品牌的作用

品牌对消费者的作用	品牌对公司的作用
识别产品的来源	简化处理或追踪的识别工具
追溯制造商责任的依据	合法保护产品独特性的工具
减少风险	满足顾客质量要求的标志
降低决策成本	赋予产品独特联想的途径
产品质量的承诺、契约	竞争优势的源泉
象征意义	财务回报的来源
质量信号	（战略品牌管理 PP.8）

从心理契约的角度来看，品牌所塑造的与消费者之间的承诺应该是互惠且值得信赖的，这是形成品牌忠诚的前提条件。这种忠诚可能是消费者对品牌属性的认知忠诚，对品牌信念的情感忠诚，或者是对品牌意义的行为忠诚。就地方品牌而言，这种忠诚可能源于地方依恋、地方认同，或者

是地方依赖，也有可能来源于对地方的局内人的人际忠诚（interpersonal loyalty）。对于忠诚而言，品牌建立了消费者与品牌之间的"私人联系"，即消费者将品牌拟人化。这种私人关系使得消费者在面临品牌"违反心理契约"的情况下，通过外部归因，减少了背信的伤害。以酒店服务为例，从归因理论的角度来看，当服务失败发生时，消费者从服务失败的强度和内/外因归因点（locus of attribute）及可控程度（locus of control）进行失败归因。如果缺乏私人联系，消费者往往会将服务失败归结为和自己无关的外因，促使其选择对品牌不利的负面处理策略，如投诉。但是如果存在基于品牌忠诚的私人联系，由于消费者能够通过心理契约和品牌忠诚对酒店品牌产生固定的期望，消费者将调整归因策略以减少自己的认知不一致。

具体而言，对于消费者来说，品牌可以降低购买风险、简化决策流程并提供情感利益。对于品牌管理者或设计者而言，稳定的品牌忠诚可以增加消费者的转移成本并提升新进入品牌的威胁，或提高行业门槛。同时，强有力的品牌因素提升了品牌溢价的能力，使品牌得以覆盖更广的范围，更容易开拓新市场和延伸产品线，以上这些都增加了品牌资产和品牌价值。

品牌的竞争优势来自消费者对品牌的正面联想。任何有名称的事物都存在品牌化的潜能。一个明确的品牌拥有一个公认的标识、正面的形象和独特的个性。品牌的标识可以通过品牌名称、徽标图案、品牌成立时间、原产地以及产品或服务类别来确定。若品牌标识意味着"品牌是什么"，品牌形象则是"消费者认为品牌是什么"，是消费者记忆中关于品牌的所有联想和感知。而品牌个性则是品牌形象中个性或特征的一部分。品牌个性受典型消费者个性的影响，典型消费者（personas）的个性会植入大众的感知，其个性化的人格也得以与品牌紧密相连，如乡村旅游者所普遍具有的乡愁情结给予乡村旅游品牌以怀旧、传统的个性特征；同时品牌个性受品牌原型的影响，原型化的品牌展现品牌个性。Aaker品牌个性量表（见表3-2）从真挚、刺激、能力、精致和粗犷五个维度对品牌个性进行区分，并提出不同的文化群体对同一品牌的个性认知不同，且不同的文化群体对固定的品牌个性接纳程度也不同。

表 3-2　品牌个性量表（Aaker，1999）

因子	构面	维度释义
真挚	务实	务实、家庭导向、小城镇
	诚实	诚实、真诚、真实
	健康	健康、新颖
	愉悦	愉悦、感情丰富、友好
刺激	大胆	大胆、追逐潮流、令人兴奋
	生机勃勃	生机勃勃、酷、年轻
	想象力丰富	想象力丰富、独特
	时尚	时尚、独立、现代
能力	可靠	可靠、勤奋、安全
	聪慧	聪慧、技巧、合作
	成功	成功、领先、自信
精致	高档	高档、富有魅力、外形美观
	迷人	迷人、娇柔、文雅
粗犷	适于户外活动	适于户外活动、阳刚、西部
	坚强	坚强、粗犷

2. 品牌化

品牌因其品牌化的对象不同而各有差异。品牌化是一个涉及建立思维结构和帮助消费者建立对产品或服务认知的过程。品牌化过程的关键是让消费者认识到不同品牌之间的差异以帮助自己做出决策，同时为公司创造价值。品牌间的差异可以与品牌自身的属性或利益有关，或与无形的形象有关。即品牌化的关键就是创造差异。另外，关于品牌化的定义还包括 Bergstrom A. 等（2002）定义品牌化为"为产品或服务添加高级情感意义，从而增加品牌对于内外部消费者价值的过程"，即所谓"情感品牌化"。而 Knox 等（2003）则定义品牌化为基于品牌定位的差异与消费者偏好的品牌构建与传递过程，该过程需要大量利益相关群体的互动，即所谓公司品牌化。

以品牌化情境为基础的品牌化定义包括地方品牌化、城市品牌化、国家品牌化等。如以地方为对象的品牌营销被称作地方品牌化（place branding），地方品牌化源于国家品牌化（nation branding），以起源地理论为支撑。Anholt 国家品牌模型定义了一个国家品牌的六大因素，包括出口、治理/制度、文化、本地居民、旅游和移民,这六大因素功能构成了一个国家的品牌指数(Nation Brands Index,NBI)。同理,城市品牌化(city branding)同样受到"城市营销者"的重视,城市品牌专注于城市的文化、事件营销、市民、安全性和制度管理。

以个人为对象的品牌行销被称作个人品牌化(personal branding)。"Malone C. 和 Fiske S.T. 认为将大众媒体时代视作消费者品牌忠诚度提升的契机是个谬论。事实上,大众媒体,乃至新媒体的到来稀释了消费者的品牌忠诚度,因为忠诚度的核心是情感忠诚,而大众媒体通过冰冷的网络和机器将消费者与品牌营销者隔离开来。但不可否认,社交网络为品牌和公司与顾客之间的有益联系,品牌和顾客因之重建基于信任和忠诚创建的亲密关系。尤其是新媒体提供了崭新的品牌复兴机会,借由社交媒体普及的个人品牌化强化了品牌忠诚,品牌的代言人——企业员工得以更有效地直面消费者,不管是不是潜在消费者,通过建立人际忠诚而实现品牌营销。"其中最典型的案例是"李子柒现象"。李子柒通过个人品牌的塑造实现了乡村地方品牌的扩散,即所谓"乡愁"的情感传播。具体而言,个人品牌化(personal branding)是将个体(相对于公司或产品)作为品牌进行营销的过程。现阶段的个人品牌化可以通过自媒体得以高效传播。传统意义的个人品牌化以商界、政界、娱乐界名人或领袖为营销对象借以实现一定的政治或社会性目的。随着自媒体的普及,任何普通的个人都可以通过构建自己的个人"标签"而得以廉价且高效地实现个人品牌化。自媒体作者可以通过构建自我公共形象而实现品牌形象的塑造,并通过粉丝经济完成品牌资产的积累,最终通过向受众灌输个人信念而完成品牌文化的传播。相较于传统企业品牌,一方面,基于自媒体营销的个人品牌可以省却品牌拟人化的过程,可通过自我展演直接赋予品牌个性;另一方面,类似个人品牌的品牌声誉可被直观感知,因此可以实现对营销对象的即时影响,即个人品牌化可通过认知的"晕轮效应"或情感传染直接影响受众对特定对象(如某旅游目的地)的认知或情感态度。

从某种意义上,传统的电子商务和新兴的人工智能提供的便利、效率降低了消费者与品牌之间的承诺和纽带关系。但是个人品牌的勃兴赋予了新的机会，基于新媒体和自媒体的个人忠诚所建立的品牌忠诚降低了品牌为绑架消费者而设立的种种"忠诚计划（如积分制）"所带来的"制度成本"。其本质是人对人的忠诚将远胜于人对物的忠诚。而事实上，人对物的忠诚需要经历物的拟人化过程。正如星巴克的人际营销，"虽然看似无穷无尽的细节是令星巴克顾客形成品牌忠诚的关键，但让顾客感受到情感纽带的核心是星巴克员工的个人情感投资（Richard，2017）[216]"。

服务品牌化(service branding)是服务供给者和顾客之间"关键时间"(real time)的交互而促使顾客对服务品牌产生持久的忠诚。相似的还有体验品牌化（experience branding）。

3. 品牌角色

品牌角色是品牌化过程中，品牌担任的责任和表现出来的能力。在内部，品牌认同创造品牌凝聚力，并带来组织能力的提升。具有凝聚力的组织会更有效地利用品牌资产，并做出组织决策。品牌认同、品牌凝聚力和能力是内部品牌化的核心，即为品牌的"内部角色"。在外部，清晰的品牌形象带来品牌的社会信任，并通过社会信任产生社会影响力。外部信任可以吸引人力资源和社会资本，有利于组织与外部合作，因而提升组织的能力和领导力。品牌形象、品牌信任和品牌影响力即为品牌的"外部角色"。内部和外部品牌角色周期性地影响品牌化过程，并互为关联，如图3-1。

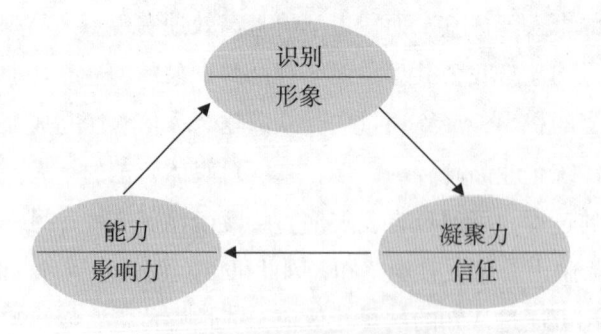

图 3-1 品牌角色周期

（二）消费者的品牌需求

需求可以分为功利性需求、情感型需求和符号性需求。任何需求都是个体对自身所缺乏东西的补偿性追求。需求不同于欲望，欲望基于态度和情感，有特定的欲求对象。而需求不同，需求可以没有特定的对象，仅仅是心理或生理的缺失状态，即所谓需求状态（need-state）。需求状态受个体所处情境（context）的影响。同一个消费者在不同情境下的需求状态可能不同，同样需求状态下的不同消费者所做的品牌决策也不尽相同。所以，品牌的成功和失败在于其满足不同需求状态下相同消费者或者相同需求状态下不同消费者的能力。即成功的品牌既要满足消费者的功利性需求，又要满足其情感型和符号性需求，乃至体验性需求。然而，消费者的需求状态复杂而又多变。同一消费者可能同一时间存在矛盾的两种需求状态，如既追求归属感，又追求个性；既追求安全稳定，又追求成就和自我实现。因此，消费者的需求是在这四种两两对立的需求状态所组成的四维象限中徘徊。若某一品牌的特性与其中一个特定的象限空间相符，消费者就能感受到一种趋向于这一品牌的内在的推动力。以 D 村乡村旅游为例，传统、守旧、乡愁、回归自然和体验自我存在感是其满足游客需求的品牌特性，因此与之相悖的刺激、狂野等品牌特性是其品牌禁区。因此，其所开发的 CS 基地等娱乐项目并未得到市场回应。

消费者追求需求满足的最本质原因是寻求自我和品牌价值观的契合。价值观是形成信念的前提，而信念则是形成个人规范的前提。根据 VBN 理论，价值观（values）、信念（belief）和规范（norm）是形成消费者态度和行为的前提。价值观分为工具价值观和终极价值观，品牌同样在向消费者营销自己的工具和终极价值理念。手段—目的链（mean-end chain）提供了理解和分析品牌价值形成的框架。有形的产品属性通过满足消费者利益而最终展现品牌价值。这是由属性到功利利益到社会心理利益到工具价值观再到终极价值观的链条（马克贝特，2015）[26]。

戈夫曼在《日常生活中的自我呈现》一书中将消费者视为自我表征的

个体，指出消费者时时通过不同的手段进行自我"形象管理（impression management）"。而协助其形象管理的主要道具就是各种不同的品牌，最终满足消费者的需求状态则是符号性消费。在展示自我的过程中，消费者使用或购买各种品牌表明自我概念，或是通过品牌展示来获取理想的自我（ideal self），这在某种程度上符合"炫耀性消费"的消费心理。这种理想的自我是个体在不同语境下的原型社会形象，简言之，是个体对特定情境下角色展演剧本的解读，而品牌消费促使人们能够随着情境需求的变化而变化角色。荣格将原型（archetypes）定义为心理遗传导致的"集体无意识"，即精神所固有的以某些方式对经验型事件的非习得性趋势。原型是对既定文化客体的基本心理联想，并为文化成员所共享。列维-斯特劳斯在《结构人类学》一书中提出所有的神话故事和文化传说最终都指向类似的原型。品牌可被视为文本神话，从该角度来看，品牌同样指向某种原型。具体而言，一方面，品牌自身可被视作某种原型，体现某种原型意义，如麦当劳大叔，这可被称作原型品牌。原型品牌通过锲而不舍地表达自己的品牌原型特征而确立自己的地位。从这种角度而言，地方品牌具有天然的原型条件，地方因其具有文化意义而得以成为"地方"，文化意义的神话或地方传说、故事的载体在面临地方品牌开发时不谋而合，成为地方品牌的天然原型，如井冈山的红色旅游天然具备红色品牌原型，即所谓"红色文化DNA"。另一方面，品牌的个性和价值观可能归于某种原型，而这种原型可能与消费者所扮演的角色原型或自我概念相匹配，如海澜之家。不管是哪种原型方式[①]，当消费者的内心精神世界与品牌原型或原型溯源相匹配时，品牌就会对消费者产生吸引力，联系就会产生。

然而，品牌原型的塑造并不简单，至少存在以下几种失败的潜在可能。第一，未能做到深挖品牌原型或品牌神话故事；第二，没能使一个品牌超越特定原型的最低水平。如此，品牌在塑造原型的过程中倒在了刻板印象

---

① 普通意义上，存在十一种可供发掘的品牌原型：开拓者、守护者、爱人、魔术师、创造者、叛乱者、魔法师、圣人、天真的人、统治者和英雄。

之下。原型是一种超越了文化、时空、身份和社会的"神话迷思",刻板印象则是社会大众对事物某一个侧面的认知性态度,未达成原型的"刻板印象"难以实现品牌的差异化。原型通过原型事物自身的或相关的图形和事件(包括原型仪式和原型行为)得以丰富消费者的体验。原型图形是代表原型的象征性符号,如中国的十二生肖作为品牌原型;原型事件则是仪式性行为,如作为婚姻意识的蜜月旅行(爱人作为其品牌原型)。不同的消费者对同一品牌可能有不同的品牌特性/个性感知,但是原型提供了将这些不同的品牌个性统一并具象化的机遇。

(三)品牌意义塑造

1. 品牌意义的测量

在语义学中,意义的测量可以通过基于评价、效力和能动性的"语义差异"进行测量。评价是指个体对所面临对象的意义评价,如好—坏、美丽—丑陋等评价词汇;效力是指个体对对象或意义的强弱感知,如大—小、强壮—瘦弱等对立词汇;能动性是指个体对对象意义能动性的感知,如快—慢、主动—被动等对立词汇。语义差异通过两两对立的二分词汇、通过个体对对象的意义提取获取个体对对象的态度。根据3D态度理论,态度是由认知性态度、情感性态度和行为性态度共同构成的三角模型,其中认知性态度是基于五感体验对对象最基本属性的评价的结果,是个体对对象的认知性评价的结果。情感性态度是个体基于对对象认知性评价的结果而产生的情感反映。行为性态度则是个体基于对对象的情感表达而诱发的行为意图性质的态度。很多描述态度的概念都可以用3D态度理论进行解读,如刻板印象(stereotype)是个体对其他群体或群体成员的认知性态度,刻板印象可以正面,也可以负面;偏见(prejudice)则是个体基于负面刻板印象而形成的消极情绪;行为偏见(bias)则是个体基于(情感性)偏见的行为意图,比如拒绝与特定群体的成员接触等。另一个利用3D态度理论的概念是形象(image)理论,形象根据其评价对象的内容同样可以分为感知认知形象、感知情感形象和整体形象认知。因此,3D态度理论是态度研究的基础理论。将3D态度理论和评价—效力—能动性理论相结合，就能够完整诠释品牌意义。消费者通过认知性态度—情感性态度—行为性态度的形成过程产生对品牌的总体认知，这种总体认识作为消费者对品牌意义提取的结果，从评价、效力和能动性三个层面体现。

2.基于符号解读的品牌意义

索绪尔的符号学理论将符号定义为能指（signifer）和所指的集合。能指意为语言文字的声音、形象；所指（signified）则是语言的意义本身。两者之间的任意性关系被定义为意指作用。罗兰·巴尔特在神话学的基础上对索绪尔的二分论符号学进行了重新阐释，即能指和所指在形成基础符号的同时，又被赋予更深一层的含义，即原有的符号作为新的能指和新的所指相结合，成为新的符号。最深层次的符号作为文本（text）被定义为"神话迷思（myth）"。这种神话迷思所提供给人的意义解读即为存在于个体脑海中的联想，而这种联想往往是文化嵌入的，也就是能被个体所提取的文化和社会层面的"意指作用"。例如，《社会的麦当劳化》一书中将麦当劳品牌作为深层的迷思神话，定义为文化霸权主义的象征；同理，地方品牌蕴含了地方文化，同样可以作为一种迷思进行传播，而其在传播品牌形象的同时，也在向地方消费者传达地方信念，如城市所传达的"资本主义"和侵略的迷思，乡村所传达的"传统主义"和乡愁的迷思。

相同的品牌意义在不同的情境下会使人产生不同的解读。正如品牌神话迷思的"制作（meaning-making）"像是将不同的文化嵌入初级符号中一样，迷思的解读同样需要文化的嵌入，这种解读的文化情境被定义为"伴随文本（co-text）"（桑森垚，2016）。这种基于文化的伴随文本不止包括广义的文化圈，还包括更为狭义的亚文化圈以及更为狭义的个性文化，比如作为中国文化局外人的外国人，作为藏族文化局外人的汉族人以及作为地方文化局外人的非本地人在面临同样的地方符号解读的时候，层层细化，得出不同的意义阐释（Sang，2018）。

消费者对品牌的意义解读增加了品牌自身所具有的价值。品牌持有者对品牌的意义解读由其个人的意义解读以及社会或文化嵌入的意义解读组成，个人的意义解读是基于消费者对品牌产品的产权所有而形成，社会或文化性的意义解读是由社会或文化性的公共品牌价值所赋予。个人的意义解读和公共的意义解读在交互过程中相互碰撞，最终形成品牌的象征性含义。象征性消费是个体赋予消费品超越它们自身所代表的含义的过程。象征（symbol）最初的含义是指相互匹配、非常相似的物品之间的可替代性，如用一个有形的物体代表无形的物体，国旗是国家的象征。美国社会符号学家皮尔斯（Peirce）提出符号的三分法：基于符号和意指对象关系的符号三分法，分别是图像（icon），即根据指号自身具有的某种特性所形成的符号；标志（index），即符号和意指对象之间存在某种因果关系；象征（symbol），即符号和意指对象之间存在某种基于社会共识的解释法则。

具体而言，图像（icon）仅仅借助自己的特征去指示对象，不论这样的对象事实上存在还是不存在，它都拥有这种相同的特征。标志（index）通过被某个对象所影响而指示那个对象，也就是所谓通过构建因果关系而产生意指作用。象征（symbol）借助法则或联想去指示对象，这种法则或普遍观念（社会共识）令符号和其所指示对象之间产生象征意义。因此，它自身是一种普遍的类型或法则，即法则指号。它不但自身是普遍的，而且它所指称的对象也具有普遍的本质。比起图像关系和标志关系，象征关系具有文化嵌入性，因此也更容易由于社会文化背景的变化而模糊化。即当社会文化和政治环境发生变化的时候，象征符号和指号对象之间的联系和共鸣会变得模糊。比如世贸大厦在9·11恐怖袭击事件发生之前是财富的象征，而恐怖袭击发生之后，则变成了痛苦的黑色旅游地。由此可见，地方品牌更容易被象征化，可能基于最简单的语音联系，如福州的宣传口号为"有福之州"，而使福州成为"福"的象征。

凡勃伦的《有闲阶级论》一书将现代的消费方式定义为"炫耀性消费"，即消费者通过品牌的象征性而彰显自己有闲有钱和社会经济地位。从符号学的角度而言，地位象征可以被看作是定位性或关系性产品，它们的价值在于可以使社会生活中的拥有者彰显自我概念和认同。象征性消费帮助消费者进行个人和社会自我的建立，不管是个人自我还是社会自我都是补偿性消费的结果。因此，消费者不是被动的意义接收者，他们会通过自己的经验、社会地位和文化对品牌或产品进行主动的意义赋予，而这种意义赋予又反之影响品牌生产商的品牌文化设计，最终完成品牌—消费者的自我形象感知一致。因此，符号化的品牌和消费者关系的形成是品牌意义动态协商的过程，以及消费者和品牌设计者之间价值共建（value co-creation）的过程。

具体而言，品牌意义的形成经由品牌接触产生品牌感知，进而通过消费者塑造的品牌联想而生成独特的品牌意义，最终形成品牌态度和行为意图。在品牌意义辅助行为意图方面，品牌最大的作用是在消费者面临品牌决策时能够通过"简捷启发"缓解由复杂决策带来的不确定性感知以及时间沉没。

品牌意义包括初级品牌意义以及内隐品牌意义。初级品牌意义是五感直接体验到的物质属性，是明显突出的或功能性的品牌意义；内隐品牌意义是消费者无意识或潜意识感知到的品牌的原型、内涵、隐喻或神话迷思，受文化和社会嵌入性影响。初级的品牌意义和内隐的品牌意义相关且诱发消费者阶段性感知时，品牌就被固化为品牌神话。另外，品牌意义需要通过不同的品牌载体进行传播，包括品牌体验、品牌继承、品牌名字、品牌标识、品牌仪式和产品。例如，C村是Z省的传统村落，名字来源于C寺，但是S市的发展规划中将C改名为慈觉林，这实际上是借以激发地方消费者的语义联想的决策结果。

品牌意义的演进是由无品牌产品到标记品牌再到个性品牌再到图标品牌的过程，也就是由初级品牌意义到内隐品牌意义的传播过程。通过品牌意义的演进过程可以探索某品牌品牌化（branding）的程度。当品牌到达图标品牌的程度，意味着该品牌在一个社会和文化群体中成为某种价值观和理念的标识，即其获取了文化标识的身份。最典型的例子是网上对三大文青旅游地的定位，"丽江适合艳遇、大理适合恋爱、西藏适合疗伤"，这实际上是同一原型地方品牌的不同方向的延伸。因此，完成图标品牌的突破有两种方式或路径，一种是具有文化渗透力的品牌向消费者提供的品牌故事或生活方式，即品牌促使消费者能够实现价值共创；另一种是品牌意义演进的重心由商家转移到消费者。例如，大理天空之境即为地方消费者自主开发的网红打卡地，现在成了大理的品牌表征之一。

除了品牌意义，消费者进行品牌决策还受到社会规范（social norm）的影响。事实上，计划行为理论（planned behavior theory）提供了有效的理解消费者品牌选择的路径。根据计划行为理论，影响个体消费行为的因素包括社会规范、感知行为控制、态度。扩展的计划行为理论还将消费者对品牌的正面/负面情绪、消费者个性或价值观、个人规范等列入其中。社会规范是说明消费者所感知到的社会群体（包括家庭、同事以及亚文化群体成员）对自己消费决策的支持程度的概念，是社会自我形成的基础，也是带来消费者心理风险的因素之一。

（四）品牌化及品牌化程度测量

1. 品牌资产

品牌资产（brand equity）源于高水平客户的喜爱和忠诚，即品牌忠诚的深度；品牌价值（brand value）是品牌的溢价能力，依赖于顾客的体量，即品牌忠诚的广度。品牌资产被定义为"品牌意义、忠诚顾客、品牌质量以及与品牌相关的所有附加于产品或服务之外的品牌联想的集合。"相对于品牌价值围绕着货币价值而言，品牌资产包括顾客忠诚、吸引力以及其他情感联系。基于顾客的品牌资产（customer-based brand equity, CBBE）被定义为顾客品牌知识所导致的对品牌活动的差异化反映。当一个品牌拥有较积极的CBBE时，它能使顾客更容易接受一个新品牌的延伸，减少对价格上涨和营销投入削减的不良反应，或者使顾客更愿意在新的分销渠道中找到该品牌，反之亦然。

品牌资产的驱动力包括品牌忠诚、品牌识别度、品牌感知质量、品牌联想与其他资产（如专利和名誉）。品牌资产的评价可以通过BAV品牌资产评估模型进行测量，也可以通过消费者感知的品牌资产趋势模型进行测量。BAV模型通过品牌差异性（品牌的独特内涵、行动和方向）、相关性

（品牌和自我一致）、尊重程度（消费者对品牌的友善态度）、知识（消费者对品牌的了解程度）四个维度测量品牌价值，品牌差异性为最低的品牌价值维度，而品牌知识则是最显著的品牌价值维度。品牌差异性和相关性作为品牌强度，尊重程度和品牌知识作为品牌地位，低品牌强度和低品牌地位的品牌定义为新品牌，高品牌强度和低品牌地位的品牌定义为利基品牌，低品牌强度和高品牌地位的品牌定义为受侵蚀/失去独特性的品牌，高品牌强度和高品牌地位的品牌定义为领导品牌。品牌资产趋势模型将品牌资产定义为品牌显著性、品牌质量和品牌购买意图的合计。计算过程中，将品牌显著性加权处理后分别乘以品牌质量和品牌购买意图，再求和值。

Rüçhan 等（2007）以酒店业为场景，通过感知质量、品牌忠诚、品牌形象和品牌意识测量了服务品牌资产，结果发现品牌意识在消费者感知质量作为自变量的测量中并不显著。即在酒店场景下，品牌意识并非品牌资产的关键维度。而 Konecnik M. 和 Gartner W. C.（2007）以旅游目的地为场景，同样采用质量、意识、形象和忠诚度测量目的地品牌资产，并通过认知（cognitive）、情感（affective）和行为（conative）形象来区分品牌资产的四个维度（认知：意识；情感：形象、质量；行为：意识、形象、质量、忠诚）。由此可见，品牌资产的概念在不同的情境下需要适应性改变，尤其是有关品牌资产维度更是值得情境性商榷。

2. 品牌价值

微观意义上的品牌价值是品牌所导致预期现金流的净现值，宏观意义上的品牌价值则类似于品牌资产，同样是消费者客观感知的结果。Schultz（2015）定义了四种品牌价值的评判维度，分别是品牌存在、品牌认同与形象、品牌承诺和品牌认知度。品牌存在反映了消费者对品牌及其功能的了解处于何种程度；品牌认同与形象包含了与品牌相关的价值、属性、特征和个性，前者是品牌销售者希望通过品牌传播建立的关系，品牌形象则是社会大众对品牌的认知；品牌承诺是消费者和销售者通过品牌而建立的品牌黏性，是通过品牌而搭建的心理契约；品牌认知度是消费者对品牌质量和品牌价值的定义。基于该四维评判理论，Millward Brown 公司提出了"品牌动态模型"对消费者的品牌价值感知和品牌信念强度进行测量。品牌动态模型区分了品牌存在——品牌知名度、关联——满足某种核心消费需要、性能——对产品性能的满足、优点——独特的竞争优势、纽带——某种情感联结五个层次品牌与消费者关系维度,纽带作为情感态度的表现是最强的消费者—品牌关系,品牌存在则是最弱的关系表现。Aaker(2004)将品牌价值区分为创造能力价值、消费者剩余价值和交易与内在价值。王晓灵(2010)提出了企业、消费者和社会三个角度的品牌价值构成要素模型。其中企业视角的品牌价值包括产品价值、产品特点、产品属性、品牌领导性和市场状况;消费者视角的品牌价值包括顾客让渡价值、品牌认知度、品牌联想;社会角度的品牌价值要素包括品牌关系价值和品牌权利价值。唐玉生、曲立中、孙安龙(2013)将品牌价值总结为功能价值、服务价值、社会价值、创新价值、成本价值和情感价值的六维度模型。南开大学课题组在品牌价值评价体系研究过程中提出现有的品牌价值评价方法存在四个不足:缺乏指标体系完整性、缺少评价模型动态性、缺乏产业兼容性以及缺乏对发展中国家的品牌价值测量的公平性。该课题组根据已有的参考文献将品牌价值区分为财务维度(成本、溢价、附加现金流等)、市场与信誉维度(市场业绩表现、市场竞争力、股市表现等)、质量维度(感知质量、企业信用、消费者品牌满意度、消费者感知质量社会责任等)、感知价值维度(消费者品牌态度、消费者品牌认同、消费者购买意愿等)和创新维度(传播创新、人力资源投入、技术研发投入、专利产出等)五个维度,将品牌价值评价要素区分为有形资产视角品牌价值、质量视角品牌价值、服务视角品牌价值、技术创新视角品牌价值以及无形资产视角品牌价值。

相对于品牌价值,顾客的品牌终身价值(customer lifetime value,CLV)更为重要。品牌终身价值是基于顾客黏性的品牌价值展示,是消费者因对品牌的忠诚感知而产生的对品牌未来互补产品的持续购买意图,如因喜欢一个城市而在这座城市购买一处房产(Venkatesan & Kumar,2004)。

Malone 和 Fiske 提供了另一种测量品牌价值的可能途径。他们将"热忱与能力"视作某品牌最具意义的属性,也是消费者对某品牌态度测量的最关键的两个维度，热忱意味着对品牌的信赖，或是某品牌表现出来的值得信赖的程度，能力则是品牌的传播力、质量等的集合。Malone 和 Fiske 将品牌等同于"人的面孔"，提出品牌提供了像人的外貌一样给予他人信赖和亲近感的"刻板印象"。因此，我们可以推断，将品牌与个人相连接将更有利于品牌价值的传播，例如董明珠"为格力代言"，人际忠诚事实上提供了品牌的最直观"本真"。热忱与能力相结合，反映出不同的情感及行为倾向。据此，热忱与能力可以看成是认知态度的具体表现，通过影响情感态度和行为态度，最终构成消费者对品牌的总体"刻板印象"。而这种刻板印象内容模型（stereotype content model，SCM）是唤起消费者品牌决策的最初动机。"热忱与能力"模型（如表3-3）的本质是将品牌拟人化，以与消费者建立"人性化"的共生关系为品牌价值提升的基础假设。该模型是对传统"顾客忠诚计划"的批判，将积分制和兑换性的"消费者绑架"式品牌忠诚视作对品牌的破坏，因为这种品牌忠诚仅仅建立在"行为性品牌忠诚"的角度。而这种行为性品牌忠诚的最终后果是增加了企业品牌管理运营成本，如管理积分和积分计划开发成本，这种成本最终被转嫁到消费者身上。

表3-3 热忱与能力品牌评价模型（Malone & Fiske，2018）

认知评价		情感上的反应	行为上的反应
对热忱的评价	对能力的评价		
热情	有才	敬仰、自豪	招人喜欢、友好同盟
冰冷	有才	羡慕、嫉妒	难以亲近、可能相互拆台
热情	无能	同情、怜悯	以高姿态去帮助、忽视
冰冷	无能	轻视、厌恶	排斥、回避

态度的改变经历了遵从消费者内心驱动力的变化，最基本的驱动力是依从性，即所谓"绑架"的力量。而精神上的纽带和忠诚则源于从认同感到"原型"内化的转变，这种内化关系本质上是对具有热忱和能力的品牌的"人性"感知。在热忱和能力背书下，消费者产生态度偏差，即使对象品牌发生了品牌失败（failure），信赖关也不会轻易改变，甚至消费者通过控制点归因来逃避对品牌的负面认知，以维持自己的认知一

致性。这种基于与品牌亲密关系的"移情心理"成为快速恢复品牌公信力的关键因素。

综合现有的关于品牌价值评价的研究成果，对品牌价值的评价因素大致可将品牌价值根据企业财务和资源视角（成本途径评估、收益途径评估、市场途径评估等），以及消费者主观感知视角（品牌忠诚、品牌依恋、感知质量等）进行区分。两者并非相互孤立，消费者主观感知视角的品牌价值评估结果直接反映在企业财务层面，而企业品牌成本投入的最终目的则是提升消费者对品牌价值的整体感知。

3. 品牌知识和品牌定位

根据联想网络记忆模型（associative network memory model），品牌知识由记忆中的品牌节点和相关链环组成。品牌认知（brand awareness）与记忆中品牌节点的强度有关，反映了不同情况下消费者辨认品牌的能力，品牌形象则是消费者对品牌的感知，是记忆中与品牌节点相关联的其他信息节点，反映为消费者对该品牌的联想。品牌认知包括品牌再认（brand recognition）和品牌回忆（brand recall），前者是消费者通过品牌线索（如商店陈列等）确认之前见过该品牌的能力，后者是指消费者在被提起品牌品类、产品等情境暗示的条件下，回忆起该品牌的能力，即前者是识别性的，后者是回想性的。深度的品牌认知可以在消费者记忆中建立品牌节点，即印象优势，协助消费者在面临决策时对品牌联想的激活。同时，能增加品牌进入消费者考虑组合（consideration set）和选择组合（choice set）的概率，即所谓入围优势和入选优势。通过反复使用品牌或识别品牌，可以强化品牌认知。

品牌形象是消费者对品牌的总体感知及消费者头脑中与品牌相关的所有认知和情感元素。品牌形象的测量可以通过投射法或者内容分析法进行获取。独特的品牌形象受品牌联想强度、品牌联想偏好以及品牌联想独特性的影响。Biel（1993）提出了企业形象、产品形象、使用者形象和竞争品牌情感形象的品牌形象模型，并指出品牌资产受品牌联想所反映的品牌形象的驱动。Keller和Lehmann（2006）整理了三种品牌联想的要素，分别是属性（attributes）品牌联想，即与产品特定直接相关的信息联想，如价格属性和质量属性等，以及与产品特性无关的体验性联想，如产品代言人和核心消费群体特性等；利益联想（benefits），包括品牌的功利价值、快乐或体验性价值和符号性价值等；态度联想（attitude），即消费者对品牌的整体评价及行为性态度偏向。品牌联想强度、偏好和独特性协助消费者形成独特的品牌认同（brand identity），继而形成消费者对特性品牌的形象认知。强度、偏好和独特性可对品牌信念进行定性[①]和定量评价，或通过多维评价法（multi-dimensional scaling，MDS）对对象品牌进行相对感知形象测量，即消费者对品牌的知觉空间的相对位置。

品牌定位是确认品牌在消费者印象中的最佳位置，以实现企业潜在利益的最大化。确定品牌定位需要参照自有品牌属性、目标市场边界以及竞争品牌特性，具体而言，包括目标顾客、主要竞争对手、本品牌和竞争品牌之间的差异性和相似性。对目标市场的特性把握是市场细分（market segmentation）的过程，即通过目标市场现存或潜在消费者的人口统计学特性、行为心理学特性进行市场细化的过程，如根据游客动机确认特定利基旅游的细分市场。差异点（points of difference，POD）是消费者意识里特定品牌区别于其他竞争品牌的正面属性；共同点（points of parity，POP）则是消费者意识里特定品牌与其他品牌共享的属性，既有可能是正面的，也有可能是负面的。某一特定产品品类中消费者所认知为必要的品牌属性条件被定义为品类（category）共同点联想；能够在竞争者的差异点建立品牌属性优势的被定义为竞争性（competitive）共同点联想；因品牌的某种正面或负面属性而带来的正面或负面联想被定义为相关性（correlational）共同点联想。共同点有"零区"和"容忍区"，某品牌的属性足够优异可以抵消消费者对某品牌负面属性的联想；而消费者对特定品牌属性的对比也往往源于对竞争品牌优势属性的认知。差异点和共同点决定了品牌定位，通过传达品类核心属性、举例比较和产品描述法表明品牌身份并明确差异点

---

① 当你想到这个品牌时第一反应是什么（强度）；你喜欢/不喜欢这个品牌的哪些方面（偏好性）；这个品牌的独特之处是什么（独特性）。

和共同点可以确定品牌定位，而品牌定位图则给予了品牌定位以直观展现。

品牌定位图是特定品牌在对品牌及其竞争品牌的相关属性进行梳理所得出的功能性、心理性、情感性以及个性特征的坐标图中所处位置的描绘。例如，对于乡村旅游目的地，个别乡村的品牌定位在属性层面可能更偏向于文化属性或自然属性，功能方面则可能偏向于康养功能或休闲功能。定位图所描述的现有品牌地图并非一成不变，随着新品牌的进入，同样的属性可能权重发生变化、甚至出现新的属性或全新的品牌诠释，都可能对现有品牌产生破坏性定位。

4.品牌阶梯和品牌价值链

品牌阶梯（branding ladder）提供了从品牌认同到品牌意义、品牌响应、品牌关系的四阶段品牌化模型（凯文，1980）。品牌显著度（salience）对应品牌认同，测量品牌认知的广度和深度。品牌认知的广度指品牌购买和使用情景的范围，品牌认知深度是指品牌元素在消费者记忆中出现的可能性及难易程度。

品牌意义包括品牌功效（performance）和品牌形象。品牌功效包括品牌的主要成分及次要特色、产品的可靠性/耐用性以及服务便利性等品牌相关产品属性，服务的效果/效率及情感等品牌相关服务属性，风格与设计、价格等因素。品牌形象则包括品牌关键用户的形象、品牌产品购买及使用情境、品牌个性和品牌价值、品牌传统和品牌历史。

品牌响应包括品牌判断（judgment）和品牌感受（feelings）。品牌判断是消费者所感知到的对品牌的评价性因素，包括品牌质量、品牌信誉、品牌考量和品牌优势。消费者感知品牌质量、价值以及满意度等共同影响消费者对品牌的认知型、情感型和行为型态度。品牌信誉（brand credibility）是消费者根据专业性、可靠性和吸引力三个指标判断品牌可以信任的程度。[①] 品牌优势则是消费者感知某品牌相比其他品牌更为独

[①] 该品牌是否具有创新性和能力，品牌是否具有专业性；该品牌是否值得依赖且重视顾客利益；该品牌对顾客是否有吸引力，是否值得顾客为之耗费资源（如时间/金钱）。

特的程度。品牌感受则是消费者对品牌的情感性态度（Kahle，Poulos & Sukhdial，1970），包括温暖感、乐趣感、兴奋感、安全感、社会认同感和自尊感。

品牌共鸣（resonance）包括消费者对品牌的行为忠诚度[①]（重复购买意图或传播意图）、态度依附（情感性态度：通过品牌爱意进行测量）、社区归属感（对品牌社区的认同感和从属感：通过社交货币量表测量）和主动品牌介入[②]（消费者自愿为品牌投入的时间、金钱和精力）。

品牌关系就是将消费者与品牌化产品的销售者持续联系起来的基础。品牌建立在销售者对消费者的承诺基础上，销售者承诺消费者长期或短期的利益。这种利益可以建立在产品功能性上，也可以建立在心理或情感基础上。而品牌共鸣定义了消费者与品牌的关系涉入程度，主动品牌介入预示着消费者与品牌关系最为紧密，而行为忠诚则表示消费者的品牌共鸣程度最低，但品牌利益转换程度最高。Susan（1998）则定义了15种由包办婚姻到秘密交易逐层递增的不同类型的品牌和消费者关系，如表3-4。

---

① 行为忠诚包括购买意向和推荐意愿，购买意向包括消费者对特定品牌的购买意向，包括对购买情境（购买目的、购买场合、购买时间等）的表述。推荐意愿则是消费者向他人或在公开场合推荐特定品牌的意图。净推荐值（net promoter score，NPS）要求消费者在0~10分之间对针对品牌进行推荐意愿评价，计算方式为用高意愿分数（9~10分）减去低意愿分数（0~6分），7~8分为被动式满意，不被用作计算，知名企业的净推荐值超过50%。

② 品牌介入可分为实际品牌介入（actual brand engagement），即消费者参加品牌相关的活动；理想品牌介入（ideal brand engagement），即消费者希望能参与的品牌活动和市场品牌介入（market brand engagement），即消费者相信其他消费者正在参与品牌活动，市场品牌介入关系到品牌发展潜力（brand momentum）的测量。

表 3-4　品牌和消费者关系量表

关系形式	定义
包办婚姻	由第三方偏好强加的、非自愿的结合
临时朋友	低亲密度的友谊，表现为不经常或零星的接触，较少希望得到回报
权益结婚	长期的、专注的关系，但是会受到环境的影响，而不是精心挑选的结果，受到满意度规则的支配
专一伙伴	长期的、自愿的、社会支持的关系，相互喜爱、亲密、信任，尽管存在不利的环境，但是仍然非常专一；相互坚守排他原则
最佳友谊	基于互惠原则的自愿关系，其持久性通过持续的正面回得到保证；表现为自我的真实表露、诚实、亲密。对彼此的印象和个人兴趣一致
有区别的友谊	高度专业，受到环境的限制，有持久性，亲密度较低，但是有更高的社会情感回报和相互依存度。进退都很容易
血缘关系	非自愿关系，但是有血缘关系
回弹关系	有更换优先伙伴的想法，但不是吸引替换伙伴
儿时友谊	不经常接触，回忆儿时记忆的感情关系。产生舒适、安全、超越自我的感觉
求爱关系	在追求专一合作关系过程中的临时关系状态
依赖关系	强迫、高情感相关的、自私的吸引，认为对方是不可替代的。如若和对方分开，则会担心。可以在一定程度上容忍对方的错误
放纵关系	短期的、高度情感回报。根本没有使命感，也没有互惠要求
敌意关系	相当强烈的负面感觉，想把痛苦和仇恨强加给对方
奴役关系	非自愿的，纯粹是由于对关系合作的需要而产生的关系
秘密交易	高情感相关的、私人的关系，如果曝光，会带来很大的风险

　　Susan 提出了六个维度，包括相互依存、自我概念一致性、品牌承诺、爱与激情、亲密关系和品牌成员品质，用于构建品牌关系质量（brand relationship quality）的概念。Xie 和 Heung（2012）结合品牌关系质量和归因理论，对酒店消费者在服务失败时，品牌关系质量强度对消费者负面行为意图的调节作用进行了测量。

　　品牌价值链（brand value chain）是另一种评价品牌化程度以及进行品牌化的方法。品牌价值链评价在品牌化过程中，哪些营销活动有效地增加了品牌价值，以及营销活动对品牌资产增加的程度如何。品牌价值链探索了营销活动的投资对顾客心智的影响，并假定顾客心智的增加代表品牌资产（包括品牌认知、品牌联想、品牌态度、品牌忠诚、品牌活动等）影响品牌价值（即品牌的市场业绩和股东价值）。

品牌阶梯和品牌价值链相互对应。品牌价值链的五个顾客心智维度对应品牌阶梯的各个阶段，且受到品牌定位的影响。

5. 品牌盘查

品牌盘查（brand inventory）是品牌审计（brand audit）的前提，是确定消费者品牌感知程度的基础，旨在确认品牌的一致性程度，即通过描述性手段确认品牌内不同产品之间的品牌形象一致性程度或是不同利益相关者对品牌形象的认知一致性（桑森垚，2019）。品牌盘查之后则是品牌探索（brand exploratory），旨在了解消费者对品牌及对应产品的想法和感受。定性研究[①]可以了解消费者对品牌了解的深度，以及品牌资产的来源和品牌个性；定量研究则可以了解消费者对品牌认知的广度和程度。

通过询问消费者对品牌最先想到的关键词等定性研究，可以建立消费者心智地图（mental map）。最先想到的5—10个品牌的属性或利益联想维度是核心品牌联想（core brand associations）。品牌概念地图（brand concept map，BCM）则是将个人的品牌联想网络集合成总体地图，构建连接不同品牌联想的品牌概念网络（John, et al., 2006）。品牌概念地图的绘制需要定量研究的支撑，定量研究是消费者对品牌强度、偏好和独特性的评估。

品牌追踪研究（brand tracking studies）旨在识别品牌资产的决定因素（Bong, et al., 1999），即品牌价值的核心驱动因素，尤其是品牌差异点。品牌追踪研究需要确定合适的标准（如对高水平品牌的评价标准、对品牌共鸣的合理期望等），并对消费者进行追踪性研究，包括横向对比（品牌和竞争品牌之间的差异）和纵向对比（特定品牌与一段时间之前的差异对比）。

---

① 自由联想、形容词核查清单、投射法、ZMET照片投射、填图法、故事讲述、生活史访谈、民族志、拟人化练习、角色扮演、实验法

6. 内部品牌化

内部品牌化（internal branding）定义为从企业内部对品牌的定义以及相关品类、品牌资产的结构等形成一致化的理解，可以视作对无形的品牌资产的一致性理解。它包括品牌文化和形成内部一致的品牌形象和品牌认同，以及有形的品牌价值和品牌结构的一致性理解（桑森垚，2018）。内部品牌化致力于加强以共同价值为基础的品牌精神，其核心为企业某种形态的使命、愿景或哲学。具体而言，内部品牌化包括五个原则：①一致性原则，员工对品牌文化和品牌意义的一致性理解、领导力和品牌信仰的一致性以及所招聘员工与品牌文化的匹配性，这种一致性可以有效增加品牌的可信度和加深员工的心理契约；②可接近性，品牌相关内容对所有员工的开放程度；③持续性，品牌管理者对品牌内涵的持续强化；④品牌教育；⑤品牌行为奖励计划。

内部品牌化是指将品牌 DNA[①] 高度内化，贯彻雇主品牌开发从潜在员工吸引到员工培训等人力资源管理流程的全过程。内部品牌与外部品牌意义高度一致，有利于减少招聘和雇佣成本，并形成良好的内外部品牌传播共生关系。然而，也存在一损俱损的潜在风险。如果将雇主品牌化视作内部地方品牌化的过程，员工吸引则类似于吸引外来移民。例如，"游丹寨等于扶贫"在带来游客收入的同时，减少了丹寨的"雇员品牌形象感知"，对本地居民的认同感起到了削弱的反作用。因此，最佳的雇主品牌定位是人力资源战略和市场营销战略的交集。

具体而言，雇主品牌源于企业人资管理过程中所形成的内外部声誉，这些声誉源于组织在行业内的整体形象，人才竞争中的优势，以及员工核心价值。尤其是在以吸引潜在员工为目的的招聘营销战略和保留内部员工为目的的内部营销战略的举措中，在保持内外部品牌意义理解一致性的同时，通过营销方式加以区分，有效的区分方式来自 Mosley 提出的招聘营销和内部接触模型。她提出，在招聘营销中，企业应该更大地聚焦于标题

---

① 企业使命、愿景、精神和价值观的核心体现。

和外在形象,而在提升员工内部参与度时,应该聚焦内容和经历。具体而言,内部营销的主要目标包括:灌输服务意识和顾客导向行为;在有利于提升市场绩效的内部活动中聚焦员工的注意力;营造消费者导向的企业氛围(Papasolomou & Vrontis, 2006)。

品牌资产管理系统(brand equity management system)旨在强化公司的内部品牌化,包括建立品牌资产宪章、撰写品牌资产报告以及明确品牌资产责任。

其中,品牌资产宪章是定义品牌资产的基础。品牌资产宪章或品牌圣经(brand charter/brand bible)以书面形式明确公司内部对品牌资产的一体化理解,包括对品牌资产进行定义并强调重要性;描述相关产品主要品牌的范围,以及公司打造品牌和营销的方式;定义实际的以及理想的品牌资产;解释如何根据追踪研究和品牌资产报告(简短的描述)评估品牌资产;建议如何审时度势地根据总体战略指导、明确性、一致性及营销思想的创新性管理品牌资产;概述如何根据具体的策略方针,如实现差异化、考量相关性和整合性、价值及卓越标准等设计营销项目;从商标使用、包装、传播的角度确定处理品牌的正确方法。

(五)战略品牌管理

1. 品牌营销策略

(1)市场渗透

市场渗透是对现有品牌的深度挖掘。一个有效的品牌策略必须保证品牌的连贯性和一致性,以保证消费者对品牌的持续信任。第一种策略是通过一系列的顾客忠诚计划或顾客关系管理提升品牌忠诚,如常旅客计划和俱乐部会员制。顾客关系管理还涉及为优先顾客提供优质服务,如会员折扣。

第二种策略是通过不断更新产品线来维持顾客参与。通过升级产品线,使品牌时刻保持活力。

第三种策略是通过伦理化经营、绿色经营、公正经营等企业社会责任经营手段维持正面品牌形象。企业社会责任经营大部分情况下是积极的,但是当企业社会责任的对象与目标市场消费者的相关度较低，甚至是"敌对"时（如宗教或国家敌对），企业社会责任经营往往会不起效果甚至起到相反的作用。如拼多多试图通过电商扶贫的噱头获得消费者的消费，但消费者并不会因为对扶贫点的同情而降低对品牌质量的要求，反而会增加期待。有效的企业社会责任经营要求企业将道德价值渗透到品牌经营的全过程中，让员工产生对雇主的道德忠诚和价值观信赖，即所谓的自觉资本主义（conscious capitalism）（Mackey & Sisodia，2013）。

（2）品牌危机

当现有品牌联想过于负面，或基于改造成熟但弱势的品牌定位或品牌角色的要求时，品牌重塑或再品牌化（re-branding）以及品牌剥离（brand divestments）成为必然。

大众媒体、新媒体，甚至自媒体的普及，在带来基于个人品牌传播的消费者与品牌关系复兴的同时，增加了品牌脆弱性（brand vulnerability），即品牌面对内外部环境变化时的应对能力。因此，在构建品牌危机预警系统的同时，增强品牌弹性（brand resilience）对品牌而言变得尤为重要。乔纳森（2018）提出品牌风险应对的基础是识别品牌危机的来源。基于消费者的外部品牌危机包括消费者因品牌失败而抱怨或投诉。从归因理论的视角，反复的品牌失败（低质量或服务失败）降低了消费者对品牌的信赖，因此导致消费者的情绪极端化，并引发了诸般品牌破坏行为。而基于雇主品牌开发的品牌危机则涉及作为内部消费者的员工因雇主品牌承诺未达成而感知到的心理契约破坏，或是雇主品牌的外部负面名声而带来的品牌认同感的断裂。危机管理制度增加了品牌弹性，在品牌遭到破坏时能及时恢复品牌公信力。

（3）品牌简易化

品牌简易化（brand simplicity）包括保证产品易用性、操作简单和明确的设计，还包括保证用户与品牌愉快的互动，理解品牌宣传内容的简易程度以及公司的透明度和真诚。品牌的简易程度通过简单/复杂、一致性、用户/非用户和行业/类别四个维度进行测量。

简单/复杂：相对于同行而言，参与评级的品牌产品和服务的简单/复杂程度指标包括易于理解、透明度/诚实度、创新/新鲜感和实用性。

一致性：品牌体验和受访者之间沟通的一致性（评级的标准差）。

用户/非用户：调整用户和非用户评级的区别（用户评分加权比非用户更多）。

类别：简易化得分最后按产品类别调整，因为某些产品类别本身就比其他类别更难控制。

2. 品牌传播策略

品牌传播包括两种模式，一种是传统的向外输出式的"推式"传播，营销者决定品牌传播的地点与方式；另一种是基于新型模式的消费者控制的"拉式"传播，消费者激活传播系统以影响品牌传播路径。品牌传播可以是物理上的品牌符号、包装、图像或标识等用以识别品牌的产品或服务，也可以是消费者提供的情感或认知价值。营销者将品牌信息通过传播媒介释放至社会公共渠道，由于社会噪声的存在，品牌符号被消费者五感选择性注意（selective cognition）并接收，被消费者解码并重新进行意义赋予，形成初步的形象认知。该过程中，若消费者对品牌符号的解读符合品牌营销者的品牌意义赋予，则通过品牌一致性强化了品牌公众形象；若消费者对品牌符号的意义提取不符合品牌营销者的意义赋予，认知不一致破坏消费者品牌记忆的同时，反馈至品牌营销者，促使营销者重塑品牌意义或改变品牌传播模式。消费者对品牌符号意义的解读既源于消费者解读的情景（context），又受到消费者的品牌记忆和品牌回想的影响。

详尽可能性模型（ELM）在强目的性和低涉入条件下提供了消费者对品牌传播信息的接收、解读和态度形成的过程。

消费者在接收来自营销者的说服性品牌信息时，通过中心和边缘处理两套机制对品牌信息进行解读。中心过程路线经过复杂的个人需求刺激、选择性注意、品牌感知和认知处理，最终形成或转变为较稳定的品牌态度；边缘过程路线由于缺少需求刺激、社会噪声的选择性注意，或是认知处理不完全，难以直接影响消费者的稳定态度形成。详尽可能性模型提供了消费者对品牌信息的加工处理过程中的"引爆点",即刺激消费者需求、减少社会噪声以提升消费者选择性注意能力、建立品牌的区别度以刺激消费者兴趣点是促使消费者对品牌信息进行中心过程加工的引爆点,而通过反复的品牌信息传导,激发消费者的潜意识品牌回想则是在边缘信息加工过程中刺激消费者行为性态度转变的关键。后者被定义为"频率"计划,即增加具有协同效应的信息量或信息传输的水平,"协同效应"发生在消费者同时接触到的不同渠道品牌信息具有类似效应时;反之,不同效应的信息输入会造成消费者的感知信息碎片化,导致消费者对品牌的负面意义感知。前者则被称为"接触点"计划,即找到消费者的注意点或需求刺激点,将有用的信息和方法在正确的时间精确地传达至消费者。例如,利用互联网和新媒体所诞生的大量"数字足迹"向消费者精确传播品牌信息,以提升消费者的品牌价值感知。

在多元媒体时代,新媒体和传统媒体的混合信息导入要求信息接收者能够短时间内处理不同渠道的不同品牌信息。这种较短时间多元渠道信息处理能力被定义为多重任务的多重时间惯性。相对于循序渐进处理和解读信息的单一时间惯性/有序信息处理者,多重时间惯性具有同一时间或短时间处理多种平行信息的能力,因此具有较弱的选择性注意倾向。这为品牌营销者合理搭配品牌传播媒介以提升品牌说服力提供了契机。然而,对于有序信息处理者而言,多元品牌媒介的涉入促生了社会噪声的增加,反而降低了品牌忠诚的持久性和稳定性。因此,提升单一媒介的参与性,以强化品牌信息接收者的价值共建感知成为解决有序信息处理者社会噪声高敏感度的有效方式。这不仅包括服务或产品体验性的增加,还包括通过品牌媒介社区增加消费者的品牌刺激涉入度。

社交媒体的普及带来的最直接的两个影响是:一是品牌可以通过网络进行廉价且高效的传播,同时品牌企业可以通过社交媒体更轻松地获取品牌定位和品牌价值数据,可以更有效地评价品牌资产。相应的,负面的品牌信息也更难以通过常规手段进行截取;二是品牌社区的出现以及品牌竞争的"全民化"。

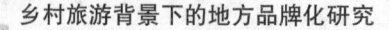

每天在社交媒体上产生的数以万计的品牌评价给品牌管理者提供了天然的数据源,即所谓大数据。通过对品牌评价的强度、情绪、热情和触及度的分析可以有效提取品牌的大众感知。

强度:在过去一段时间(24小时)内讨论该品牌相对于所有讨论的比例;

情绪:正面讨论和负面讨论的比例;

热情:任何一个人重复讨论该品牌的可能性;

触及度:特殊"品牌实践者"相对于全部讨论的数量及比例。

这些特殊的品牌实践者可能包括"品牌代言人",即公共视野下对品牌的传播具有影响力的"守门人(gatekeeper)"或意见领袖。品牌代言人要满足以下四个条件:

①针对目标客户群的魅力和吸引力;

②具有影响力和说服力;

③具有专业的产品知识或丰富的产品体验;

④是消费者能够识别或者愿意去认识的人。

由此可见,社交媒体中的粉丝经济的天然条件已经形成。

社交货币(social currency)被定义为顾客与他人分享一个品牌信息和行动的程度。公司通过促使自己的现有或潜在品牌消费者在社交媒体上获得相关品牌的有价值信息和分享、与他人谈论品牌、从使用的品牌中获得价值、积极向他人宣传该品牌、建立品牌社区、通过品牌进行形象管理来建立社交货币。社交货币模式试图将社交媒体作为自给自足的互动平台,实现消费者的购买目的(Xiao,2012)。

3. 战略品牌管理流程

Keller(2006)整理现有的品牌管理相关研究,以识别和确立品牌定位规划和价值、并执行品牌营销活动、评估和诠释品牌绩效以及提升和维系品牌资产为战略品牌管理四阶段(见表3-5)。

表 3-5 战略品牌管理流程

战略品牌管理流程	关键概念
识别和确立品牌定位和价值	心理地图 竞争性参照框架 品牌共同点和品牌差异点 核心品牌联想 品牌箴言
规划并执行品牌营销活动	品牌元素的组合与匹配 品牌营销互动的整合 提升次级联想
评估和诠释品牌绩效	品牌价值链 品牌审计 品牌追踪 品牌资产管理系统
提升和维系品牌资产	品牌—产品矩阵 品牌组合和架构 品牌延伸战略 品牌强化和激活

二、地方品牌化的概念内涵

（一）地方

1. 空间和地方

固有的空间概念多指物理的存在，这种空间与人或人的经验无关，仅仅是构成世界存在的场所（locale）。而 Tuan（1975）指出，将空间赋予人的经验性，或是 Relph（1976）或 Cresswell（2015）所谓的空间的意义赋予，空间则转变成地方，即地方本质上是以人为中心的空间感知和生产。从该角度而言，地方的出现可能基于两个过程，一个是时间经验的过程，即记忆中的地方生产；另一个是空间体验的过程，即具身的空间参与。而不管是时间性还是空间性，空间之于地方都是个体由局外人成为局内人的过程，既是建构性的，又是实存性的（being-in-the-world），是"地方芭蕾"展演的舞台。Rioux 等（2017）嵌入了空间占有（space appropriation：将某物据为己有的行为或过程）的概念来解释空间如何转变为地方，指出个体通过移动、感官探索、操纵、命名、所有权使用、所有权占有以及个性化空间等方式占有空间、赋予意义、建构依恋并将其发展成地方。而 Roux 等（2020）则借用异托邦的概念展示了人体如何通过文身转变成具有意义的地方。虽然个别学者提出了以空间为核心的人本主义视角，如列斐伏尔的空间生产理论，其将空间分为绝对空间和生活空间（地方），但并不妨碍地方作为人文地理学研究的核心概念。Cresswell（2015）指出，地方应该被理解为"与世界的包含关系"，即地方应该视作过程和实践，通过人与地方元素之间的互动而构建。从该角度而言，首先，地方是开放和变化的，没有一成不变的地方。其次，地方是由空间消费者的地方实践所产生的，即空间消费者是地方生产的主体。Wynveen 等（2012）则提出地方意义生产的过程受环境、个人价值观等的影响，地方的本质是社会化。

空间生产、地方生产（placemaking）、地方的生产（place-making）和生产地方（place making）是地方化过程的四种常用表达。普遍意义上讲，除了地方生产，生产地方和地方的生产是广义和狭义的区分。即生产地方更具有概念的普遍意义。根据 Lew 等（2017）的表述，生产地方的含义一方面来自文化地理学，指一个文化群体通过空间意义赋予获取地方感的过程。随着地方文化转变为文化群体的地方认同，地方逐渐实现品牌化。即所谓的地方的生产。另一方面来自空间设计学说。通过自上而下的空间设计，地方被意图性地塑造并影响内外部消费者的地方形象感知。即所谓的"地方生产"过程。简言之，地方生产和地方的生产是自上而下形象制造和自下而上空间渗透的过程。而这两种过程在生产地方过程中发生碰撞、冲突且适应，形成连续的统一体。

尤其是在面临地方品牌化的过程中，基于地方生产的内部地方品牌化和基于地方生产的外部地方品牌化共进，在地方的独特性和地方标准化方面相互博弈。这种博弈因地方生产者的目的不同而存在，是典型的空间生产的政治商谈过程，即所谓地方政治（politics of place：如商品化对本地居民地方认同的破坏以及中产阶级迁入所造成的社区绅士化）。在这种政治过程中，多方的权力博弈影响了生产地方的未来。因此，Lew（2017）提出了五个问题：第一是谁定义了地方的成功？第二是地方叙事内容的问题。地方品牌化的对象不只是吸引游客或投资者的外部品牌成功，还包括增加地方居民参与和生活质量的内部品牌成功。其中，偏向于哪个侧面的决定权似乎一直受到地方精英的利益主导。正如笔者在研究过程中发现，在 Z 省乡村旅游发展过程中，经济精英和政治精英往往成为政府正式制度和本地非正式制度融合的代理人。第三是谁主导或拥有被生产的地方权利？是本地居民、投资者、政府还是外部消费者？第四是如何促进消费者的参与？事实上，Lew 的原文是如何促进游客的参与，但作为内部地方消费者的本地居民同样在参与过程中扮演重要角色。外部消费者的参与可以通过地方公共形象的传播而表现。这种公共形象必须得到内部消费者的地方认同认可才能得以实施。越来越多的学者提出用市民意识的观点扩大市民权和增强市民参与（Zhang，2019），将自下而上的地方的生产过程进化为可持续市民行为（Beza, et al., 2018），以充分的赋权促进居民自发性地进行空间生产，制造可持续的地方。这种赋权是对居民市民身份和市民权的激发，是公民责任和社区认同、归属感的激励。相较于地方的生产，市民意识的激发有助于居民主动参与并主导空间生产，而不是因固守传统而与自上而下的社区规划所冲突。最后，是利益相关者如何了解、体验和参与地方生产，尤其是不同利益相关者如何判断地方本真和生产地方认同。

列斐伏尔的空间生产理论改变了马克思主义历史-时间性，强调空间的生活性，假设居民以日常生活为中心进行空间生产（地方的生产）。这种空间生产是对自上而下空间设计（地方生产）的反抗。在某种程度上，列斐伏尔的空间生产理论强调居民主动参与地方开发，对地方品牌化带有正面积极态度的消极反对。列斐伏尔将空间生产划分为空间表征（representation of space）、空间实践（spatial practice）与表征空间（space of representation）。空间表征为构想的空间，等同于地方生产。表征空间即为生活的空间，是被支配的，是日常生活化的，也是反抗性的。空间实践则是社会构成的生产过程与结果，是空间表征和表征空间博弈的具象化。

居民通过嵌入（insertion）、抵制（resistance）、反噬（reverse invasion）和再生（revitalization）等不同的处理策略（coping strategy）应对空间表征（孙九霞，周一，2014）。

无论是地方的生产还是空间生产，都强调了不同利益相关者之间权利博弈和空间争夺的过程。这种过程可能是被动的（空间生产），也可能是主动的（地方的生产/参与式市民行为）。不管是主动的还是被动的，这些理论共同展现了以下的地方特征。

第一，动态性。地方是在消费者与地方元素的互动过程中不断被意义分解并重新塑造的，因此，地方是动态且不断变化的。第二，模糊性。地方不能根据确切的领土范围进行区分，只能通过符号和社会互动进行识别（Paasi, et al., 2010）。第三，文化性。若将地方概念视作地方意义生产的过程，地方文化则是地方意义的具体代表；若将地方视作人与空间沟通所产生的互动符号，地方文化则为人对空间的释义主体，即地方符号的所指。第四，社会（互动）性。地方生产的本质是利益相关者之间或利益相关者与相关地方元素之间的社会互动过程。第五，故事传播性。在社会互动过程中，地方实践故事和地方神话作为地方符号的传播载体影响"叙事"受众的地方品牌共鸣，正如Elliiot（1983）所描述的，城市作为地方的本质是"语言之城"。第六，空间和时间性。地方无法脱离空间的边界感，即便是虚拟地方也由使用者定义了虚拟社区的边界以屏蔽局外人的干扰。而地方往往是历史衍生的，是经由长期的人与空间互动而产生的"非正式制度"路径模态，因此地方不只是对过去的路径依赖的结果，而且连接现在和未来，以地方变迁（place change）为表现状态，以乡愁为情感表达（expression）。第七，制度性。地方生产的利益相关者在与地方持续的互动过程中，不断生产新的社会网络关系，这种社会网络进而嵌入地方概念中，形成了独特的地方层级和权力交互关系，作为非正式制度进而影响地方正式制度的形成，即所谓的地方互动生态系统，作为稳定的地方生产依赖路径而持续存在。

2. 地方感的相关概念

地方感（sense of place）的概念起源于19世纪末20世纪初。正式将地方感概念体系化的是美籍华人段义孚教授（Tuan）。Tuan（1975）将地方感定义为一种由地方实践者的地方体验所建构的"恋地情结（topophilia）"。Relph（1976）则通过非地方性阐述了地方感是基于不同语境下人与人之间的互动经验所形成的。地方感源于拉丁语中的"genius loci"一词，以地方氛围和地方精神的概念出现。Campelo（2013）据此定义了地方氛围所代表的地方感为地方依恋、社会情境、社区关系和祖先关系的综合。地方感包括人与地方互动过程中的感官、情感、认知等体验。Campelo因此归纳了时间、祖先、地形和社区四种形成地方感的因素。时间层面上，Campelo通过"时间感"的概念提出了时间和空间互动作为地方氛围的意义。即自然环境、固有的传统和路径依赖以及文化嵌入所造成的特殊地方事件（如季风和涨潮、集市、节庆、旅游季节性等）驱动地方的时间概念区别于其他地方，而影响到地方实践者的地方生活方式、集体行为以及地方感知。祖先层面上，祖先作为地方社会资本的一部分，影响了地方消费者的价值观和文化嵌入，从而影响地方消费者的社会认知能力和社会网络关系。地形层面上，Campelo将地形形容为"有意义的社会和文化结构，连接和调节人与物质环境之间的关系。"将地形作为为地方感形成提供公共视觉背景的地区外观。社区层面上，文化和社会关系共同创造了社区的集体意识，这种基于地方实践的共识形成了社区的基本特征和基础框架。Campelo指出，时间、祖先、社区和地形的相互作用形成了地方实践者的"习惯"，这种习惯包含着个体的地方感，以及他者的地方感。

Stokowski（2002）从社会互动的角度，指出由地方互动实践而产生的社会"故事"是形成地方感的关键途径。地方感作为一种社会建构的产物，通过社会互动而得以复制和延续。在互动过程中，故事和神话（myth）作为地方符号意义的承载，验证了人们的期待，同时更新了集体记忆和仪式，强化了文化传统和嵌入。

（1）地方形象

地方形象（place image）可以通过对象的功能和心理特征分类，以及属性和整体分类，分为四个维度。功能—属性类类似于产品的价格或设计外观，功能—整体（holistic）类是有关对象的整体机能特点的心理图像（imagery），心理—属性类类似于感知质量等商品的无形价值，心理—整体类是对商品的整体感受所形成的心理图像。嫁接到地方概念中，地方形象更广泛地被形容为一个整体的地方心理图像（imagery）、心智表征（mental representation），或是刻板印象。Echtner和Ritchie（2003）借此构建了目的地形象的三维模型，如图3-2，在一般形象模型的基础上，嵌入了共同—独特维度，并提出用功能（具象）—心理（抽象）维度测量目的地形象的结构化方法。

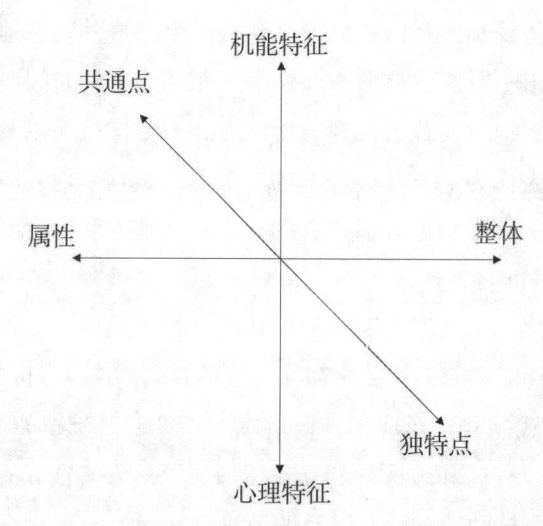

图3-2 目的地形象三维结构（Echtner & Ritchie，2003）

从该模型的角度出发，地方形象至少由认知形象和情感形象两者构成。认知形象源于具象的地方属性和功能特点，这种特点或许是需要标准化的；而情感形象则源于抽象的地方属性和心理特点，这种特点或许是独特的、个性化的。不管是具象还是抽象的，最终会通过心智意向加工过程（mental imagery processing）成为一个个体对地方的整体印象，这种印象将影响个体的地方消费体验（Kcok, et al., 2016；杨锐，张攀，牛永革，2018）。但需要明确的是心理意象并不等同于形象，用Josiassen(2015)的观点来说，目的地形象是一个人对一个地方的信念、想法和印象的综合，这种共识来源于个人的认知和情感评价，而意象则是记忆中的形象化过程，即便这种记忆可能是虚拟的或是现实的，即意象是过程性的，而形象则是结构性的。通过意象，我们能更简便地了解地方形象的概念，即一系列评价的结果通过心智意象加工而成的较为稳定的对地方的整体性认识。

这种认识，在虚拟的情境下，需要通过品牌传播进入消费者的心智加工过程，包括广告或是其他媒体加工。因此，即便形象的形成主体是消费者，形象依旧是消费者心理意象加工、情感表达和品牌生产商所建构的品牌形象之间的结果。因此，形象是可以由品牌开发者规划以及修改的，即所谓形象化和再形象化（reimaging）。Smith（2005）以巴塞罗那的城市形象再塑为例，提出城市是可以创造的"地方"，城市诱导形象（自上而下）和自主意象（自下而上）之间的区别是模糊的，可以通过不同的叙事主体进行地方形象的诱导。不只是城市，国家形象也被视作影响消费者访问乃至消费起源国商品的重要概念（Nadeau, et al., 2008）。在学者看来，国家也好，城市乃至目的地等地方也罢，都是被消费的品牌化产品，都有其特定的地方品牌形象（Yousaf, 2017）。

横截面的地方品牌形象主要包括功利性和体验性/心理地方联想；纵截面的地方形象研究包括访问前地方形象（pre-image）和访问后地方形象（post-image）（Dann & Graham, 1996）。因此，一方面，根据研究情景的不同，地方形象的测量方法存在差异；另一方面，地方形象的测量也区分为功利性地方形象、体验性以及整体性地方形象。对于前者而言，是否将内部营销（如本地居民或职员）或是外部营销（如消费者或游客）视作研究的重点，其地方形象化测量乃至策略必然存在不同（这事实上证实了以往品牌认同是内部的，品牌形象是外部的观点是错误的）。而针对后者而言，不同的研究情景，其形象或许存在差异，如乡村旅游地的乡愁形象在城市旅游地中未必存在，因此形象的结构或许存在差异。即便将地方形象嵌入本研究的语境——旅游目的地中，目的地形象的结构根据学者的理解和具体语境也各有不同。如 Qu 等（2011）在强调目的地形象是旅游目的地品牌化策略的基础上，在认知形象、情感形象和整体形象（overall image）的基础上增加了目的地的独特形象（unique image）。

除了形象和意向的混淆之外，学者们也经常提到形象和认同的混淆，如图 3-3。Brown 等（2006）构建了区别认同、意图形象（intended image）、结构形象（constructed image）和声望（actual image）的四维模型。并指出，认同是组织内部消费者的自我联想和识别，是组织对"我们是谁"的"自我概念化"。然而，这种区分方式在地方营销层面难以推广，因为本地居民作为地方员工同时还扮演着地方消费者的角色。另外，如果一个地方没有得到内部消费者（本地居民）的认可或分享，它就不会转变成地方形象。因此，地方认同和地方形象的区分更加复杂（笔者将在地方认同部分继续延续这个问题）。

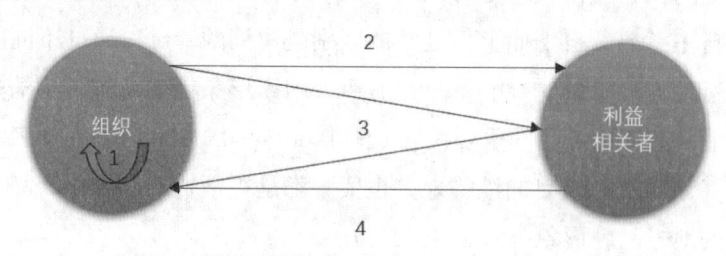

1. 我们是谁？
2. 我们想让别人怎么看待我们？
3. 我们认为别人如何看待我们？
4. 现实中利益主体如何看待我们？

图 3-3　认同和形象的构成要素

如此，实际上，地方形象的概念很模糊。Li 等（2016）从目的地形象的角度指出，目的地形象概念存在着本质认识不足（内部模糊：整体的还是情感的还是认知的）、区别度较低（外部模糊：与态度、感知和偏见等概念的区别）以及心理机制模糊（基础模糊）的特点。他们的研究针对过去的定义进行了批判，指出过去理论的实用性而不是理论性的缺点。据此，他们重新定义目的地形象为"游客对目的地的一种自发的、多感官的、图画般的、唤醒式的、有意识的和类似于感性的心理（私人的、非空间的和意向性的）体验。这种体验与游客的其他心理体验相重叠，包括他们对目的地的感觉、感知、心理表征、认知、意识、记忆和态度。"他们的定义在原有的定义上附加了更多的形容词，原有定义看上去更像该定义的简版。

（2）地方纽带

无论是地方依恋还是地方认同，都是个体或群体建构有关特定地方的意义并与某特定地方产生纽带关系的地方生产过程。地方意义可以被定义为个体或集体在日常经验和空间、社会性互动过程中对地方的想法、情感和情绪。Relph 通过无地方（placelessness）的概念激烈批判了全球化和同质化、商品化和大众旅游所带来的地方意义的丧失以及"弱认同"。若将地方视作有意义的区位（meaningful location）的话，无地方则是地方感的弱化以及社会的"麦当劳化"（何瀚林，蔡晓梅，2014）。类似的还有非地方（non-place）的概念，意指"移动过程中路过的无意义空间"。无论是无地方还是非地方，都代表着地方意义的丧失或不存在，简言之，代表着缺乏地方纽带感。

地方纽带（place bonding）不仅是个体或群体与特定地方之间的情感关联，更是个体或群体对特定地方的认知内化。即个体出于对地方多样性和独特性的需求，主动寻找与特定地方之间的关联，并将其内化为自我概念的一部分，通过自我—地方—致性感知，即地方认同（place identity）形成地方纽带关系，即地方依恋（place attachment）。因此，地方纽带关系并非绝对具身性体验的结果，而是在各种不同的地方知识和地方联想形成地方形象的互动过程中形成的，并非绝对"在地"的（locality）（Cheng，2015），即个人可能与从未去过的地方产生纽带联系。这种非在地的纽带联系可能源于所谓的"景观依恋（landscape attachment）"，即个人对某一类型熟悉景观（如基于乡愁或怀旧的乡村景观）的快速情感代入，或是由于非在地的知识性获取（如通过个人品牌传播），或是个人对"完美"地方形象的想象，再或是基于集体记忆的对地方象征意义和文化意义的事前认同（Droseltis & Vignoles，2010）。Hammitt（2006）将地方熟悉感

（place familiarity）、地方归属感（place belongingness）、地方认同（place identity）、地方依赖（place dependence）和地方根性（place rootedness）归结为描述地方纽带的五个维度，其中地方认同可被定义为"通过与地方之间的互动，而确立自己属于一个特定地方的过程"，是围绕共同的身份和文化而建立联系的现象，是把一个地方当作自我概念延伸。

消费者品牌认同（brand identification）源于社会认同（social identity）理论，该理论将自我概念理解为个人认同（包括能力和兴趣等特质）和社会认同（社会分类）的结合，而认同则意味着身份契合和身份匹配。当个体感知自我与群体特征相一致时，则会产生认同感，强大的消费者品牌关系即源于消费者将品牌内化为自我概念时所产生的认同感，包括认知维度、评价维度和情感维度。因此，与其说品牌身份（brand identity），毋宁说消费者—品牌一致性（customer-brand identification），地方认同亦是如此。作为地方"身份"而言，往往被定义为"地方管理者所规划的用以识别的地方特性"，仅仅是自上而下的，是所谓"地方形象"的硬币反面，将地方"认同"嵌入至内外部消费者互动的层次，囊括了所有与地方直接或间接互动的结果。地方身份与地方认同在英文里都可以翻译为place identity，因此，造成了国内乃至国外学者难以准确把握的困境，导致国外学者不得不创造出地方一致性（place identification/self-place congruity）的概念进行区分。在笔者看来，地方身份的概念完全没有实际意义，完全可以通过地方规划形象（planned place image）进行替代。

King等（2017）建构了品牌身份和品牌接触通过品牌吸引力影响顾客—品牌一致性的模型。虽然该模型有效地凸显了品牌吸引力在影响顾客—品牌一致性时的重要媒介作用，但笔者认为作者仍然混淆了品牌身份和品牌认同的概念。他们用品牌声望（brand prestige）和品牌区别性（brand distinctiveness）来表达品牌身份，但这两个概念都是品牌认同的核心概念。品牌声望指消费者试图通过与品牌建立联系来表达自己的社会地位，是符号性消费的驱动，这本身就是品牌认同的内容，而品牌区别性也是品牌认同的基础成分。实际上，Twigger-Ross和Uzzell（1996）明确将地方认同过程区分为地方可区别性、地方延续性、自尊和自我效能感四个维度。而消费者—品牌一致性则是品牌认同概念的核心内容，如此来看，该作者团队的研究模型并不能成立。这或许是导致他们的研究结论并不尽如人意的原因。

Sihvonen J.（2019）最新的研究阐述了品牌认同区别于品牌身份，他强调了心理学派基于消费者意义创造的品牌认同以及社会学导向的社会分类和文化定位影响下的品牌认同。品牌可能是消费者用以自我身份表达的仪式道具，正如表演理论所阐述，这种道具的有效性产生的原因是消费者对道具品牌的认同感，具体表现在消费者感知自我与品牌的一致性方面（即消费者对品牌的归属感的心理状态和同一性），这种一致性是品牌与自我形象的一致以及与潜在消费者理想自我形象的一致，即品牌形象并不是因所谓的身份影响了消费者的品牌认同。作为体验产品的地方品牌，驱动消费者消费的是源于地方认同，而不是地方的自我身份表达，因为只有在消费者将自己的地方体验分享给其他人时，这种身份表达才能得以实现。因此，Sihvonen J.（2019）建构了基于生活方式（lifestyle）驱动（目标指向性：产品的机能性和身份相关性）、价值观（values）驱动（社会嵌入性：产品的体验性和自我延续性满足）和个性（personality）驱动（自我中心指向性：产品的符号价值满足和自我区别性）的三元消费者—品牌一致性模型。

Bricker 和 Kerstetter（2000）认为地方感、地方依赖和地方认同是地方依恋的形式。而 Tuan（1974）[4] 将地方依恋定义为"人与地方或环境之间的情感纽带"，即地方依恋仅仅作为地方感的情感性态度方面而存在。因此，将地方感视作个体或群体基于地方体验或地方记忆而对特定地方产生的态度的话，地方认同因其驱动地方形象的作用可被视作认知性态度的表现方式，地方依恋因其驱动地方之爱可被视作情感性态度的表现方式，地方依赖则因其对地方满足行为的驱动可被视作行为性态度的表现方式。然而，有关地方依恋的相关研究并未统一地方依恋的概念结构。个别学者甚至采用情绪性依恋（emotional attachment）的概念试图避免混淆，将情绪性依恋定义为消费者和品牌之间紧密联系的积极情感结果，探讨特定情绪性体验

（如恐惧）对品牌依恋的强化程度，该过程中，品牌成为消费者借以慰藉自身或逃避恐惧的"感同身受者"。

要理解地方依恋，首先要理解品牌依恋。Park等（2010）定义品牌依恋为连接品牌与自我的纽带强度，由自我—品牌距离和品牌知名度来测量品牌依恋强度，并区分了品牌依恋和品牌态度的差异。他们指出品牌依恋比品牌态度强度更能有效预测品牌行为，并批评将品牌依恋视作情感表达的观点。更晚一些，Park等（2013）从消费者—品牌关系的角度定义品牌依恋，指出品牌依恋是品牌厌恶（aversion）的对应面，并借此提出了AA模型。该模型用自我感知与特定品牌的距离（或基于品牌记忆的自我一致性感知）和品牌显著性来测量品牌依恋—厌恶程度的有效性。当品牌被视作自我扩张（self-expansion）的手段时，人们会依恋品牌，反之，品牌不利于自我凝聚（self-contraction）时，人们会厌恶品牌，AA模型是消费者—品牌关系的连续表达谱。然而，学者们忽视了态度在表达认知—情感—行为模式方面的理论说服力，以及混淆了情感、感情和认同的关系。将品牌依恋概念引入地方框架，由于地方（包括目的地、城市、国家等）消费具有强烈的情感性需求和体验性表达需求，品牌依恋得以借他山之石以攻玉。

地方依恋被评价为对某地带有感情色彩的"玫瑰色眼镜"，是对某地的情感性投资，或者与地方的情感、认知和功能性连接。如Yuksel等（2010）将地方依赖（对地方满足自我功能性需求的功能性依附）、地方认同（自我与特定环境之间的象征意义的联系）和情感纽带归纳为地方依恋的三个维度，并研究了地方依恋与游客满意度及其忠诚度之间的关系。

Ram等（2016）则将地方认同、地方依赖、情感依恋和社会纽带四个维度的地方依恋模型用单维测量的手段验证了地方依恋与地方本真感知的关系。Suntikul（2016）从传统地方认同和地方依恋二维角度探讨了游客地方依恋与其体验共建的关系。Chen等（2014）指出，地方依恋需要从评价/态度和交互两个维度进行深入研究。研究态度维度包括地方认同、地方依赖、情感依恋和社会纽带，而交互维度则包括地方记忆和地方经验。Chubchuwong（2016）进一步在地方依恋概念中增加了人的依恋（people attachment）维度。综上，地方依恋的构成呈现出几个特点，第一，越发复杂的特点；第二，情境性特点；第三，与其他概念愈发混杂的特点；第四，作为因变量、自变量、调节变量和媒介变量的多元实证特点。例如，Higalgo 和 Hernandez（2007）在研究中证实，人口统计学特性可以作为影响地方依恋的关键因素。最近，对地方改变与地方依恋之间关系的研究也越发多元化。

以上研究似乎落入了学术生产的圈套，即将地方依恋视为单纯的生产工具，不断利用其臃肿的框架完成学者们的论文生产，而鲜有深入探索地方依恋的本体论文章。基于符号互动论，Cross 等（2015）对地方依恋概念进行重新塑性。他们重新考量了地方的概念，并提出地方认同和地方依恋或许相似，但绝非重叠。最后，从现象学和建构主义角度出发，在结合前人研究的基础上，他们研究指出，地方依恋是动态的社会体验，是"地方芭蕾"的意义生产结果，是跨越时空的互动。地方依恋的交互生产过程包括感官体验过程（sensory：具身的）、叙事体验过程（narrative：故事讲述的）、历史记忆过程（history）、精神体验过程（spiritual：情感和归属感）、意识形态过程（ideological：道德的、制度嵌入的）、物质体验过程（commodifying：属性的、机能的认知）和资源依赖过程（material dependence：对社会资源、地方特点的依赖）等七个过程。每个过程都与时间和空间有着独特的关系，同时发生在个人、群体和文化层面，它们是相互作用的，对个人的地方依恋既有独特的影响，也有交互的影响。该研究突破了研究特定时间空间地方依恋的"短视"。Ahn（2019）同样摒弃了过去的地方依恋概念，重归品牌依恋视角，用玫瑰依恋和蓝色依恋（rosy-blue）的区分探索了自我决定（SDT）对依恋的影响程度。她的研究明确将依恋视作单纯的情感表达，玫瑰依恋表现为激情、感情、连接感，蓝色依恋则表现为焦虑、苦恼、恐惧、后悔和悲伤等负面情绪。

如此，再次回归到地方感的概念，其核心在于意义和评价。意义可以通过具身性、记忆性体验或符号体验来创造，而评价则可以通过地方依恋、地方依赖、地方认同和地方满足来表征。从这个角度来看，现有地方依恋研究的扩展似乎大有覆盖地方感概念的趋势。Jorgensen等（2001）指出，地方感并不是灌输在物理环境本身的，而是存在于人类对环境的解释中，包括地方依恋、地方认同和地方依赖。由此可见，地方依恋是区别于地方认同和地方依赖的地方感维度。Jorgensen提出，地方认同是自我认同的一部分，而地方依赖则有明显的价值取向（"第一，如果一个地方限制了个人价值或利益的实现，它可能是消极的；第二，若将地方依赖视作个体与地方之间的连接强度，这种连接更多的是基于特定的行为目标"），两者明显区别于代表情感连接的地方依恋。因此，Jorgensen构建了态度视角的三维地方感模型，尤其将地方依恋区别于地方认同和地方依赖。Hay（1998）在研究之初就指出地方感绝不等同于地方依恋。然而，这些较早的环境心理学视角的研究成果在最近的研究中被忽视，这是一种遗憾，但也给予了我们回归地方精神本体论的机会。

3. 区域品牌

（1）区域品牌与品牌经济

品牌经济作为一种经济现象，是市场经济的高级发展阶段，以品牌为核心，以质量和集群性发展为切入点，旨在实现品牌的规模化效应。根据国际经验，在人均GDP达到3000美元时，一个国家就进入了品牌经济时代。因此，我国已初步进入品牌经济时代。[①]

品牌经济是工业化高度发展、消费品市场供给相对过剩的产物，以区域范围内集聚规模化集群品牌资源、追求地区性品牌价值、带动较大范围经济整体运营为显著表现。品牌经济分为企业品牌经营、产业品牌经营和区域品牌经营三个阶段，以区域性品牌经济的形成为最终目标。

相对于产品经济，品牌经济有四大特点：第一，品牌经济更侧重于知识产权、形象联想、文化使命和精神价值等无形品牌资产。第二，品牌经济具有更广泛的社会影响。尤其是区域品牌经济，在传播共同体文化认同，促进社会公正，提升社会价值，发展可持续经营方面具有更大的社会效益。

---

① 2022年，我国人均GDP达到8.57万元（人民币）。

第三，最终的区域品牌经济以特定空间为载体，从社区区域到国家乃至廊道区域，联合具有共同品牌形象以及品牌联想的区域性板块（如城市）叠加集聚而成。第四，区域品牌经济的建设和发展必须满足三个条件：首先，品牌经济所依托区域以具有强大影响力的城市或地区为核心，如珠三角地区；其次，品牌经济所依托区域需要有较完善的品牌文化和品牌消费/保护制度；最后，品牌经济所依托地区有较高的产业协同性，以促进区域品牌的规模化和可持续性。此外，品牌经济学作为品牌营销的经济学分析手段，当营销价格不变时，高消费者品牌信赖的商品需求量显著高于一般品牌商品需求量，且由消费者剩余和生产者剩余所代表的社会福利也显著增强。

相较于产品品牌和企业品牌，区域品牌具有以下几个特点：以一定区域为载体，以企业集群（cluster）为利益主体；依托某种区域内自然或社会优势资源，区域内品牌价值共享，品牌影响力持久；有鲜明的区域品牌标识和品牌形象、个性；较强的外部排斥和内部凝聚力、较高的品牌建设成本和较强的风险抵抗能力。产品品牌是企业品牌的基础，产品品牌和企业品牌共同作为区域品牌发展的基础；企业品牌具有光环效应，区域品牌具有原产地效应；产品品牌和企业品牌的实力决定区域品牌的影响力，区域品牌有助于区域内产品和企业品牌之间的交流以及获得竞争优势。

区域品牌与品牌集群不同。品牌集群是指在特定领域内，存在竞争或合作关系的相关机构地理集聚体。竞争是指具有相同产品产出的公司个体，合作是指能给特定企业提供上下游支撑或制度支撑的供应商、销售商、政府和其他相关团体，如电子产业集群、高新技术集群等。而区域品牌则是在集群形成的规模化共同体基础上冠以相同的地理品牌称谓，如美国硅谷电子产业区、北京中关村高新技术园区等。区域品牌由不同的子品牌群聚而成，依靠子品牌群体的较高知名度和美誉度，形成区域的地理产业形象；反之，子品牌产业群依靠区域形象的光环效应而形成规模化竞争优势。

孙丽辉（2010）将区域品牌（又名集群品牌）定义为"以一定产业

及其集群为支撑，在此基础上形成具有相当规模、较大市场占有率和影响力等优势的产业产品，并以区域地名和产业名命名组合为共享品牌名称而在消费者心目中具有较高知名度和美誉度，从而形成以区域名称著称的区域公共品牌。"并提出了区域品牌的区域性、产业特性、品牌基本特性和公共品牌特性四个特性。孙丽辉的区域品牌定义虽然也借用英文"place branding"一词，但其描述的实际上是"cluster brand"，未彰显地方及品牌化的特质。田村正纪在《品牌的诞生：实现区域品牌化之路》中明确将区域品牌定义为"品牌化的地方特产"，并与地方品牌相区分。田村正纪（2017）提出"区域共同体"的概念，将区域品牌使命表达为振兴区域共同体，将区域共同体定义为长期共同生活在某一区域内的人，基于当地独特的自然环境所形成的相互依存且具有共同意识而形成的关系网，并将自然环境、生活方式和社会分工等作为区域共同体的影响要素。田村正纪的区域共同体概念囊括了典型区域品牌和地方品牌两个概念，正如他将区域品牌化对象整理为地方特产、旅游景区和旅游景区所在地三类。然而，其区域品牌的概念框架并不明确，而且与其区域品牌的定义以及后续分析过程中所使用的区域品牌内涵相冲突。

Mihailovich（2006）将区域品牌定义为家庭品牌（house brand，HB），并提出了"品牌关系谱"模型，指出区域品牌是公司或产品品牌的集聚形态，可利用公司或产品品牌与区域品牌的关系理解区域品牌的内涵。包括区域品牌主体形态，将区域整体作为品牌战略推广的目标，如德国；区域品牌伞形态（umbrella HB），将公司或产品品牌名称赋予区域品牌的内涵，如故宫文创；区域品牌与公司或产品品牌互惠形态（balanced reciprocity between HB and PB），使公司或产品品牌的独特个性和价值定位区别而又紧密联系于区域，如北京中关村和北京；区域品牌背书形态（HB Endorses PB），将区域品牌视作公司或产品品牌的附加属性，如青岛海尔；公司或产品品牌独立发展形态（independent PB），如星巴克。

肖艳，季红颖（2019）将区域品牌定义为"一定经济区域内各种不同形成机制下形成的区域品牌的总和，既包括产业集群品牌、传统区域品牌，也包括特定的地理区域或行政区域品牌。"她们的定义认为地理标志性产品区域和地方品牌都属于区域品牌。但事实上，她们的研究和综述仅仅提及了以企业、产业群、地理标志产品（如烟台苹果）或文化标志产品（如中国功夫）为载体的区域品牌的地理区别性、行政区别性和经济区别性，而没有涉及以文化、历史嵌入为核心，以诱发地方认同和地方形象为传播手段的地方品牌。

据此，本研究中的区域品牌等同于区域集群品牌，区别于地方品牌，相信"区域品牌抑制了地方、人类和商品之间的新关系的形成，其仅仅是以狭隘的地理角度定义地方"（安迪，2016）[82]，而将其定义为因上下游关系或服务关系而地域性聚合在一起的品牌集群，被冠之以特殊的地理名称，并因此而形成的具有共同品牌联想的品牌概念。

肖艳，季红颖归纳了五类区域品牌经济发展模式。第一种是政府驱动型区域品牌经济发展模式，是以自上而下的政府宏观驱动和政策引导、政府系统化资源优化配置和政府背书型品牌传播为导向所带动的区域品牌发展，如杭州女装。第二种是优势自然资源型区域品牌经济发展模式，以既有的区域内优势自然资源为基础产品，兼之自然资源的外延性产品开发，以自然资源的历史文化性为品牌传播背书所引发的区域品牌发展，如洛阳牡丹。第三种是传承技艺型区域品牌经济发展模式，类似于优势自然资源型区域品牌经济发展模式，以历史文化传承产品为基础，兼之创新型的历史文化类产品开发，以文化资源的固有公众形象为区域品牌发展背书，如景德镇陶瓷。第四种是名牌企业带动型区域品牌经济发展模式，即以强势品牌为背书，以品牌配套产业链或服务链为基础所形成的企业群落，如以海尔为基础的青岛家电，这种发展模式囊括了"点—轴式发展模式"或"增长极/中心—卫星发展模式"，以名牌点点为驱动力或增长极，以轴线长短为衡量区域范围的网格圈或卫星群。第五种是集群品牌主导型区域品牌经济发展模式，不以单一的企业品牌为发展基础，而是众多子品牌以地理位置为基础集聚而成的产业产销集聚地，如浙江省的大唐袜业。

(2)区域品牌的形成机理

有关区域品牌的形成机理可以从市场供应和消费者需求两个经济层面考量。其中,市场供应层面的区域品牌是现代企业品牌对规模化竞争需求的结果。

第一,相似的企业品牌地理性集聚可以促进产业的专业化投入和相关服务的便利化发展,即有助于提升专业的产业支撑企业的集聚、技术革新和知识扩散、政府及上下游企业的制度性和服务性供给的落地。相应的,在减少交通、单一企业技术创新和营销成本,以及制度或交易成本方面,获得对外的竞争优势。尤其是交易费用方面,根据新制度经济学理论,企业在经营过程中面临与其他社会团体,包括其他竞争或合作企业、上下游供应商和销售商、政府和相关管理部门等建立交换关系(包括交易关系和协商关系)时,由于信息不对称和机会主义等的存在,不得不利用制度减少类似不确定性,从而产生制度或类似交易成本。而区域品牌可以通过构建一体化的经营系统分摊单个企业的制度成本支出,以及通过区域内联合减少环境不确定性、克服交易中的机会主义以及减少信息不对称而降低交易费用支出。

第二,企业集聚有助于产生具有特定专业技能的劳动力市场,以及培养供应性的劳动技能人才,乃至催生体系化的专科教育机构,从而减少劳动力短缺的风险,促进区域内就业以及减少范围内劳动力失业率,具有重大的企业运营和社会管理意义。

第三,产业集聚能够产生溢出效应。不只是由于技术和信息、知识的溢出导致区域内企业的生产函数优于单个企业的生产函数,而且集体社会公共形象导致消费者愿意支付更多的品牌溢出成本。总而言之,区域品牌的形成有助于企业生产要素的集聚,包括技术革新、人力资源、知识和制度。生产要素的集聚化降低了全产业链的生产和交易成本,从而带来企业营运的效率化,形成规模化经济。

第四,根据新制度经济学的历史主义思考,历史偶然条件或变迁积累下,优势企业名牌会形成区域化制度路径依赖,内外部环境的不断强化促使区域内组织关联性不断强化，这种基于路径依赖效应的关系强化和制度完善提升了区域专业化创新能力，Bramanti 和 Maggioni（1999）将之解释为区域内创新环境、创新网络和集体学习的协同作用。这种创新网络关系得益于路径依赖条件下，区域内企业研发合作网络、社会关系网络乃至企业家个人社会关系网络的固化，创新网络的发展通过促进集体学习改善了区域内创新环境，创新环境的改善反之反哺创新网络的固化。虽然社会网络的固化增加了创新惰性和近亲繁殖（如大庆油田），但是创新环境和创新网络的互动促使区域内集体价值观和信念的形成，促进集体文化嵌入（embeddedness）和区域内成员的"组织市民意识"形成，即地方共同体意识的增强，从而形成创新的集体氛围。此外，贸易性或非贸易性区域社会网络的形成也促使社会资本的积累。现有的研究发现，社会资本恰恰是形成初期区域品牌的先决条件之一，即所谓经由非正式性制度所建构的"近亲"性区域品牌集群。

孙丽辉（2010）在前人研究的基础上，以温州产业群区域为研究案例地，总结了作为区域品牌形成基础条件的集群产业优势（成本优势、产品优势、创新优势、营销优势）、作为区域品牌形成重要保障的区域环境优势（资源环境、文化环境、投融资环境、基础设施、制度环境、社会关系环境）、作为区域品牌形成必要中介和调节变量的品牌聚集效应（合作程度、竞争程度、吸聚效应、扩散效应）、作为区域品牌形成调节变量的政府作用（持续制度创新、提供公共服务、实施名牌战略、区域品牌营销）和行业协会作用（提供信息、行业自律、协调关系、区域营销）等五个维度。孙丽辉正向分析了这五个维度影响区域品牌化的程度以及区域品牌化反作用于这五个维度的程式。结果发现，除产业优势通过品牌聚集效应的完全中介作用影响区域品牌化以外，区域环境优势和品牌聚集效应都对区域品牌化有正向显著作用，而政府和行业协会的调节效应分别被证实。这说明集群产业优势中，营销优势先于技术创新优势、先于产品优势和成本优势影响品牌聚集效应；区域环境优势中，代表非正式制度嵌入的社会关系环境优势对品牌聚集效应的影响程度最为强烈，而代表正式制度嵌入的制度环境分析对品牌聚集效应的影响最弱。这恰恰反映了我国区域品牌的形成特点,即社会资本等非正式制度的强烈催化作用。在反作用中,区域品牌效应正向影响产业集群竞争能力和品牌聚集竞争能力。其中,区域品牌聚合效应对产业集群竞争能力的产业竞争能力维度的影响最为强烈,其次是区域品牌聚合效应对产业集群竞争能力的企业竞争能力维度的正面影响、区域品牌识别效应对企业竞争能力的正面影响以及区域品牌识别效应对产业竞争能力的影响效果。而区域品牌扩散效应则对企业竞争能力和产业竞争能力的提升均无显著影响。[①] 此外,区域品牌扩散效应对品牌聚集竞争能力的品牌实力维度的影响最为强烈,其次是区域品牌扩散效应对品牌聚集竞争能力的品牌影响力维度的正面影响,而区域品牌识别效应则对品牌影响力的提升影响最弱。

消费者需求层面的区域品牌探索,包括消费者对区域品牌或地理特产的品牌联想和品牌意义解读。田村正纪通过好感率、常用率、推荐率和溢价率四个维度,以及未知、认知、理解、试购、常用五个要素,探索消费者和区域品牌之间的关系强度,并据此聚类分析了未发展品牌、发展中品牌、发达品牌三种区域品牌化程度。他提出市场发展的最终目标是提升以试购率和常用率为代表的市场渗透率,创造消费者数量增长并以此表征消费者规模。通过对日本土特产品牌的大范围调查,可以发现基于消费者感知的区域品牌特征。第一,广告宣传有助于消费者对区域品牌的认知由未知向理解层面转化,渠道拓展有助于消费者与区域品牌的关系由认知向试购并向常用层面转化,商品开发有助于消费者与区域品牌的关系由理解层面向常用层面转化。第二,区域品牌的不同发达阶段并不能显著影响消费者试购—常用转化率,而影响消费者试购—常用转化率的显著因素包括消费者满意度、价格吸引力、稀缺性、日常营销渠道和旅游营销渠道。第三,

---

① 识别效应:目标群体对区域内某特定品牌形成具有区域特征的归类,使其更易于鉴别;扩散效应:当区域被赋予了品牌特性后,区域内产品或企业品牌受区域形象传播的结构化影响;聚合效应:区域形象对区域外相关产业的吸引效果。

区域产品知名度和环境主导品质影响区域产品消费者满意度,相反,与历史传统性、独特性、地区魅力、怀念等地区特性相关的因素负面影响消费者满意度。这一研究结果与起源地效应相悖。

通过对该研究和其他文献的元分析,本研究提出五种假设解释方案。第一,本研究假设地方认同和地方形象作为影响地区特性、影响消费者满意度的完全中介变量的存在。第二,本研究假设产品的使用用途(功利性、体验/享乐性、象征性、礼品)作为地区特性影响消费者满意度的调节变量存在,而这样的中介变量和调节变量正是将区域品牌和地方品牌相区别的关键。第三,试购与常用之间存在不同的需求结构,田村正纪的研究中同样对该假设进行了阐述,即历史传统性正面影响试购率,且对满意度有负面显著影响。第四,田村正纪将影响区域品牌消费的环境主导品质定义为"产地区域与众不同的自然环境所衍生的独特品质、功效、成分等",该属性容易与"历史传统性"相混淆。第五,随着市场发展阶段的逐渐繁荣,区域历史对品牌消费的影响程度呈下降趋势。

(二)地方品牌

1. 地方品牌

经济地理学将社会空间视作品牌的附属物,Pike(2011)这样描述品牌:"品牌与品牌化历史积累了涉及地理的特征、个性、意义和价值……诸如此类的地理知识呈现出黏性的、缓慢的变化……这种社会空间历史对品牌后续的发展轨迹和品牌化产生了一定的路径依赖……"即品牌首先是社会空间影响下的产物,是特定历史条件和社会背景下形成的制度体。同时,Pike 提到,"品牌所有权者的核心策略是识别、反映并形成社会空间差距……",品牌和品牌化挑战全球化并强化了社会不平等和两极分化,"贫富之间的巨大差异导致产生了丰富的产品类型"。具有地理性质的品牌与品牌化使不均衡发展永远存在,且加强了空间化以及"等级化的劳动分工",品牌跟随高成本收益的劳动力资源而移动,并通过创造且放大空间和地方之间的社会空间竞争性关系而得以发展。即品牌的地理化除了具有空间历史制度的路径依赖性，还包括品牌化对地方经济差异化过程的依赖以及经济地理条件下的转移性。

　　Rainisto（2003）将地方定义为"与其他地区相比较具有区别性共同特征的地理单位的复合体，包括行政区域、微观区域、跨国区域及宏观区域等"。其定义地方品牌为特定地区所拥有的独特吸引力，其核心是区域品牌识别。相对于区域品牌，地方品牌关乎地方生产，是"物品—人类实践"的结果。Papadopoulos N.（2004）将地方品牌化和地方形象视作硬币的两面，并提出地方形象是地方的需求面，而地方品牌化则是地方的供给面，两者都关注地方形象如何影响消费者。Kavaratzis（2005）则将地方品牌定义为"功能、情感、关系和战略要素共同作用于公众的头脑所形成的一系列独特联想的组合。"一方面从管理者的角度而言，地方品牌是由品牌传播和品牌认同构成的，另一方面，构建地方品牌认同本身就是品牌传播的过程。一方面从消费者的角度而言，地方品牌是"故事"，地方品牌传播则是故事讲述或叙事的过程，另一方面，在叙事的过程中，地方品牌传播的本质是利益相关者之间的社会互动，因此地方品牌传播等同于地方意义共同生产。相应的，对于管理者而言，地方品牌管理涉及针对所有目标群体的"促销活动"，对地方形象的重塑和维护，以及利用地方品牌达成自己的政治、财政和社会权力竞争的目的，这是基于自上而下的地方品牌管理过程；对于消费者而言，地方品牌管理涉及地方认同的形成和对地方声誉的维护，包括对地方变迁的适应，同时还包括为形成共同的地方愿景而进行的社会互动，这是基于自下而上的地方品牌管理过程。

　　地方品牌的构建过程被定义为地方品牌化，即通过构建地方品牌整合区域资源、建设共同的地方社区形象以获得与其他地方的博弈（竞争或合作）优势，以吸引更多资源（人力、物力、社会、政治或财力）投入。具体而言，第一，地方品牌化有助于协助区域获得所期待的优势地位，这种地位源于不同竞争资源的摄取；第二，地方品牌化为区域发展提供了战略指导和整合的方案，有助于形成地方利益相关者共同的愿景并刺激所有人为了共同的目标而努力；第三，地方品牌化有助于最大化资源利用效率，构建相似的区域发展蓝图，最大化地方正面体验，增加所有地方利益相关者的幸福感。

地方品牌的作用机理最初通过起源地（原产地）理论进行解读。起源地理论被定义为消费者通过起源地形象形成对地缘性产品的最初态度，或通过对地缘性产品的信赖程度形成对产品起源地的初始印象。前者作为信号假说（signaling hypothesis）的部分，将起源地视作通过标志产品质量影响消费者评价的信号，构建国家形象—信念—态度的阶梯模型，本质上是刻板印象在国家形象层面的应用；后者作为汇总结构模型（summary construct model）的核心，通过构建产品信念—国家形象—态度的阶梯模型，本质上是消费者理论用产品起源地理论表征对不同国家品牌的认知。结合信号假说和汇总结构模型，起源地理论是对国家形象和地缘性产品形象及消费者态度的循环影响过程的解读，即所谓晕轮—汇总模型。从消费者的角度分析，消费者在消费产品之前，了解起源地的前提下，将起源地形象作为评价产品形象的独立属性（independent-attribute hypotheses），形成最初的产品消费态度；消费者消费地缘性产品之后，在不了解起源地背景的情况下，基于对产品性能乃至品牌个性的了解推断产品起源地的形象；消费者在不了解产品以及起源地的情况下，通过消费产品获取起源地信念，然后与通过其他渠道获取的起源地形象认知对比，认知一致则导致信念的强化并影响行为性态度，认知不一致则导致信念的弱化并减少重复性购买意图。从消费国的角度分析，消费国人民的文化价值观和社会规范，以及消费地和起源地之间心理距离（psychological distance）等因素都对起源地效应产生了不同影响。例如，秉持集体主义文化价值观的国家相对于秉持个人主义文化价值观的国家更倾向于消费本国产品，而秉持高度爱国主义文化价值观的国家同样会对其他国家产品具有心理抗性（psychological resistance）；两个国家或地区间的历史关系（如中国和日本）同样对消费者的消费意图有显著影响。

George Allen Principal（2010）通过与公司/企业品牌概念之间的对比对地方品牌概念进行明晰，结合其他地方品牌定义，得出了地方品牌的几个显著特点（见表3-6）。第一，在地方品牌化过程中，政府的领导作用和利益相关者的协调与管理是重要的推动力量。自上而下的政府统筹为地方品牌化指明了行动方向。地方行政对地方品牌化的重视程度是地方品牌成功实施的前提条件。自下而上的基层利益相关群体的支持则是地方品牌得以地方公共形象化的基石，尤其是本地居民作为重要的地方本真性表征和地方故事讲述者，对地方品牌文化的形成具有重要的引导意义。因此，多重利益相关者共同参与、更为复杂的利益关系和组织建构成为地方品牌区别于其他一般意义品牌的特点之一。尤其表现在自上而下的政府统筹和自下而上的地方居民参与方面，这是形成地方品牌化共建乃至地方品牌愿景的关键。第二，地方品牌的载体是地方文化，既包括有形的文化展演，如仪式、节庆、宗教等；也包括无形的文化内涵，如文化价值观、社会规范、意识形态等。第三，地方品牌具有季节性和体验性，季节性表现在稳定的气候变化以及短期的突发事件。季节性直接影响地方的消费和生命周期变化；季节的载体是地方文化，兼之地方是人与空间互动所产生的符号物，因此地方品牌具有体验性，是个体由五感体验到认知体验到情感体验的对象。第四，相对于产品品牌，地方品牌的影响力大而持久，主要是基于地方品牌的体验特性，形成内外部消费者的故事记忆以及构建自我—地方形象一致、地方认同和地方依恋的结果。第五，地方品牌具有大而分散的二级品牌伞，而且其二级品牌相互之间并非一定有核心和次要品牌之分，或是统一的品牌意象。例如，北京作为地方品牌，同时包含了首都、千年古都、政治中心、2008年奥运会主办城市、中关村等多种不同的平级或下属子品牌，容易造成消费者的品牌感知超负荷。

表3-6 基于对象的品牌特性

	产品品牌	公司品牌	区域品牌	地方品牌
载体	产品	企业	地理区域	地方文化
利益主体	企业	企业	多个企业和相关支持组织	多重利益相关者
影响力	小而短暂	大而持久	大而持久	大而持久
利益关系	利益关系较集中	利益关系集中	利益关系较分散	利益关系分散
组织复杂性	组织复杂性低	组织复杂性较低	组织复杂性较高	组织复杂性高

续表

	产品品牌	公司品牌	区域品牌	地方品牌
产品特性	功能性、一惯性	功能性、一惯性	功能性/服务性、一惯性	体验性、季节性
二级品牌		二级品牌统一	二级品牌统一/互补	二级品牌不同
运营制度	私有制	私有制	公/私合作	公/私合作
政府作用	政府作用低	政府作用较低	政府作用较高	政府作用明显
产品弹性	弹性产品供给	弹性产品供给	弹性产品供给	产品供给不具有弹性
产品性质	私有产品，企业之间的竞争性	私有产品，企业之间的竞争性	公有品牌，较强的集群内企业合作和集群外企业竞争	共享品牌，起源地效应
品牌成本	经济成本较低，交易费用较高	经济成本较低，交易费用高	经济成本一般，交易费用较低	经济成本较高，交易费用低
规模效应	较小，依托品牌价值	一般，品牌联想较差	较强，依托品牌形象	强，依托地方个性和品牌联想

2. 消费者的地方品牌感知

所谓的品牌感知与品牌的有形体验和其属性有关，这种品牌感知是基于消费者五感的基本实践，包括听觉、嗅觉、触觉、视觉和味觉。某些品牌可能和其中一样或几样感觉的集合有关，但没有任何一种品牌像地方品牌一样，是对五感体验的综合。地方消费者在地方品牌消费过程中，五感体验交织而组成格式塔式的整体感知，这种感知超越任何一种单一的感官体验，而深刻地塑造消费者的地方品牌记忆。

（1）视觉和旅游凝视

凝视（gaze）经常也被翻译为"注视""盯视"，一般指长时间、全神贯注地观看，是一种建立在视觉中心基础上的观看行为。但是，在后现代哲学家的理论著作中，凝视一词的词义要复杂得多。在拉康（Jacques Lacan）的视觉理论中，"凝视"被定义为自我和他者之间的某种"镜像"关系。在福柯（Michel Foucault）看来，"凝视不是随便任何一个观察者的凝视，而是一种得到某种制度支持和肯定的凝视"，凝视是一个典型的权力技术手段。由此可见，"凝视"不是纯粹的生理过程，而是有着复杂内容的社会行为，总是与政治及意识形态纠结在一起的，涉及认识与被认识、支配与被支配等非对等权力的社会构建过程。

1990年，旅游凝视（tourist gaze，国内有译为游客凝视）由英国社会学家约翰·厄里（John Urry）借用福柯的"医学凝视"概念，在其著作《游客的凝视》中提出，并迅速发展成为旅游人类学的一个重要研究工具。在厄里的概念体系中，"游客凝视"作为"观看"动作，将旅游欲求、旅游动机和旅游行为融合并抽象化，成为游客对"地方"的作用力。在这种作用力下，旅游接待地试图迎合游客的欣赏口味，从而获得经济效益。他认为凝视主体是游客，对象是旅游目的地的自然、人文景观甚至目的地居民。它强调的是旅游者施加于旅游目的地的一种单向作用力，只关注了在旅游活动中占支配地位的"游客目光"，而被凝视对象的主体性却完全忽略了。游客不是"凝视"的唯一主体，视觉的主客体互动启发了以色列学者达亚·毛茨（Darya Maoz），2006年，他提出了东道主的凝视（local gaze）和"双向凝视"（the mutual gaze）的概念。之后，厄里也将游客凝视概念发展为主客双向的旅游凝视。他指出，在旅游发展潮流中，各旅游地会有意识地、主动地开发自身的物质和符号性资源来发展旅游业，它们既是游客凝视的客体，同时也勇于回望。目前，旅游凝视的范畴已经扩大到包括"游客凝视""东道主凝视""旅游规划者凝视""政府凝视""游客间凝视"和"隐性凝视"等多个方面，是一个从静止到动态的多重旅游凝视系统。

正如厄里所言，旅游体验中最根本的是视觉特性，"凝视"会对游客的旅游体验产生重要影响。在旅游者的凝视下，一切景观都被赋予了符号的意义，成为文化景观。作为研究视角之一的旅游凝视被众多研究者运用于旅游体验方面。Andrew McGregor（2000）在对塔纳托拉雅游客调查研究中发现，游客凝视和体验旅游地的方式往往受到旅游指南、他人评价等既定文本的规制，这些文本提供的信息潜移默化地限定了游客在旅游地看什么、怎么看。人们寻找的不过是旅游指南中介绍的文字或提供的图片，而这些文字或图片被认为是旅游地原真性的表现，从而影响了旅游过程中产生的体验。Alison J. Mclntosh（2017）对新西兰毛利文化的研究则将"凝视"作为游客体验的一个维度，指出游客寻求的是不同于往常生活的体验，并且游客更愿意通过"看"去感受毛利文化。国外学者的研究结果表明，游客凝视并不是一个简单的"观看风景"或"体验旅游"的行为，而是内含丰富的社会内容，并且受多种社会文化、心理和意识因素的影响。同时，种族、文化、宗教和性别等因素也会对游客凝视、旅游偏好及国内旅游产生影响。国内学者周宪（2008）将游客凝视分为前凝视、旅游的现场体验、旅游摄影三个基本环节。完整的旅游过程包括"前凝视""凝视""旅游记忆"或"凝视记忆"，旅游在游客的记忆中延续，同时在游客离开旅游现场之后与他人的互动过程中旅游体验被重构。陈才（2011）提出旅游体验类似于"镜像体验"，而凝视则是旅游体验的核心元素之一。他将游客凝视用于旅游体验研究并指出，游客凝视具有强烈的"主观色彩"，因为它不仅仅是一种视野，还是游客个人意愿的一种表现。周广鹏（2011）认为游客视觉凝视是旅游体验的起点，而终点是游客的精神升华。而"景观视觉化、他者真实化、活动升级化以及氛围情感化"等则是提高游客旅游体验质量的实现途径。

无论旅游凝视如何发展，其最初的视角总是旅游目的地消费者"看"的视角，消费者在看的过程中，提取旅游目的地的地方符号并赋予自己的价值阐释。

（2）听觉、味觉、嗅觉和触觉

听觉、味觉、嗅觉和触觉作为品牌感知的其他四种基本知觉，在消费者购买不同品牌或同一品牌中的不同类型产品时发挥不同的作用。例如，酒吧作为城市新文化的重要载体，音乐是酒吧文化的核心组成部分。酒吧音乐因"闹"或"静"而满足不同消费者的需求，并且满足不同消费者个人形象的一致性需求。口音作为特殊的地方本真载体同样以听觉的方式被地方消费者所感知，本地化的口音作为地方"味"为地方消费者地方感的形成提供了重要的地方氛围。味觉在乡村旅游和美食旅游品牌塑造中发挥重要的作用。虽然"家之味"是消费者对家庭的整体记忆和体验回忆，但也包括家乡美食作为记忆线索（cue）所发挥的记忆提取作用。嗅觉作为唯一直接通过神经系统连接储存记忆和情绪的人类感觉系统，往往对诱发乡愁，如乡村的牛粪味所触发孩提时代的记忆，以及区别地方，如陌生房间的味道和熟悉房间的味道起着重要的作用。这种记忆往往诱发个人情绪线索，是连接自我和情境之间的载体。例如，在连锁酒店中营造类似的嗅觉体验是该酒店消费者反复消费该品牌的原因之一，反复被强化的嗅觉体验协助消费者与品牌之间构建"回家"的感觉。触觉是消费者得以感知自我存在的基础，身体的接触、温度的凉热构建了消费者存在本真的基础属性。

正如我们依赖感官信息来解析所接触到的事物或给我们周围的事物赋予意义，品牌的意义也是源于我们和品牌相互接触时所获得的感官刺激和信息。能给予用户多重感官刺激的品牌能够在用户的脑海中留下更为强烈且鲜明的感觉形象。

3. 地方品牌化理论

Hankinson 提出了地方品牌化构建的七个核心概念，分别是品牌形象、品牌定位、品牌资产、品牌延伸、品牌架构、品牌识别和品牌导向。

将地方品牌化视作符号化地方的过程，通过提取核心地方文化并为之赋予符号表征（如地方名称、地方 logo、地方宣传片等）获取内外部消费者的地方认同和地方形象（Kelly & Meghan，2017），并构建初级解释项和最终解释项最大化重叠的地方意义。在该过程中，地方表征是影响地方文化转变为地方形象的关键。Zhang C 等（2015）从东西方文化差异的角度探索了地方名称对地方消费者的影响差异，高语境文化的东方社会更喜欢神秘、梦幻、诗意的地方名称，而来自低权力距离和高个人主义文化的西方消费者则更喜欢简单、直观的景观名称。Guadalupe 等（2017）同样从地方命名（文化遗产地）的角度出发，将地方名称视作地方获得存在并被认可的标志以及一种稀缺资源和声誉的直观表现，探讨了地方的话语实践（discourse practices）和名称产权问题，指出遗产实体、名称、身份和文化作为地方品牌的核心必须得到保护和传承。

（1）地方品牌化

品牌化简单来说是品牌对消费者而言富有意义的过程。该过程是品牌制造者（maker）和品牌使用者之间商谈的过程、构建品牌习惯的过程以及形成消费者品牌记忆和品牌情感的过程。Mommaas（2002）[2016]将地方文化视作地方品牌化的核心，并指出忽略地方文化的地方品牌建设容易造成内部地方品牌化过程的本地化不适、品牌意义的空泛以及地方再品牌化的困境。

有关地方品牌化的研究基本集中在 *Place Branding & Public Diplomacy* 和 *Journal of Place Management and Development* 两本国际杂志。笔者分析了这两本杂志自建刊以来至今的文章，并参考了 *Journal of Brand Management* 和 *Journal of Product & Brand Management* 等品牌相关杂志上的文章，总结出地方品牌化发展的几个趋势。第一，研究由自上而下的地方品牌建设向自下而上的内部地方品牌化再到自上而下和自下而上相结合的多元利益相关者参与的趋势发展；第二，研究由稳定的地方品牌建设向动态的地方品牌化过程的趋势发展；第三，研究由市场营销的地方化理论建设向社会学、心理学、符号学、人类学、政治外交学、媒体传播学等多学科的交叉趋势发展；第四，研究由城市地理学和国家品牌营销向多元地理类型（如乡村、社区、街道、家）的趋势发展；第五，研究方法由定性研究向定量研究和定性研究相结合的混合研究方法论的趋势发展。在以上所述愈发复杂的地方品牌化研究趋势中，地方品牌化的定义也愈发模糊。

Dinnie（2004）早期曾对地方品牌化的相关研究进行综述。他在研究中对地方品牌化持谨慎态度，指出地方品牌化或许是双刃剑。刻板的地方形象或许对地方性产品消费带来不利影响。当然，这种不利影响或许也是地方品牌重塑的机遇。例如，北京奥运会所带来的中国国家形象改变的重要机遇显然不是用单纯的经济支出—收入比例可以衡量的。

Anholt（2010）指出，单纯地将品牌的概念引入地方品牌/品牌化中显然是不适的。而单纯地通过地方形象的概念，试图用一定的营销手段改变地方声誉和消费者的地方态度同样因落入地方公共关系的陷阱而变得过于浅薄。

Dinnie（2004）和 Anholt（2004）同时提及了目的地品牌化（destination branding）为地方品牌化定义带来的机遇，并指出地方品牌化的最终目的无非是抵抗全球化所带来的地方竞争劣势以及构建地方性商品（包括旅游和移民）的"保护伞（umbrella）"。Anholt（2010）指出，地方的名称本身并不适用于作为品牌，但是，地方的名称所代表的文化内涵，即所谓的"烙印"，确实是地方品牌化的核心。这一点尤其在地方名称的翻译方面获得支持，如 C 村在最新的旅游宣传册中被翻译成慈觉林村以符合大部分游客对佛教文化的想象，这本质上是利用地方名称进行品牌重塑的过程，但是这种名称的翻译是否改变了本地居民的地方认同却没有被地方品牌开发者所考量。Anholt 同样否决了单纯地将地方 logo 视作地方品牌化和地方营销的过程。通过对地方品牌化内容的反复考量，他提出，地方品牌化也许应该从地方消费者视角进行考量，即考量地方品牌认同和依恋之情逐渐积累的过程，虽然这个过程需要通过地方营销手段或公共关系手段进行强化。

Govers 等（2011）进一步区分了地方营销和地方品牌化，指出并不能将地方品牌化过程视作外部需求驱动的过程，基于地方社区驱动的内部地方品牌化过程可能更为重要。因此，他们指出通过以供给为导向，着眼于竞争性的地方身份认同的合作性地方品牌化可能是理解地方品牌化的关键。

更早一些，Kavaratzis（2005）指出，地方品牌化需要地方营销者和消费者之间的品牌"共建"、提升地方消费的体验性和整合的多元利益相关者网络，这种共建可能源于双方对地方形象的博弈。他还指出地方品牌传播策略也应该分为一级传播（primary communication）和二级传播（secondary communication）。一级传播是对地方形象的产品塑造，包括景观设计和政治形象、社区参与和政府行为；二级传播则是意图性的、正式的传播，包括广告、公共关系。

Hansen（2010）提出，识别一个地方的本质（地方文化），并以连贯的方式进行沟通是地方品牌化的关键。该过程中，构建本地居民的身份叙事（identity narrative）尤为重要，这种身份叙事是基于地方文化和集体记忆的地方认同的结果。

　　基于以上地方品牌化开拓者们的描述，我们虽然仍然难以对地方品牌化进行定义（由于定义需要有易于识别和易于记忆的特征），但是不难发现地方品牌化概念的几个特征。第一，地方品牌化是以地方文化为核心，嵌入地方认同，并以正向的地方形象为目的的地方管理手段；第二，地方品牌化是动态的，且需要多元利益相关者共同参与（最为核心的是内部地方品牌化过程）；第三，地方品牌化需要一定的营销手段，但是较为固化的地方文化特性致使地方品牌化无法通过单一的市场导向获取成功。以上的特征在 Kavaratzis 等（2013）所构建的以地方认同为核心的动态地方品牌化模型中有所显现。该模型将地方认同视作复杂的认同建构过程，其本质是利益相关者之间的对话。Kavaratzis 摒弃了过去研究中将地方认同和地方身份（静态的、规划的、强加性的、内部的）相混淆的缺点，将地方认同视作动态的、内外部共商共建的、认同一致性的过程性产出。这样的视角显然对地方品牌化的实践更有利，而且对地方的概念进行了更深入的区分。Kavaratzis 借助 Hatch 和 Schultz（2002）的组织认同模型发展了动态地方品牌化模型，将地方文化视作地方认同的内部语境，将地方形象视作地方认同的外部展演，将地方文化和地方形象对地方认同的互动影响过程视作地方品牌化的过程。如此而言，地方文化似乎是地方品牌符号的对象，地方形象则是地方品牌符号的解释项，地方认同则是地方品牌符号的表征（个别研究中翻译为再现体）。地方品牌化等同于地方符号化过程。通过该模型，如图 3-4，Kavaratzis 提炼了几个核心观点：第一，地方品牌建设必须基于地方核心文化，而不能单纯地以外部需求为导向；第二，地方文化的讲述者是本地居民，因此内部地方品牌化在地方品牌化过程中尤为重要；第三，地方公共形象的改变可能通过改变地方认同影响地方文化的变迁，反之地方文化本真是形成地方形象的核心内容，而这种过程是通过地方认同过程，即给个体注入地方意义生产所形成的。第四，地方品牌化是动态的，无法通过某个阶段的数据化来判断地方品牌化程度。随后的时间里，以 Kavaratzis 的地方认同为核心的动态地方品牌化模型成为学者探索

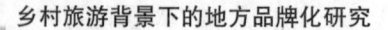

地方品牌化的主流方式。

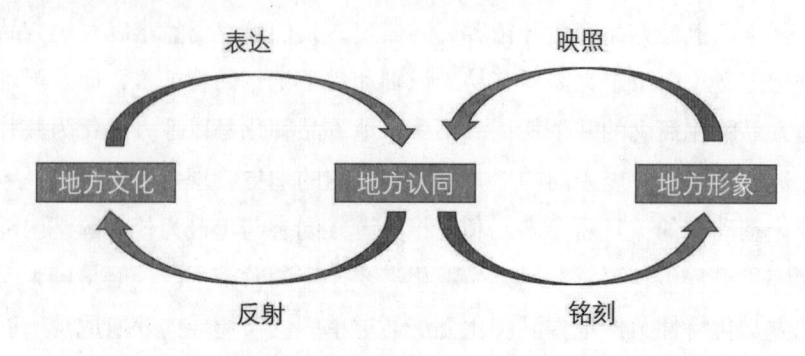

图 3-4 三维地方品牌化模型（Kavaratzis et al., 2013）

如 Cassinger 等（2017）利用过渡仪式理论和魔术理论探索了地方文化如何通过地方认同的改变影响地方品牌化的重塑。将魔术视作传达象征意义的仪式，将认同视作对企业精神的信仰（spirit of enterprise），该研究细化了地方品牌化过程中地方认同的转变是通过重新定义名称（re-naming）、模糊性管理（managing ambiguity）和重塑信仰（instilling faith）的仪式过渡过程。而这三个阶段分别采用了制造娱乐、幻觉和信仰对象的形态进行所谓的"魔法"传递。Botschen 等（2017）以意图性的地方品牌认同（intended place identity）为出发点，构建了品牌驱动认同实践化模型，该模型分为决定意图性的地方品牌认同、将该地方品牌认同转变为感官接触点体验（multisensory touch point experience：如交通和教育）、具化意图性的接触点体验（如员工培训、公共服务体系化）三阶段。Kladou 等（2016）将地方品牌元素（名称、口号、logo）嵌入至 Kavaratzis 的模型，拓展了模型的实践价值。

Yoon 等（2017）将动态地方品牌化理论的三要素用皮尔斯符号学的观点进行诠释，并嵌入了 Luhmannn 社会系统理论的观点，试图构建体系化的地方品牌化模型。这种以符号学为核心，深化动态地方品牌化模型显然具有相当的学术价值，事实上，笔者通过重塑动态地方品牌化的皮尔斯符号学视角模型成功地对 D 村内部地方品牌化进行了分析。

Pedeliento 等（2019）在 Kavaratzis 原有模型的基础上试图体现模型的

实践价值，将地方文化视作社会行为指南和结果，将地方认同视作自我和社会认同谈判的结果，将地方形象视作利益相关者对地方归属感的反思性理解的结果，新的模型以实践性贯穿地方文化、认同和形象。

另外，相当部分的学者试图使用规范化的研究方法探索或分析地方品牌化的实用价值和实践方法。

Ashworth（2009）提出地方品牌化有助于提升地方竞争力和品牌延伸，有效的地方品牌化策略包括个性化联想（personality association）、标志性建筑、街道和设计（signature building and design）以及标志性节庆（event hallmarking）。

Berg 等（2014）探索了饮食作为地方文化核心感官场景（sense scape）符号在地方生产和地方品牌化过程中的重要作用。桑森垚（2019）指出节庆和事件营销叙事有助于地方品牌化。其中内部消费者通过非正式（次级）沟通方式，而外部消费者则通过正式（初级）沟通方式来促进地方品牌营销。

Cleave 等（2016）指出地方品牌化策略是一种有效的吸引商业投资的策略，前提是地方有具有商业潜力的商品。

Martin 等（2018）指出，吸引不同利益相关者的共同地方品牌化参与关键在于满足不同群体的价值观需求。这种价值观的共享是构建地方品牌社区的关键，而基于个体对价值最大化的需求以及地方品牌较少的身份表达性和成员交互性，工具性价值观（instrumental values）可能比终极价值观（terminal values）更能满足不同利益相关者的需求。但是，该研究具有局限性，研究的结论似乎无法说明游客对目的地品牌的终极价值追求。

（2）地方和品牌 IDEA 理论

Laidler-Kylander N. 和 Stenzel S. J. 在《品牌 IDEA：非营利品牌建设的完整性、民主化与亲和力》一书中构建了品牌 IDEA 理论用以对非营利品牌的品牌化过程进行探索。品牌 IDEA 理论（见表 3-7）构建了品牌完整性、品牌民主化和品牌亲和力的品牌化范式。品牌完整性将品牌文化、使命和品牌价值定位于品牌核心。

品牌完整性是品牌一致性的结果。一方面，它包含品牌文化、品牌使命、品牌战略、品牌价值和品牌认同的一致性；另一方面，它还包含品牌认同与品牌形象的一致性。品牌使命和品牌价值是品牌文化嵌入的直观表现，核心品牌文化影响内部品牌认同的形成，内部品牌认同影响外部品牌形象的形成。品牌文化所影响的品牌使命和品牌价值观与品牌认同的一致，以及品牌认同与品牌形象的一致增加了品牌的本真性和可持续性，增加了组织的凝聚力和品牌的信赖感。品牌作为产品/组织定位的表象，定位促进了品牌差异化发展。基于品牌文化和价值观的差异化和定位同时影响品牌认同和品牌形象，因此品牌定位和差异化是品牌完整性的基础，用于达成品牌认同和品牌形象的统一。地方文化、地方认同和地方形象作为动态地方品牌化的核心概念，其内部地方消费者和外部地方消费者的概念比传统品牌的内外部消费者更为模糊。地方的外部消费者受地方文化的吸引，移民到特定地方，从而转变为地方的内部消费者；而内部的地方消费者缺乏地方依赖脱离特定地方，则转变为潜在的外部地方消费者。不管是内部地方消费者还是外部地方消费者，均可能由地方文化认知转变为地方认同和地方形象感知。内部地方认同以及内部地方形象一致的内部地方品牌化，兼之外部地方认同以及外部地方形象一致的外部地方品牌化同时影响地方的品牌完整性。因此，对于地方品牌完整性而言，内外部地方品牌化的协同发展和内外部地方消费者的协商一致尤为关键。这种吸引内部外参与者品牌价值共建的过程被定义为品牌民主化。

表 3-7 品牌 IDEA 理论框架

原则	概述	成果
品牌完整性	品牌文化、品牌认同、品牌使命、品牌战略和品牌价值观的结构性统一；内部品牌认同和外部品牌形象的结构性统一	增加组织凝聚力与品牌信任
品牌民主化	内外部利益相关者参与品牌定义和品牌传播的过程	减少对品牌的控制
品牌亲和力	在合作与协作支持下衡量品牌；品牌资产和品牌价值的社会性共享	提升社会影响力、促进品牌使命达成

品牌民主化意味着内外部利益相关者的共同参与。通过强化内外部利

益相关者的品牌涉入和价值共享，增强内外部利益相关者的品牌认同，并将其转变为有效的品牌推广者，即所谓的"品牌大使"。品牌民主化要求自上而下的品牌化过程和自下而上的品牌化过程的协同、对社会品牌形象的实时审查以及品牌化过程中的充分内外部消费者赋权。由于地方性消费本质是地方体验过程，地方品牌化尤其重视品牌民主化。内外部消费者的地方体验以品牌故事的形态传播，比传统的品牌传播形态（广告等）对潜在消费者的态度转变、说服以及地方公共形象的传播更具效用以及威胁性。内外部地方消费者作为天然的地方大使和地方本真表征，促进内外部消费者的地方品牌参与，将有利于正面的地方品牌故事讲述（storytelling）并实现地方品牌民主化。

在品牌 IDEA 模型中，品牌完整性寻找品牌受众的共性，品牌民主化吸引内外部利益相关者参与，二者共同作用保证品牌的稳定性。品牌的 3C 理论将品牌成功的关键视作品牌稳定性（consistency）、鲜明性（clarity）和集中性（convergence）。品牌的稳定性是保证品牌内外部消费者持续信赖品牌的关键，也是持续扩大品牌影响的关键。

品牌完整性以及品牌民主化最终影响品牌影响力的扩散，保证品牌资产以及品牌价值的社会性共享并吸引更广泛的品牌投资和潜在品牌消费，即所谓品牌亲和力。尤其是对于地方品牌化，地方品牌化的使命不只是吸引外部消费者投资（招商引资）或消费（旅游、移民、务工求学），而是增强内部消费者的地方认同以及提升其生活质量（quality of life，QOL），增加地方品牌的亲和力本质上是利用地方文化和地方认同嵌入，扩大地方的社会影响以满足内外部消费者的需求。

据此，品牌 IDEA 模型本质上是促进不同利益相关者参与、协作并共享价值[①]观念的过程。协作型领导力从几个方面阐述了品牌 IDEA 模型管理的必备能力，包括激励他人的能力、明确品牌核心信念和核心品牌价值的能力、自我品牌接纳的能力、分享价值与信念的能力，这几种能力共同

---

① 共享价值：通过应对社会需求和挑战为社会创造价值。

作用促使品牌与内外部品牌消费者建立互惠的信赖关系并最终形成品牌资产。因此，品牌 IDEA 的核心特点有三点：第一，品牌的关注对象为品牌文化和品牌使命；第二，品牌定位被用来获取独特性和品牌协作，而不是获取竞争优势；第三，品牌化参与，尤其是利用社会化媒体的品牌消费者及潜在品牌消费者共享价值。

（3）地方品牌网络化模糊地方品牌化框架

地方品牌网络理论指出，地方品牌不仅是地方群通过构建共同的网络叙事而品牌化的过程（多地联网、资源共享），而且包括不同利益行为主体之间构建对话平台并产生社会资本乃至地方品牌化社区的过程。以地方品牌认同为核心，通过时间和空间情境的注入，探讨不同利益相关者之间互相作用并将这种交互性灌注于地方品牌认同，从而促使多元利益相关者在同一品牌下发展关系网络，即所谓关系图景（the relationscape）。但需要注意的是，地方品牌网络的不连贯容易造成品牌化不完全，如果新的网络叙述导致网络品牌同过去或单个社区的断裂，则可以通过叙事、媒体和政治沟通重构。

Warnaby G. 等（2006）提出了无定形"模糊"地方营销的概念（如长城或环喜马拉雅廊道、丝绸之路等），并将 SBRV 服务品牌—关系—价值概念三角形嵌入其中。以哈德良长城为例，构建了 SBRV 模糊地方品牌化框架。

该模型提取了地方产品的核心成分、补充成分和互补成分三个成分特征，分别定义为核心的地方有形空间（如长城实体）、和核心实体所展示意义直接相关的商品（如长城展览馆、博物馆等）以及为地方营销提供辅助或公共服务的产品（如商店、宾馆、咖啡厅等）。

（4）地方变迁和地方再品牌化

地方变迁未必是由空间变迁引起的，但根据建构主义视角，现实是由个体所赋予的社会、物质和文化环境的意义所塑造的，因此空间变迁必然会引起地方消费者感知地方变迁。尤其是地方认同作为地方意义和自我概念相连接的结果，必然伴随着空间环境的改变而发生变化。正如 Graumann

(1983)提到的"没有社会认同既不寄情于地、也不寄情于物"。Speller 等（2003）借助认同过程理论（identity process theory，IPT）探索了空间变迁发生（迁移）之后对个人地方认同过程中独特性和持续性的破坏性威胁。Twigger-Ross 等（1996）同样验证了物理空间变化（搬迁）对基于地方认同过程的独特性、持续性、自尊和自我效能感的影响。这种物理空间变化通过作用于地方消费者的心理（地方识别）而影响其社会意义和自我概念的维持（地方认同）。

旅游作为一种特殊的空间关联产品，不仅直接影响空间形态，而且通过社会结构的影响直接作用于地方消费者自我建构，引起了学界的关注。例如，Mckercher 等（2015）将旅游目的地空间结构区分为旅游地（tourism place）、共享地（shared place）和非旅游地（non-tourism place），并认为这三种形态在旅游目的地生命周期中将会通过社会商谈而出现变化，直接影响消费者对旅游开发的态度和地方感。Snepenger 等（2003）同样探索了旅游地生命周期中不同人群对共享地（购物空间）的变迁感知和旅游发展态度。Dredge（2010）则从参与视角、特殊利益视角、理性视角和新自由主义视角探讨了旅游地方变迁过程中政府对公共利益的解读，并呼吁旅游业的发展需要激活公共利益保护。

综上，地方变迁对地方消费者带来的影响基于地方消费者的类型和地方品牌开发参与的程度而有所不同。因此，地方开发者需要充分考量地方消费者的公共利益，以做出补偿性决策。地方变迁对于地方消费者，尤其是内部地方消费者（本地居民）而言，是一种环境心理压力。负面的居民行为对于地方发展和品牌形象而言往往具有破坏性。形象的破坏则需要本地政府进行再品牌化（rebranding）的补救，而基于其他原因的地方再品牌化也往往是造成地方变迁的原因之一。正如地方品牌化过程一样，地方再品牌化也不是单纯的自上而下的规划和营销过程，而是多元利益相关者共同创造、共同参与以及共同建构的过程。只有这样才能重塑政府信赖以及最小化地方品牌重构对地方消费者的负面影响。Ntounis 等（2017）借助参与式品牌化过程模型探讨了地方再品牌化的过程，并重申了内部利益相关者参与对再品牌化成功的重要性。地方再品牌化的核心是沟通，不仅是对功能性价值观和满足地方依赖、未来愿景的沟通，而且是对基于地方认同的终极价值观和地方文化认同、社会关系的保护性嵌入。

（5）地方的利益相关者参与

Stubbs和Warnaby（2014）提出，消费品牌和地方品牌的最大区别在于所有权的不同。消费品牌所有权在于分享品牌利益的股东，而外部消费者仅仅作为品牌参与者分享品牌带来的社会效益；而地方品牌的组织结构更为复杂，其所有权属于所有参与地方品牌建设的利益相关者，尤其是地方内外部消费者。Kavaratzis和Ashworth（2008）同样提出，充分了解利益相关者的相互作用和权力关系对地方品牌的推广和地方形象传播至关重要。即地方品牌化的核心之一在于所有利益相关者达成共识，这种共识关系可能来自更透明的地方开发计划和赋权，以及更开放的地方品牌协商机会的提供。

Freeman（1984）[46]定义利益相关者为"可以影响组织目标实现的任何组织或个人"。Clarkson（1995）将利益相关者分为主要利益相关者和次要利益相关者，而Stubbs和Warnaby（2014）则据此区分了居民、政治家、政府组织、促销机构、基础设施、运输提供者、文化体育组织、商业、学术组织、学校以及宗教组织。Sang，He和Ni（2020）在多元利益相关者框架的基础上提出了政府、本地居民、消费者、服务供给者和学术机构五种关键的目的地品牌化利益相关者对象。本研究在该基础上提出了核心利益相关者、主要利益相关者和次要利益相关者的框架，如图3-5。

核心利益相关者包括地方品牌发展直接影响其幸福感的个人和组织群体，包括作为地方内部消费者的本地居民、外部消费者、地方政府、本地相关企业（文化/旅游/体育/住宿/餐饮等）；主要利益相关者则包括基础设施和公共服务（如运输和旅游厕所）供应方、本地非政府组织和社会团体、科研机构、本地媒体机构、本地非相关企业（如农业/工业类）以及上级政府机构，主要利益相关者被定义为地方品牌化发展对其生存至关重要的团体或个人；次要利益相关者则包括外部竞争者、外部媒体、外地非政府和社会团体组织、和本地企业有普通业务往来的外地企业（雇佣了大量本地居民的外地企业属于主要利益相关者）、作为宏观政策制定者的国家政府机构。

次要利益相关者

主要利益相关者

核心利益相关者

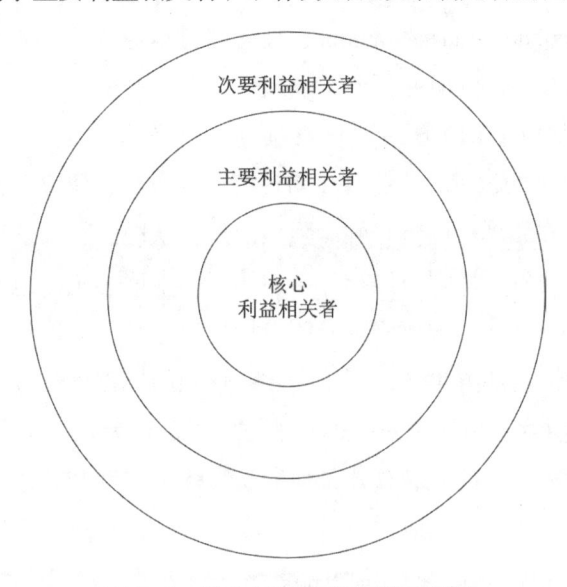

图 3-5　地方的利益相关者参与靶

因此，影响地方品牌化战略成功的前提是内外部利益相关者的协同共创。对于外部利益相关者而言，地方营销策略已经有了充分的阐述。早期的地方品牌化理论被视作地方营销策略的代名词，由自上而下的政府规划和霸权精英以针对外部消费者的需求为导向而实施，被定义为"low-road"，即短视的地方品牌化。近 20 年的地方品牌化研究摒弃了这种观点，内部地方品牌化的核心地位愈发凸显，以供给为导向的地方品牌营销策略获得了学界和地方营销界的共识。正如 Kemp 等（2012）的研究结果显示，城市居民通过对城市品牌的正面态度、积极的质量感知和品牌联想而构建自我概念一致性（地方认同），从而诞生强烈的市民意识，若本地居民感知地方品牌化与自己的地方概念存在差异的话，则会表现出强烈的抗拒和不配合，这种负面情感和行为随着本地居民的地方依恋的增加而增加。而 Uchinaka 等（2019）另辟蹊径，从社交媒体的角度出发，探索了本地居民在地方品牌化过程中所扮演的"在线"品牌大使的角色，这种主动或无意识的市民行为是本地居民感知品牌计划（旅游发展）带来积极影响以及形成品牌认同的结果。相似的研究结果也被 Hudak（2018）利用参与式地方品牌化（participatory place branding）概念探讨本地居民的电子化故事讲述（digital storytelling）的研究所证实。

由此可见，内部地方品牌化对于地方品牌营销而言是构建合法化（legitimization）的过程，也是促生市民行为的过程。研究探索了基于地方认同的内部地方品牌化的整合性（强烈的地方认同）、系统稳定性（减少不确定性）和动机（增强市民行为）的作用。本地居民在地方品牌化过程中所发挥的地方品牌构成要素以及所发挥的地方品牌大使作用，以及本地居民通过自发性的地方生产，将未在政府规划的地方生产范围之内的非正式空间公共化并赋予其地方意义的"地方"市民行为。

多元利益相关者的品牌共建是地方品牌化可持续和有效发展的关键。Zenker 等（2018）提出，地方品牌是高度主观的，是高度依赖于地方和感知主体之间交互关联的。即，地方品牌无法自上而下地构建"一刀切（one fit all）"的品牌发展路径，这恰恰是回归"地方"概念的表现。Zenker 等人提出了地方品牌的高度个性化问题产生原因有四：第一，不同利益相关者对同一地方的知识和联想各有不同，而地方品牌化必须融合不同利益相关者的地方性知识；第二，地方本身是复杂的产品，与个体发生互动的地点各有不同，不同地点的边界模糊和使用者的重叠构成了地方"边界"的感知模糊；第三，地方本身是建构的，而不是规划的；第四，地方具备的政治话语特征。因此，这可能需要我们继续探讨空间生产和地方生产的问题，而不是停留在地方营销的概念上。Zenker（2017）构建了 CBHS（city branded house strategy）模型用以说明地方（城市）品牌交互过程中的子品牌（sub-brand）复杂性和多元利益相关者的多元品牌知识复合性，以及子品牌和整体地方品牌之间协调发展的重要性。这种品牌架构（brand architecture）在 Sarabia-Sanchez 等（2017）的有关地方品牌开发者中立性的相关研究中同样被探讨。该研究探讨了三种品牌架构方式，即单一品牌（branded house）、具有核心身份以及不同扩展身份的多面体（polyhedral）

品牌（endorsed brand）和混杂品牌（multi-brand），不同身份的地方品牌开发者（专家、政府、开发者）源于自身的地方认同而难以在品牌架构决策中做到绝对中立。

总之，不同利益相关者对地方品牌化持有不同的态度和诉求，不只缘于不同利益相关者对地方品牌化的嵌入程度（engagement）和地方知识存在的个体差异，而且还缘于个体所扮演的地方身份差异。

（6）地方品牌化评价体系

定性数据为深入思考地方品牌化的流程和影响关系提供了途径，而定量数据则提供了客观评价地方品牌化程度的标准。采用二手数据的定量分析通过游客数量、居民迁移趋势、GDP 或绿化率等评价地方品牌化的程度。采用问卷调查的方式可以通过地方品牌形象、地方品牌质量、地方品牌资产、地方忠诚等相关概念问卷对地方品牌化程度进行评价。而多维等级（MDS）法、网络分析、品牌概念图法以及手段目的链则为地方品牌化评价提供了混合方法。Zenker 和 Beckmann（2013）采用深入访谈和阶梯技术法收集定性数据构建城市品牌形象联想图，之后用中心度方法定量计算关联结构的中心性。Schnittka（2012）通过品牌关联因素网络价值（BANV）法评价品牌价值，通过绘制品牌概念图确定受访者陈述的品牌关联评价、个人购买决定的重要性、品牌关联因素的位置、上下级关联因素之间的关系强度以及品牌关联因素的独特性等要素，最终定量计算品牌的价值。

借用品牌资产评价方法，Florek（2014）整理了 2007—2012 年期间地方品牌资产相关研究中使用的核心维度，根据其整理的相关维度，地方品牌知名度、品牌形象和品牌质量作为地方品牌的认知性结构，地方依恋作为地方品牌的情感性结构，地方忠诚、推荐价值和物有所值作为地方品牌的行为性结构而存在。据此，地方品牌资产本质上是消费者对地方品牌的态度，这种态度最终指向消费者与地方之间的互动性倾向，包括旅游、移民、宣传、投资、就业、就学等。品牌资产维度见表 3-8。

表 3-8 品牌资产维度

研究	维度
Konecnki 和 Gartner（2007）	知名度、形象、质量、品牌忠诚度
Boo 等（2009）	知名度、品牌体验（形象和质量）、品牌价值、品牌忠诚度
Pike 等（2010）	品牌突出、感知质量、品牌形象、品牌忠诚度
Pike（2010）	地方忠诚度、品牌共鸣、品牌联想、品牌突出
Florek（2012）	地方依恋、品牌知名度、推荐价值、物有所值

因此，地方品牌资产是由消费者的认知态度、情感态度和行为态度组合而成。根据基础研究，笔者构建了以下以消费者为核心的地方品牌资产模型。任何品牌的体验性都将体现在它的品牌质量上，而终结于对消费者的行为影响上。而地方作为更典型的体验型产品，体验前和体验后的地方品牌质量都将影响消费者认知。体验前的品牌质量是地方形象和地方知识、地方联想的直接认识，包括区域产品质量、潜在的品牌互动和品牌的社会影响力（名声）；体验后的品牌质量通过体验满意度（包括地方属性满意度、感知服务质量和体验质量等）进行表达。地方品牌质量将通过品牌价值感知的媒介效应影响消费者的地方信赖，而地方信赖和地方品牌认同的解读是影响消费者地方情感（地方依恋或地方品牌之爱）的核心因素。消费者的地方情感将是影响其行为性态度（行为忠诚）的前置变量，并将通过转化成具体的地方消费行为而影响地方的有形资产。地方品牌的有形资产根据地方的不同情境而有所不同，如目的地的游客吸引和旅游产品购买、城市或国家的移民吸引和务工及投资吸引等。而从地方品牌体验到有形资产转化的全过程都将受到地方品牌化的影响。该模型（如图 3-6）有几个特点：

第一，它更具整合性，利用 3DS 态度理论将无形地方品牌资产和有形地方品牌资产进行了连接；第二，它更具操作价值，可以通过定性和定量研究方法相结合判断地方品牌化过程中的缺陷，结合 Zenker 等（2014）的 aBCM 品牌概念地图将更具操作性。

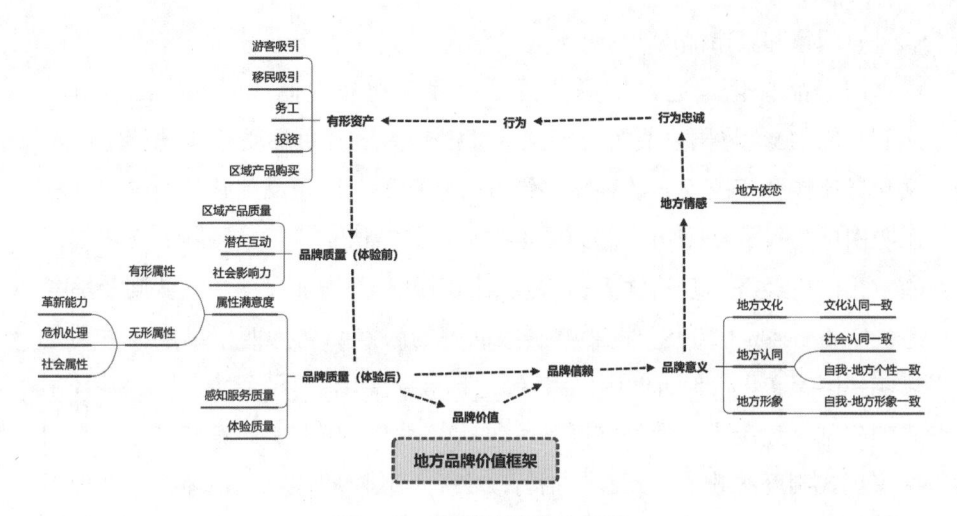

图 3-6　地方品牌价值框架

（7）多元媒体的地方品牌传播

Gartner（1994）提出了"形象形成代理"的概念，将个人对特定对象的经验性认知定义为"感官代理"，将口耳相传所获取的信息情报定义为"社会代理"，将以新闻媒介为载体的形象定义为"自主代理"，将商业化的传播营销信息定义为"诱导代理"。对于地方品牌而言，一方面，地方形象本身是无形的，因此更容易依靠口耳相传的方式，而地方消费一般属于高风险和高投入诱发的高涉入性消费（如旅游或移民），消费者更愿意通过故事讲述进行品牌形象传播。兼之地方体验的享乐性和地方产品的复杂性，更强烈的互动参与要求无形中提高了社交媒体的地方传播价值。因此，最近的研究针对社交媒体和互联网对地方品牌化的意义进行了深入探讨，如 Dioko L. 等（2011）基于游记的目的地品牌化探索。而 Hanna 和 Rowley（2008）则构建了地方品牌数字化管理的 7C 战略，从渠道、信息过载（构建虚拟地方品牌的一致性）、社区（构建品牌社区以强化消费者网络口碑传播的力量）、交流（积极对待正面和负面网络信息，通过赋权、刺激网络评论和交流促进品牌对话，创造共同意义）、传播（形象管理）、共建（创建物理空间之外的虚拟地方品牌体验以增加地方品牌资产）和合作 7 个角度对数字化的地方品牌建设进行了阐述。

4. 国家和城市品牌

国家品牌化是通过市场营销专业理论和知识促成对国家的理解。Dinnie（2015）将国家品牌化定义为"能够为所有目标受众展现特定国家文化异质性和相关元素的独特多维混合结构"。国家品牌化的目的包括：①吸引国际投资和来访；②为国家附加产品增值；③建立国际外交声誉；④重构国内经济和政治优势；⑤凝聚国内民心并增加民众国家认同及幸福感。Gudjonsson（2005）将影响国家品牌的因素归纳为四个维度，分别是影响到国家文化价值观的国民因素，包括国家文化、国民个性、礼仪和习俗；影响到国民生活水平的经济因素，包括劳动力、资源、政策和产业；影响国家正式制度的政治因素，包括行政水平、政府职能和政治体系；地理因素，包括自然地理、气候和城市等。Dinnie（2004）则将旅游者的个人体验、国际性事件营销、文化产品输出以及本民族文化特色视为创建成功国家品牌的有效途径。Mihailovich（2006）则提出国家品牌的构建不是单纯依赖自上而下的政府管控，而是自下而上的全民参与的结果。

相对于国家品牌化，城市品牌化可以被定义为"能够为所有目标受众展现特定城市文化异质性和相关元素的独特多维混合结构"。城市品牌化最终的目标是提升内外部消费者的整体满意度，尤其是以增加让外部消费者对城市满意的积极的品牌形象，以及内部消费者对地方的认同和忠诚度为目标而努力。饶鉴（2013）将城市品牌以消费者的心理建构为标准区分为基于索绪尔二分符号学理论的单一型城市品牌和基于符号互动论（symbolic interactionism）的多元城市品牌。单一型城市品牌以突出的城市风格和性格为核心元素，其他城市资源和产品等次要元素围绕协助突出城市个性为目的，构建单一的城市品牌识别和品牌形象。多元城市品牌认为国家有多重可被识别和认知的品牌身份，并不存在主导和次要元素的区分。如作为中国文化中心、政治中心、首都等多重身份的北京。这种驳杂的多元城市品牌形象容易造成消费者的城市品牌认知超载。饶鉴提出，为了解决认知超载和符码转换过程中的解码损失问题，考量到景区品牌的符号对象相对"固定化、具体化和微观化"，可以通过利用城市内的旅游景点品牌来构建消费者品牌记忆节点之间的勾连性。

van den Berg 和 Braun（1999）从三个层次对城市品牌营销进行阶段性区分，分别是：零散的城市商品和服务，相关的城市服务集群以及整个城市整体。从零散的城市商品（如零散景点）到城市整体，是实现城市品牌形象一体化、规模化和协同发展的过程。Anholt（2005）在将旅游业、出口、政府、投资、移民、文化和人民视作国家品牌化的七个维度基础上，提出了六边形城市品牌指标，将城市地位、地理位置、发展潜力、城市个性、市民和基本生活条件列为城市品牌发展的六个重要指标。

将城市品牌化视作提炼城市 DNA、明晰城市个性并借此吸引特定利益群体的过程，成功的城市品牌至少应该满足以下条件：

◆塑造清晰、独特的本真城市定位和地方形象，且城市定位应该是基于品牌沟通（brand communication）的利益相关者协商的结果，充分展现城市个性和居民价值观以及文化 DNA；

◆反映清晰的城市发展策略和城市品牌能力，给予城市受众基本的信任和品牌承诺；

◆能够满足品牌受众的基本期待和利益需求，包括对外的偏好和对内的满意度、幸福感；

◆能够有效地整合各种传播媒介且构建一致性的传播形象。

据此，构建一致且共生的协调沟通渠道是城市品牌化的关键。城市品牌的塑造需要品牌管理者明确城市品牌的显著属性，而城市品牌属性作为品牌的文化核心需要多元利益相关者的共同参与。因此，建立长期有效的合作机制对于城市品牌化而言尤其重要。建立有效合作机制的原则包括包容性和代表性、长期承诺、共同愿景、责任共担、彼此信任、共同参与、沟通一致、品牌决策和行动的执行、品牌投资、评估影响和效果的意愿。包容性和代表性意味着品牌合作各方地位平等且全员参与，长期承诺意味着品牌合作公开化和契约性，共同愿景和共有责任意味着责任共担的意识，共同的声音意味着高度可见的同一品牌合作关系，品牌执行和投资意味着协商决策结果的确实落地和资金的合理分配，评估则意味着合作者对品牌化预期的合理判断和共同修订。Castillo-Villar（2016）提到城市发展过程中，霸权精英（hegemonic elite）试图用不符合本地居民感知的城市形象的城市图标（icon）来改变城市形象，而其后果只能是导致市民的排斥感和冷漠。

即便内部消费者的参与成为城市品牌化发展的共识，多元利益相关者协调机制构建依然存在着几个难题：第一，如何平衡内外部消费者的不同偏好。城市品牌化必须同时顾及局外人和局内人两方的诉求，然而由于对城市品牌文化认同程度的差异，局内人和局外人往往拥有不同的城市品牌属性偏好，城市品牌定位往往成为难以解决的问题。尤其是在需要满足消费者选择性凝视（selective gaze）的方面，消费者因社会情境凝视不同的城市品牌属性，城市开发者不得不提供"虚假的舞台本真（pseudo-authentic attractions）"商品以取悦消费者。从这个角度而言，城市品牌是操控游客凝视的有效工具和虚假舞台构建的帮凶。然而这种虚假的本真往往遭到内部消费者的反对，导致本地居民的凝聚力流失。如何均衡谄媚的虚假文化生产和坚定的传统保护对城市品牌开发而言是最大的难题。第二，如何解决居民和社会组织对政策实施和政府普遍存在的不信任以及事不关己的态度问题。第三，如何评估本地居民参与城市品牌化发展的程度问题。

针对这三个问题，从学术角度而言，有以下三种途径可以缓解：

◆区分城市空间，构建不同的城市区域，通过主动的商品化和旅游目的地大众化减少大众文化对特殊文化的吞噬。城市空间作为目的地可以区分为独立旅游空间（tourism place），即主要向大众游客提供旅游凝视物的地方；共享空间（shared place），即游客和本地居民共用的消费文化空间；独立非旅游空间（no-tourism place），即本地居民生活的文化后台。三种空间互相重叠，文化深度逐层加深，构成系统的全域旅游空间。通过一致的文化根植和不一致的品牌文化复杂性，满足不同的利益相关者的凝视需求。毕竟本地居民对自己所处城市的看法不同于外来者，外来者仅是基于文化情境和刻板印象凝视城市品牌。

◆通过多元化的城市形象载体以点代面地活性化城市品牌基因。城市形象载体可以区分为建成环境(built environment)[①]、标志性事件(hallmark events)、城市活力和气氛、城市政治/制度(如成都礼让行人、全国学习济南交警)、城市文化本真表征(包括城市居民和饮食)、城市消费品和地理标志性产品,以及著名人物(famous personalities)。不同的城市形象载体可以实现城市品牌的"丰碑化(monumentalization)"。但是多元城市形象载体的混杂也容易带来内外部消费者的"符号"辨识超负荷以及辨识混乱。

◆通过社会网络嵌入沟通内外部消费者,提升社会资本对构建城市品牌网络的作用力。将长期有效的协调机制制度化,融入内部利益相关者的日常体验中。通过塑造一致性的内部品牌故事,发展内部城市品牌社区,通过溢出社会资本构建城市品牌化管理网络,让每个人成为城市品牌大使。其中,包括通过城市品牌的对外公共传播作用提升居民的感知威胁和凝聚力、通过平台(如社交媒体等)和路径(如社会大普查等)的引导来扩大产消者(prosumers)群体,以提升居民的参与意识和进行元城市品牌化宣传等行为。最终形成全民参与的城市品牌化氛围。

全民参与的城市品牌化氛围对于城市品牌管理尤其重要。仅依赖传统文化的城市品牌化难以获得长久可持续的成功(如大理),而且在面对内外部环境风险时难以准确自救和恢复。因此城市品牌化必须具有适应环境变化以及应对环境突变的能力。城市品牌化是一个持续进行且需要持续更

[①] 建成环境包括路径(城市街景与主题、历史街道等)、边缘(空间隔离性物理结构,如河岸)、区域(特色的功能性集合点:如唐人街)、节点(策略性集合点:如广场)、地标性建筑。"建筑物的主要目标之一就是增强人们居住环境的多样性。因此,建筑师就必须为不同的活动构建不同的空间,通过引起人类活动的情感表达,以此来肯定空间的独特性⋯⋯这就是建筑,不仅是外在表现,更重要的是在其中的体验⋯⋯设计的关键就在于:不是简单的搭建大楼,而是要构造出一种让全身心投入的体验环境⋯⋯只有通过城市不同区域、不同利益主体的共同影响,居住在这个城市里的人们才能真正有归属感",尤其是对于游客而言,边缘和地标更是发挥着城市辨识的作用,毕竟"地标是我们用以描述建筑结构和空间的专用词,通过显著的自然特征或相对独特于周边环境的方式展现,它能创造独特的视觉方向感和定位感,如纪念碑或地标建筑。纪念碑不止体现在单纯的城市辨识地标上,而且具有'时间辨识度'"。

新的过程，因此成功的城市品牌化必须具有品牌弹性。这种品牌弹性不仅包括内部的地方品牌化氛围，还包括在反映城市社会 DNA 的同时，改变和塑造社会的能力，即城市品牌化在凸显本真性的同时要不断地生产本真性。

5. 目的地品牌

（1）目的地品牌概念

旅游目的地（destination）不同于景点（旅游吸引物：attraction）。景点可以被定义为"以旅游资源或一定的景观、娱乐设施为主体，从事商业经营活动，满足旅游者休闲、参观浏览、娱乐健身、文化教育等多层次精神需求且具有明确地域边界的场所、设施或活动项目"。（饶鉴，2017）[13] 景点的核心供给应该是具有一定共性的旅游资源集合或具有凸出竞争力、带动作用的旅游资源单体。而旅游目的地则是一个地理区域，是"目的地地带"的简称，是"能够刺激游客动机产生且具备各种空间要素的综合体"，既包括一个具体的旅游景点，也可以特指一个城镇、一个岛屿、一个国家甚至更大的地理区域（如南极洲）。旅游目的地与其他商品有几个特点：①异质性。旅游目的地具有独特的人文社会属性、商业属性和自然地理属性，因此没有任何两个旅游目的地的属性完全相同；②系统性。旅游目的地是核心旅游资源、基础设施、公共服务体系，乃至作为旅游目的地依托城市或作为集散地城市包含在内的综合体；③大众化 VS 小众化。大众化旅游目的地是满足标准化的游客"食住行游购娱"需求以及满足大众旅游游客体验价值的集合，小众化的旅游目的地则需要满足利基旅游市场需求；④季节性。旅游目的地基于旅游资源的特性而存在长期或短期的季节性。长期的季节性以长期的气候变化为时间点（如冬季），短期的季节性以短期的天气变化（如涨潮）或社会性需求（如法定节假日或目的地节日）为时间点（Sang，2020）；⑤脆弱性和弹性。旅游目的地面临着内外部突发事件的影响，即所谓目的地危机，这种危机直接影响旅游目的地品牌的形象，而旅游目的地自身具有修复性和弹性，能够通过自上而下的目的地再品牌化（rebranding）、合理的目的地品牌危机预防策略和自下而上的内部消费者对目的地品牌的认同强化保护目的地品牌不受品牌危机的过分影响。王跃伟和陈航（2011）提出了旅游产品结构双周期模型（见表3-9），指出旅游产品或旅游目的地品牌存在长期和短期两种生命周期，短期的生命周期可能受到突发性品牌危机或季节性的影响，是旅游发展中的战术问题。但短期生命周期曲线归于长期生命周期曲线，从长远来看，不会对长期的旅游目的地品牌发展产生过分的影响。

表3-9　旅游产品结构双周期模型

	长周期	短周期
影响因素	受内在和外在因素综合影响	主要受外在因素影响
显示指标	客流量、游客人均消费、旅游收入、旅游吸引力等	通常是客流量
周期长度	旅游地从起步至衰落全过程	周期长度不定，以天、周、月、年等为周期单位
周期曲线	常是一条或若干条趋势线	周期性上升或下降曲线
研究重点	旅游产品结构变化、周期阶段划分及特征	影响短周期的外部因素，尤其是突发事件

相对于目的地的概念，目的地品牌被定义为所有目的地内外部利益相关者对旅游目的地的品牌联想的综合，是对特定目的地差异化形象识别的结果。目的地品牌是地方品牌的一部分。Rabbiosi（2016）在文章中激烈地拒绝使用目的地品牌的概念，原因在于旅游目的地必然是"地方性"的。目的地品牌化包括以下几个方面：①创造具有识别性的目的地名称、标识、图形等差异化符号；②对目的地独特性和体验价值一惯性的承诺；③强化旅游者与目的地之间的情感联系；④以实现正向的目的地形象和目的地认同为目的，降低消费者的感知风险和决策成本的"一系列市场营销活动"。

从符号学的角度而言，目的地品牌化的本质是符号化的过程。基于索绪尔的语言符号学，符号是由能指（signifier）和所指（signified）构成的一体两面，是具有任意性的两分关系，[①]在社会惯习条件下形成的传播体。而符号的意义在于，相对于任何其他符号，该符号都是特殊且差异化的存

---

① 不针对象形文字。

在。这种特殊性和差异化"决定了符号的能指和所指之间的唯一对应关系。"据此,目的地品牌可被视作目的地所指,即目的地意义和内涵,以及目的地能指,即目的地名称和标识的组合体;目的地品牌化则是通过市场营销或传播手段构建目的地的所指和能指之间连接关系的过程。基于皮尔斯的社会符号学观点,符号由对象(object)、解释项(interpretant)和表征项(representative)的三分结构体(triadic unity)组成。对象类似于符号能指,是符号的概念和意义,如和平;表征项则类似于符号的所指,是符号传播的媒介,如鸽子;解释项是对象之于表征项的连接"内涵",如白色之于和平的象征(symbol)关系以及之于鸽子的图像(icon)关系[1]。据此,目的地品牌可被视作目的地对象,即目的地概念或资源的集合体,或是目的地文化和意义;目的地表征项,即目的地名称或标识等媒介载体;以及目的地解释项,即之于内部消费者的目的地品牌识别、基于经营者的目的地品牌意义赋予和表达以及基于外部消费者的目的地品牌形象认知的集合。目的地品牌化则是目的地义化之于目的地形象和目的地识别或目的地管理者的品牌意义生产和意义传播的过程。Eco为皮尔斯符号赋予了无穷符号化(unlimited semiosis)的内涵,即任何解释项都可以作为单独的符号表征项再结合相关的对象和解释项衍生新的符号,如Zhang X和Sheng J(2017)对月亮妈妈的复杂社会意义的皮尔斯符号学解读;而罗兰·巴尔特则为索绪尔符号赋予了无穷延伸的内涵,即任何由所指和能指结合而成的符号都可以作为全新的能指再结合新的所指成为全新的符号,如此延伸下去终将成为所谓的符号"迷思(myth)"。从该角度而言,目的地品牌化一方面是不同利益相关者对相同的对象和表征项的结合进行不同解释的过程;另一方面是目的地品牌进行再品牌化最终形成品牌故事以触动内外部消费者的过程。贾英(2009)构建了以游客为本的景观塑造三步法,并提出目的地的自然景观可以展示景观符号能指,而人文景观则可以表现景观符号所指,自然和人文景观共同作用,强化目的地景观特色,并加强游客的目的

---

[1] 另外还有索引 index 关系。

地品牌感知和记忆。同时，他还提出了视觉识别子系统（如标志性景观或吉祥物）、听觉识别子系统、嗅觉识别子系统、行为识别子系统四大符号化系统。

（2）目的地品牌测量

目的地品牌测量相关的研究在最近十年得到了国内外学者的广泛关注。然而，大部分目的地品牌测量相关研究都是立足于一般商品品牌的概念进行的情景化改编，见表3-10。例如，品牌形象之于目的地形象、品牌认同之于目的地品牌认同、消费者中心的品牌资产之于目的地品牌资产、品牌个性之于目的地个性以及最新的品牌体验之于目的地品牌体验等。

表3-10 一般商品品牌和目的地品牌对比

一般商品品牌	代表来源	目的地品牌	定义	来源
品牌形象	Keller（1993）	目的地形象	人们对某个地方的信念和印象的总和	Kotler等（2004）
品牌认同	Kapferer（1998）	目的地品牌认同	目的地营销者所规划的目的地联想	Aaker等（2000）
顾客中心的品牌资产	Keller（1993）	目的地品牌资产	品牌形象和品牌熟悉度	Nam等（2011）
品牌个性	Aaker（1997）	目的地品牌个性	拟人化的目的地品牌特征	Ekinci等（2006）
品牌体验	Brakus等（2009）	目的地品牌体验	基于五感体验、情感体验、行为和知识联想体验在内的全面目的地游客体验	Barnes等（2014）

最新的研究将品牌体验移植到目的地场景，并通过结合五感体验、情感体验、行为体验和知识联想体验来测量目的地品牌体验质量。其中，五感体验包括视觉、听觉、嗅觉、味觉和触觉的具身性目的地交互体验；情感体验则包括游客对目的地的情感表达；行为体验包括游客的主动行为；知识联想体验则是游客主动思考与品牌之间的链接的过程。目的地品牌体验综合了以往目的地品牌概念，从游客感知的角度对目的地品牌程度测量进行了拓展。

品牌个性的讨论同样是目的地品牌评价的重要方面（见表3-11）。沿用Aaker的真诚、兴奋、能力、成熟和坚韧五维度测量品牌个性的相关量表被嵌入至目的地品牌个性测量,并将其视作目的地品牌化的重要方式。Usakli A. 和 Baloglu S.(2011)的研究表明,目的地品牌个性并非直接影响游客的品牌行为,而是通过自我(目的地形象)一致性(self-congruity),包括真实的和渴望的自我概念一致性影响其品牌行为。从该角度而言,目的地品牌个性本质上是游客地方认同的一部分。Fournier 和 Alvarez(2012)重塑了作为意向代理的品牌框架(brand as intentional agents framework,BIAF),在品牌个性的基础上更进一步,将品牌视作活跃的、个性化的消费者关系参与者,而不仅仅是具有拟人化的人格特征,借此激活品牌作为有意义的代理人的特征,进而构建目的地品牌依恋关系乃至目的地品牌之爱(brand love)。这种考量本质上是将品牌视作有能力和热情的人,而品牌消费则是人际互动的过程。

表 3-11 目的地品牌个性

Ekinci 等(2006,2007);Hosany 等(2006)	真诚 / 兴奋 / 欢乐
Usakli A & Baloglu S.(2011)	充满活力 / 成熟 / 能力 / 现代性 / 真诚
Papadimitriou D. 等(2015)	兴奋 / 真诚
Matzler 等(2016)	责任 / 活力 / 进取 / 简单 / 情绪化(跨文化国家旅游目的地品牌)
Pan 等(2017)	能力 / 神圣 / 活力 / 女性气质 / 兴奋(中国游客感知旅游目的地品牌个性)

除了上述目的地品牌程度测量道具以外,学者还发展了不同的目的地评测工具。例如,目的地魅力以注意力恢复理论(ART)为依托,通过发展目的地魅力概念测量特定目的地的注意力恢复质量,以判断目的地品牌的吸引力大小,包括目的地的神秘性(mystique:目的地的故事性)、目的地资源的丰富性(richness:旅游资源的竞争力)、目的地资源的吸引力、目的地品牌的独特性以及相容性(fitness:目的地与自我形象一致性)、目的地人际互动中的友善性体验(friendliness)六个维度。

目的地品牌资产,如 Konecnik M. 等(2007)采用质量、意识、形象和忠诚度测量目的地品牌资产;Frías-Jamilena Dolores M. 等(2018)采用品牌意识、品牌质量、品牌形象、品牌价值、品牌忠诚的五维度目的地品牌资产模型；Kladou S. 和 Kehagias J.（2013）以文化旅游目的地为研究对象，采用品牌属性（assets）、品牌意识、品牌联想、品牌质量和品牌忠诚的五维度文化品牌资产模型。Wong PPW 和 Teoh K.（2015）则在沿用 Keller（1993）的品牌资产模型的基础上开发了品牌表现、品牌评价、品牌感受、品牌共鸣、品牌形象和品牌体验六维度旅游目的地品牌资产模型。

（三）乡村旅游地方品牌

乡村地方品牌化比其他目的地或地方形态更为复杂，不仅因为其复杂且脆弱的自然和社会生态系统、劣势的边缘地位、对宏观政策更为迫切的需求，以及正式制度嵌入和非正式制度合法化缓慢的困境，还由于人力或物力资源短缺所造成的外生依赖性及内生性困境。因此，相当多的学者提出利用乡村旅游打造乡村目的地品牌促生乡村地方品牌化的路径，并在此基础上提出了整合乡村旅游（integrated rural tourism）的概念，即联合内部和外部利益相关者，以及内部和外部资源，构建全面的行动者网络，充分调动内生和嵌入式资源，促进乡村资源的合法化以强化乡村社区赋权、社会资本和自我效能。Laing 等（2016）提出用产业集群的模式发展乡村旅游集群，以整合乡村旅游发展。他们借助波特竞争力模型，构建了乡村旅游集群化发展的五维模型，包括要素条件（景点、整体旅游发展策略、旅游整体性质的认识、强大的区域品牌、优质产品、基础设施、人力资源以及创新）；企业的战略、结构和竞争（信赖、合作和竞争、小微企业发展环境、互惠、私营部门领导力及共同的愿景）；需求条件（需求力、需求潜力、本地社区和游客的旅游文化）；支持性产业（集群行动者、其他互补的产业、教育机构）；政治条件。研究发现，旅游集群策略并非一定可行的乡村旅游地方品牌发展策略，乡村地区很难像城市一样集中竞争模型中的所有维度。

因此，目前有关乡村地方品牌化的研究还不够丰富。本书试图通过探索乡村旅游发展对乡村地方品牌化的促进作用来丰富该领域，并为我国乡村振兴建设提供浅显的理论支撑。

首先，笔者整理了地方品牌化嵌入乡村发展中的几篇研究成果。

Cai（2002）是较早探索乡村旅游地方品牌化建设的学者，他从目的地形象的角度出发，探索乡村旅游目的地开发作为地方品牌建设的基础框架。他指出，形象塑造不等同于地方品牌建设，中间缺少了品牌认同的连接。

他将目的地品牌形象定义为"游客记忆中的品牌联想所反映的对目的地的感知"，并在目的地品牌化模型中区分了有机形象（organic image）和诱导形象（induced image），并指出目的地形象最终是围绕品牌认同而塑造的。并考量了乡村旅游情境下，多个具有类似联想的乡村目的地可以规模化为具有统一品牌认同的地方集群/群簇（cluster），以形成更强大的地方品牌形象。虽然该研究被 Laing 等人的研究所驳斥，但在乡村目的地品牌化视角下，将地方认同视作地方形象转向地方品牌的大胆建议是对地方品牌化概念的丰富。

乡村地方品牌化的最主要目的是实现乡村地区的内生性（endogenous），而最大的障碍也是实现乡村地区的内生性。Mechthild 等（2017）指出，乡村地区所具备的有形的（自然资源等）、无形的（传统技艺等）以及时效性的（家庭传统等）特点都可以作为乡村地方品牌化的独特内涵。通过鼓励和开发本地资源、最大限度地关注当地村民的需求及利益、激发当地村民的能力是乡村地区内生性的要求。通过平衡外生和内生力量以降低乡村地区的脆弱性则被视作新内生性（neo-endogenous）要求。在这个过程中，社会嵌入（societal embeddedness：文化、制度或经济背景）、区域嵌入（territorial embeddedness：空间地理位置）和结构嵌入（structural embeddedness：利益相关者协同关系）发挥了重大的作用。这种本地化嵌入和内生视角的乡村开发本质上是乡村地方品牌化的过程。

因此，在乡村地方品牌化的实现过程中，相当重要的一点是多元利益相关者的共同努力。这一点或许比城市品牌化建设更为重要，因为乡村地方有更强烈的社会和非正式制度嵌入性要求。

Haven-Tang 等（2014）将之定义为伙伴合作（partnership working），Maarit 等（2013）则将之定义为联合地方品牌化（joint place branding），

该过程的基础是构建共同的地方认同。他们的研究指出，于乡村地方品牌化而言，私人主导比公共主导更有利。因此，建构公私合作体系和意义共享，通过公私关系质量衡量地方品牌化是乡村地方品牌发展的有效方式。类似地，Lee（2010）在研究中指出，通过促进乡村地区的品牌一体化识别，将乡村地区作为旅游目的地营销，一方面促进了利基产品消费，另一方面则有助于通过内部地方品牌化创造社会资本，以产生更强的内部地方认同和地方信任。即乡村的地方品牌化能够通过社会资本的形成影响各利益相关者之间的对话或冲突，最终协助乡村社区的战略空间规划。

综合上述的乡村地方品牌化相关的研究，不难发现，乡村地方品牌化和其他形态的地方品牌化有很多共同之处，也有很多独有的特点。例如，内生资源依赖性，制度、文化和社会的嵌入性，对内部地方品牌化的更深刻要求以及基于社会和自然脆弱性的战略性规划要求等。因此，虽然乡村地方品牌可以被定义为"功能、情感、关系和战略要素共同作用于公众的头脑所形成的一系列有关特定乡村地区的独特联想的组合"；乡村地方品牌化可以被定义为"通过多元利益相关者之间的商谈，促使乡村地方品牌对内外部消费者而言富有意义和认同感，并借此实现乡村地区内生性发展的过程"，但是这样的定义显然没有完全凸显乡村地方品牌的特殊性。因此，若想明确地对乡村地方品牌（化）进行定义，需要一系列的研究作为支撑。例如，乡村地方品牌竞争力研究、乡村地方品牌化过程中的制度嵌入性研究、乡村地方品牌化程度评价等，这也是本书的研究重点，将在后面逐一落实。

第三部分　专题研究

第四章 专题一：Z省乡村旅游发展环境和品牌竞争力评价报告

对Z省乡村旅游发展环境的整体把握是客观分析Z省乡村旅游地方品牌化的基础。即通过对Z省乡村旅游发展的政治、市场、资源和战略发展环境的分析，可以获取Z省乡村旅游品牌发展过程中的优势、劣势、机遇和威胁。然而，在以往的研究中，大多使用SWOT分析技术或ASEB栅格分析法对这种分类别的环境进行分析，但是都忽视了这两种分析仅仅是两种分析方式，即"analysis approach"，而不能作为分析方法，即"analysis method"，因此，需要更细致以及综合的分析方法来支撑这两种分析方式的具体实践。本研究采用不同的分析方法嵌入对Z省乡村旅游发展环境的分析中。具体而言，首先，层次—模糊综合评价分析法（AHP-FCE）对Z省乡村旅游发展的政策执行情况进行分析。该分析方法考量到Z省幅员辽阔，七个地级市各自有着相对独立的政策执行方式和体系，可以有效地对七个地级市的政策执行度进行相对竞争力分析，进而获取不同地级市之间相对优势和相对劣势的政策执行维度，从而从整体上把握Z省的政治环境对其乡村旅游品牌构建的影响。同时，在进一步的案例分析中，也可以更有效地发掘各地级市所属乡村旅游地方品牌的政治环境优劣势。第二，利用IPA分析法对Z省乡村旅游的市场环境进行整体分析。该分析方法能够有效发现目前 Z 省乡村旅游整体发展过程中普遍存在的问题点,尤其是在从消费者的角度对 Z 省乡村旅游品牌的构成属性满意度和重要性进行分解分析的前提下,可以得出 Z 省乡村旅游在特殊情景下,市场对其构成属性的重要性感知的特殊性,以及目前亟待投入资源进行整改的相对不足点,从而为 Z 省乡村旅游作为一个整体的地方性品牌伞提供基础的数据支撑。第三,对 Z 省乡村旅游的整体资源和各地级市的优势品牌案例进行梳理。梳理的方式主要依据全国乡村旅游重点村名录涉及 Z 省的部分。经过对该部分的梳理,可以有效获取 Z 省乡村旅游地方品牌发展的资源环境现状。第四,通过层次熵分析法对 Z 省乡村旅游发展的整体客观环境和潜力、机遇进行分析。包括人力资源环境、社会文化环境、交通区位环境、政策环境、资源环境以及潜在市场环境等不同方面,同样以七个地级市的相对品牌竞争力为切入点,通过"三去一降一补"的供给侧结构性改革的理论支撑,对 Z 省不同地级市的相对优势和劣势、机遇和威胁进行挖掘。

以上的四个阶段环环紧扣,缺一不可。第一、第二和第三阶段是对第四阶段的细节性表达和基础性支撑,而第四阶段则是对前三阶段分析结论的再一次证明以及整合性分析。四个阶段结合在一起可以有效凸显 Z 省乡村旅游品牌化发展的宏观和微观环境现状以及发展潜力,同时有效增加了研究的可信度和有效性。

一、Z 省乡村旅游政策执行度评价

政策评价是对政策从理论构建到执行结果全过程的有效性评估。有效的政策实施过程是动态的环境适应性过程,而有效的政策体系则是在内外部环境适应条件下的社会系统,任何环境的变化或政策执行人或设计者或受惠方等利益相关者的条件变化都将对政策系统整体产生影响。而在落实该政策过程中,政策执行则担当着承上启下的连接作用。政策执行是将政策概念具象化的核心,也是有效实施和评估政策的关键。有效的政策系统应该通过政策制定方在面对执行过程中的问题和不足时能够及时反馈并进行"合法性"修正；而有效的政策内涵则应该有助于政策执行者辨识、政策受惠人理解以及具体实施。尤其在乡村地区的发展过程中，在正式和非正式制度杂糅的特殊背景下，具有正式制度特性的乡村地区发展政策是否能够融合乡村文化和地方知识特性等具有高强度地方性的非正式制度，对乡村地区的政策落地具有重要的意义。

本研究的对象涉及Z省S市、C市、R市、N市、Q市、L市和P市七个地区的乡村地区乡村旅游发展政策实施情况，不同地区间具有不同的乡村旅游发展特色，国家层面的文件和精神经由省级部门的落地再经由各地区的特殊背景而产生了不同的政策解读和政策变更，以使其更具有地方适应性。在这种背景下，政策如何具体落地，政策的具体执行力如何，政策执行的各个维度在不同的地区是否存在差异，以及各个地区在政策执行、落实过程中存在哪些问题，对于进一步优化Z省各地区乡村旅游政策开发以及Z省整体乡村旅游的发展具有显著意义。更进一步，对于以Z省乡村旅游开发为方式的Z省乡村振兴战略、Z省乡村政策供给侧结构性改革以及Z省乡村（旅游）产业扶贫和防止返贫，优化Z省整体政策体系框架、提升Z省整体政策系统质量具有重要的现实意义。

AHP-FCE（层次—模糊综合评价分析）分析法结合层次分析法和模糊综合评价法，被广泛地用于多目标评价决策以及基于相对权重的目标间相对竞争力和竞争属性分析。以本研究为例，通过AHP-FCE分析法可以有效获取Z省乡村旅游发展情境下乡村旅游政策不同维度和不同层次间的相对权重，并通过对各地级市的模糊综合评价获取各地级市乡村旅游政策执行情况的相对排序，以期在地级市层面上寻求发现阻碍各地级市乡村旅游政策执行不利的方面以及可以大力推进和推广的优势点。对于达成本研究的实践意义具有重要的方法论作用。

综上，本研究的目的为通过AHP-FCE分析法对Z省七个地级市的乡村旅游政策执行情况的相对竞争力进行评价和分析，以期为未来Z省整体乡村旅游政策制定和执行提供决策依据。

（一）乡村旅游政策执行力评价指标体系构建

政策执行力的测量可以从政策目标的可辨识性、政策资源的可调动性、政策执行机构的效率性、政策执行者偏好、政策执行方式、政策系统环境等六个维度进行评价。

其中，政策目标的可辨识性意味着政策总体目标以及具体发展目标的明确与否，是政策下一步落地的指导性纲领和总体抓手。具体到本研究，应涉及乡村旅游政策体系总体目标的明确性、乡村旅游政策的详细解读是否明晰以及乡村旅游政策体系的发展目标是否明确等三个层面。

政策资源的可调动性代表着政策执行和落地过程中是否能够获取内外部环境的支持，尤其是人力、财力、物力、政治环境等相关资源的支持。基于对Z省乡村旅游政策的整体了解和部门访谈的结果，结合过去的研究内容，本研究将其定义为Z省乡村旅游政策的出台是否配备了其他行业的配套政策、Z省乡村旅游政策的出台是否配备了相关行业部门的配套规章制度以及Z省乡村旅游政策的出台是否得到政府专项财政的大力扶持三个方面。

政策执行机构的效率性是对政策系统运行的具体解构，是对政策落地部门工作效率以及职能划分的具体评判。Z省乡村旅游的开发涉及多个互不同属的部门，包括发改部门、旅发部门、扶贫强基部门、财税部门，乃至对口支援单位，相互之间的复杂关系往往导致乡村开发和具体管理单位的工作职责混乱以及上级领导单位的统筹混乱。因此，效率性是检验Z省各地区乡村旅游政策执行力的重要方面。本研究将该维度区分为Z省乡村旅游政策执行部门的工作是否明确、Z省乡村旅游政策执行部门的工作人员配置是否得当、Z省乡村旅游政策执行部门的工作人员工作热情是否饱满、Z省乡村旅游政策执行部门的工作效率是否飙升、Z省乡村旅游政策执行部门是否能及时得到上级单位的表扬等五个方面。

政策执行者偏好或执行者意向是判断具体政策执行人员是否能够准确将政策落地，以及是否能够得到利益性支持的评价维度。好的政策执行者偏好意味着政策执行者能够有效且高效地将政策落地并得到政策归口单位的内外部环境性支援。本研究将该维度定义为通过Z省乡村旅游政策执行部门工作人员工作态度积极与否、Z省乡村旅游政策是否能得到有效落地、Z省乡村旅游政策执行部门是否得到了上级归口单位的有效指导和监督、Z省乡村旅游政策执行部门是否定期向群众公开信息、Z省乡村旅游政策的执行是否与自身利益相关以及Z省乡村旅游政策的执行是否有利于工作人员自身价值的实现等六个方面，并对此进行评价。

政策执行方式具有较高的情境性，不同的政策类型以及政策实施背景、政策实施对象，执行方式具有较大的变动性。因此，有针对性的政策执行方式可以有效提升具体政策落地的效率。过去的研究将政策执行方式定义为政策执行系统之间的联系紧密。本研究同样采用类似的方式进行测评，包括Z省乡村旅游政策执行部门与相关公共部门建立长期有效的工作联系、Z省乡村旅游政策执行部门能够获得来自相关部门的积极配合以及Z省乡村旅游政策执行部门能够获得技术单位的及时援助等。

政策系统环境是指政策执行过程中与地方非正式制度和外部环境之间的契合程度，包括与经济环境的契合程度、与社会发展环境的契合程度以及来自财务方面的配套支持等。

本研究构建了共6个维度、33个指标的评价体系，通过8名专家组成的专家小组对其内容及分类的有效性进行两轮德尔菲访谈，通过 $CVR=\dfrac{\left(ne-\dfrac{N}{2}\right)}{\dfrac{N}{2}}$ 对每个维度和整体概念的构成进行内容效度的分析。结果在0.5-1之间，符合内容效度的最低标准。

（二）Z省各地级市乡村旅游政策执行力综合评价

针对Z省七个地区的乡村旅游政策执行力展开测评，本研究采用相对竞争力的测评方式进行表述。即各个地区每个维度指标的相对评价，通过相关专家的主观模糊评价，并佐以每个指标的权重加成，最终得出主观评

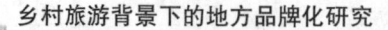

测结果。该结果由研究者进行进一步解读。具体的评价流程如下。

1. 层次分析法

层次分析法（AHP）是一种多目标决策评价分析方法，通过将复杂决策分解成各个组成要素，并按所属关系进行分组，从而形成有序的递进层次模型。进而通过对各个组间要素的相对重要性赋值计算，最终获得不同要素的相对权重，最后通过加权的方式获取最优方案或不同事态之间的相对竞争力。具体操作步骤如下。

（1）建立层次结构模型

该研究的目的是通过对 Z 省七个地级市的乡村旅游政策执行力进行加权评价，从而获取不同地区之间不同政策执行力维度之间的相对竞争力。最终提出充分发挥政策资源优势、最大化政策执行力度、促进乡村旅游快速有序发展的方案。因此，该研究将乡村旅游政策执行力作为层次结构模型的总目标层，设置了政策目标（G1）、政策资源（G2）、政策执行机构（G3）、执行者力度（G4）、政策执行方式（G5）、政策系统环境（G6）六个准则层维度，分别代表前述政策目标的可辨识性、政策资源的可调动性、政策执行机构的效率性、政策执行者偏好、政策执行方式、政策系统环境等六个维度。并将通过专家内容效度的 23 个细分指标分别作为准则层的指标内容，即指标层内容，并分别将其编码为 A1–A3、B1–B3、C1–C5、D1–D6、E1–E3、F1–F3，见表 4–1。

第四章 专题一：Z省乡村旅游发展环境和品牌竞争力评价报告

表4-1 政策环境综合评价分层次指标量表

总目标层	准则层	指标层	编号
乡村旅游政策执行力	政策目标（G1）	旅游产业政策体系的总体目标明确	A1
		旅游产业政策的政策解读明晰	A2
		旅游产业政策体系的发展目标明确	A3
	政策资源（G2）	旅游产业政策的出台带动其他行业制定与之配套的系列政策	B1
		旅游产业政策的出台带动其他行业制定与之配套的规章制度	B2
		旅游产业政策的出台得到政府专项财政拨款的大力扶持	B3
	政策执行机构（G3）	旅游产业政策执行部门工作职责明确	C1
		旅游产业政策执行部门工作人员配置得当	C2
		旅游产业政策执行部门工作人员的工作热情高	C3
		旅游产业政策执行部门工作效率高	C4
		旅游产业政策执行部门经常得到上级部门领导的公开表彰	C5
	执行者力度（G4）	旅游产业政策执行部门工作人员工作态度积极	D1
		旅游产业政策得到有效执行	D2
		旅游产业政策执行部门定期受到上级领导部门的工作指导和监督指导	D3
		旅游产业政策执行部门开展系列工作会定期向群众公开政务信息	D4
		旅游产业政策的执行与自身利益相同步	D5
		旅游产业政策的执行有利于工作人员个人价值的实现	D6
	政策执行方式（G5）	政策执行部门与相关公共部门建立长期而正式的工作联系	E1
		政策执行相关部门积极配合有关工作	E2
		政策执行部门在开展工作时遇到技术瓶颈能得到相关技术咨询和援助	E3
	政策系统环境（G6）	政策执行地区的经济状况受到积极影响	F1
		政策执行地区的整体社会发展受到积极影响	F2
		单位部门的财政配套资金扶持足以支持工作的顺利开展	F3

（2）构建判断矩阵

赋值方式采用AHP分析法中常用的1—9或其倒数赋值的方式，具体见下表。对某一层次同一维度内的要素进行两两比较，并建立判断矩阵。

表 4-2　AHP 赋值方法

分值	评分标准
1	纵向指标和横向指标同等重要
3	纵向指标比横向指标稍微重要
5	纵向指标比横向指标较为重要
7	纵向指标比横向指标强烈重要
9	纵向指标比横向指标极端重要
2、4、6、8	相邻判断的中间值

本研究采用德尔菲专家评价技法，通过三轮 15 名专家的反复赋值，并通过两名专家构成的专家小组的反复论证，对准则层和指标层各维度的相对重要性得出最终统一的结果，见表 4-3 至 4-9。

表 4-3　A1—A3 判断矩阵

评分表格 1	A1	A2	A3
A1	1	5	5
A2	1/5	1	1
A3	1/5	1	1

表 4-4　B1—B3 判断矩阵

评分表格 2	B1	B2	B3
B1	1	1	7
B2	1	1	7
B3	1/7	1/7	1

表 4-5　C1—C5 判断矩阵

评分表格 3	C1	C2	C3	C4	C5
C1	1	3	1/6	1/5	1/3
C2	1/3	1	1/7	1/6	1/4
C3	6	7	1	2	5
C4	5	6	1/2	1	3
C5	3	4	1/5	1/3	1

表 4-6 D1—D6 判断矩阵

评分表格 4	D1	D2	D3	D4	D5	D6
D1	1	7	5	1/3	1	1
D2	1/7	1	1/3	1/7	1/5	1/5
D3	1/5	3	1	1/5	1/3	1/3
D4	3	7	5	1	3	3
D5	1	5	3	1/3	1	1
D6	1	5	3	1/3	1	1

表 4-7 E1—E3 判断矩阵

评分表格 5	E1	E2	E3
E1	1	1/3	1/5
E2	3	1	1/3
E3	5	3	1

表 4-8 F1—F3 判断矩阵

评分表格 6	F1	F2	F3
F1	1	1	5
F2	1	1	5
F3	1/5	1/5	1

表 4-9 G1—G6 准则层判断矩阵

评分表格 7	G1	G2	G3	G4	G5	G6
G1	1	1/7	1/7	1/3	1/3	1/5
G2	7	1	1	5	5	3
G3	7	1	1	5	5	3
G4	3	1/5	1/5	1	1	3
G5	3	1/5	1/5	1	1	3
G6	5	1/3	1/3	1/3	1/3	1

（3）对判断矩阵进行一致性检验

通过 $CR=\dfrac{CI}{RI}$（CR：判断矩阵的随机一致性比率；CI：一致性指标；RI：平均随机一致性指标）公式对判断矩阵的一致性进行检验。经验值为 CR<0.1，即判定判断矩阵的一致性不存在显著问题，可以获取各指标的权重。该部分是为了防止出现 A 比 B 重要，B 比 C 重要，C 比 A 重要等类似的循环逻辑错误。

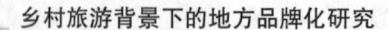

（4）利用层次分析法（和积法）求层次权重

通过一致性检验的判断矩阵可以进行层次权重的计算。

①将判断矩阵每一列归一化：

$$U_{ij}=u_{ij}/\sum_{k=1}^{n}u_{ij}\ (i,\ j=1,\ 2,\ \cdots\cdots,\ n)$$

②每一列经正规化后的判断矩阵按行相加：

$$w_i=\sum_{k=1}^{n}u_{ij}\ (i,\ j=1,\ 2,\ \cdots\cdots,\ n)$$

③对 $w=(w_i,\ w_w,\ \cdots\cdots,\ w_n)^T$ 做正规化处理：

$$W_i=w_i/\sum_{k=1}^{n}w_j/(i=1,\ 2,\ \cdots\cdots,\ n)$$

④计算判断矩阵的最大特征根：

$$\lambda_{\max}=\left(\frac{1}{n}\right)\sum_{k=1}^{n}\frac{(PW)_i}{W_i}$$

结果如下。

表 4-10　A1—A3 基于对上层目标的向量归一化及矩阵随机一致性检验

评分表格 1	A1	A2	A3	W_i（权重）	整体排序
A1	0.71	0.71	0.71	0.7143	9
A2	0.14	0.14	0.14	0.1429	16
A3	0.14	0.14	0.14	0.1429	16
二阶指标层组合一致性比例（CR=CI/RI）：0.0000；最大特征根 $\lambda_{\max}$：3.0000					

表 4-11　B1—B3 基于对上层目标的向量归一化及矩阵随机一致性检验

评分表格 2	B1	B2	B3	W_i（权重）	整体排序
B1	0.47	0.47	0.47	0.4667	1
B2	0.47	0.47	0.47	0.4667	1
B3	0.07	0.07	0.07	0.0667	10
二阶指标层组合一致性比例（CR=CI/RI）：0.0000；最大特征根 $\lambda_{\max}$：3.0000					

第四章 专题一：Z省乡村旅游发展环境和品牌竞争力评价报告

表4-12 C1—C5基于对上层目标的向量归一化及矩阵随机一致性检验

评分表格3	C1	C2	C3	C4	C5	W_i（权重）	整体排序
C1	0.07	0.14	0.08	0.05	0.03	0.0713	12
C2	0.02	0.05	0.07	0.05	0.03	0.0406	17
C3	0.39	0.33	0.50	0.54	0.52	0.4634	2
C4	0.33	0.29	0.25	0.27	0.31	0.2911	4
C5	0.20	0.19	0.10	0.09	0.10	0.1336	6
二阶指标层组合一致性比例（CR=CI/RI）：0.0523；最大特征根 λ_{max}：5.2343							

表4-13 D1—D6基于对上层目标的向量归一化及矩阵随机一致性检验

评分表格4	D1	D2	D3	D4	D5	D6	W_i（权重）	整体排序
D1	0.16	0.25	0.29	0.14	0.15	0.15	0.1899	11
D2	0.02	0.04	0.02	0.06	0.03	0.03	0.0324	19
D3	0.03	0.11	0.06	0.09	0.05	0.05	0.0618	18
D4	0.47	0.25	0.29	0.43	0.46	0.46	0.3969	8
D5	0.16	0.18	0.17	0.14	0.15	0.15	0.1595	13
D6	0.16	0.18	0.17	0.14	0.15	0.15	0.1595	13
二阶指标层组合一致性比例（CR=CI/RI）：0.0311；最大特征根 λ_{max}：6.1958								

表4-14 E1—E3基于对上层目标的向量归一化及矩阵随机一致性检验

评分表格5	E1	E2	E3	W_i（权重）	整体排序
E1	0.11	0.08	0.13	0.1047	14
E2	0.33	0.23	0.22	0.2583	7
E3	0.56	0.69	0.65	0.637	3
二阶指标层组合一致性比例（CR=CI/RI）：0.0370；最大特征根 λ_{max}：3.0385					

表4-15 F1—F3基于对上层目标的向量归一化及矩阵随机一致性检验

评分表格6	F1	F2	F3	W_i（权重）	整体排序
F1	0.45	0.45	0.45	0.4545	5
F2	0.45	0.45	0.45	0.4545	5
F3	0.09	0.09	0.09	0.0909	15
二阶指标层组合一致性比例（CR=CI/RI）：0.0000；最大特征根 λ_{max}：3.0000					

乡村旅游背景下的地方品牌化研究

表 4-16 G1—G6 准则层基于对上层目标的向量归一化及矩阵随机一致性检验

评分表格 7	G1	G2	G3	G4	G5	G6	W_i（权重）	整体排序
G1	0.04	0.05	0.05	0.03	0.03	0.02	0.0329	4
G2	0.27	0.35	0.35	0.39	0.39	0.23	0.3366	1
G3	0.27	0.35	0.35	0.39	0.39	0.23	0.3366	1
G4	0.12	0.07	0.07	0.08	0.08	0.23	0.1056	2
G5	0.12	0.07	0.07	0.08	0.08	0.23	0.1056	2
G6	0.19	0.12	0.12	0.03	0.03	0.08	0.0827	3
一阶准则层组合一致性比例（CR=CI/RI）：0.0887；最大特征根 λ_{max}：6.5590								

见表 4-17，在 Z 省乡村旅游情境下，准则层的情况，政策目标的可辨识性被赋予了最低的重要性，而政策资源的可调动性和政策执行机构的效率性则被赋予了同等重要的第一顺位重要性，其次是政策执行者偏好和政策执行方式，再次是政策系统环境。而指标层层面，（乡村）旅游产业政策的出台带动其他行业制定与之相配套的系列政策以及（乡村）旅游产业政策的出台带动其他行业制定与之相配套的规章制度被视作最具重要性维度，而（乡村）旅游产业政策得到有效执行则不被视作具有较高辨识度的相关要素，这与之前所做的事前研究结果一致。即乡村旅游政策的具体实施并没有得到 Z 省相关部门的重视，而政策体系的不健全则被视作阻碍 Z 省全域乡村旅游发展的重要问题。由于参与德尔菲过程并给予赋值的均为 Z 省旅游领域的专家（包括学术机构相关专家以及旅游政策执行部门相关专家），因此该结果被视作具有一定的代表性。

表 4-17 分层次权重排序

编号	层次权重	排序
G1	0.0329	4
G2	0.3366	1
G3	0.3366	1
G4	0.1056	2
G5	0.1056	2
G6	0.0827	3
A1	0.0235	9
A2	0.0047	16
A3	0.0047	16

第四章 专题一：Z省乡村旅游发展环境和品牌竞争力评价报告

续表

编号	层次权重	排序
B1	0.1571	1
B2	0.1571	1
B3	0.0224	10
C1	0.024	12
C2	0.0137	17
C3	0.156	2
C4	0.098	4
C5	0.045	6
D1	0.0201	11
D2	0.0034	19
D3	0.0065	18
D4	0.0419	8
D5	0.0168	13
D6	0.0168	13
E1	0.0111	14
E2	0.0273	7
E3	0.0673	3
F1	0.0376	5
F2	0.0376	5
F3	0.0075	15

2. 模糊评价分析（FCE）

为了对七个地级市的乡村旅游政策执行情况进行分析，并获取相对竞争力，我们通过滚雪球的方式面向乡村旅游相关政府工作人员和学术机构相关领域专家发出模糊评价分析（FCE）的邀请，共回收12人次针对七个地级市的评价数据。模糊评价分析是将专家的定性评判转换成定量数据，并通过一定的计算获取某任务表现或某商品竞争力的有效方式。结合AHP层次分析所得出的权重值，可以有效进行系统且较高信度的评价。

其具体步骤为：

①确定评价对象的指标体系U：

P个评价对象指标，U={u_1, u_2, ……, u_p}

②构建评价集V，该评价集是由一系列对对象的评语构成，如本研究所采用的优、良、中、差、劣五种评语。

V={v_1, v_2, ……, v_p}，每一个等级针对一个模糊的子集。

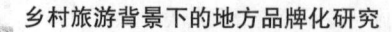

③量化模糊隶属矩阵 R，本研究所采用的量化方式为优（100—80）、良（80—60）、中（60—40）、差（40—20）、劣（20—0）。如下：

$$R = \begin{bmatrix} R| & u_1 \\ R| & u_2 \\ \cdots & \\ R| & u_p \end{bmatrix} = \begin{bmatrix} r_{11} & r_{12} & \cdots r_{1m} \\ r_{21} & r_{12} & \cdots r_{2m} \\ \cdots & \cdots & \cdots \\ r_{p1} & r_{p2} & \cdots r_{pm} \end{bmatrix}_{pm}$$

④将权重集 K（AHP 分析结果）和矩阵 R 进行加权，最终得到评判结果向量 S。

$$K*R = (a_1, a_2, \cdots\cdots, a_p) \begin{bmatrix} r_{11} & r_{11} & \cdots r_{1m} \\ r_{21} & r_{11} & \cdots r_{2m} \\ \cdots & \cdots & \cdots \\ r_{p1} & r_{p2} & \cdots r_{pm} \end{bmatrix} = (b_1, b_2, \cdots\cdots, b_m) = S$$

⑤对评判结果进行排序以对多个被评事物进行竞争力评价。该排序可以是最终结果或是对准则层乃至指标层的分要素排序。

利用 yaahp 软件，利用下表的评价等级论域作为专家模糊评价基准生成模糊评价问卷，获取专家评测数据。

表 4-18　FCE 模糊评价准则

优	良	中	劣	差
100	80	60	40	20

通过导入专家评测数据，结合 AHP 分析的权重结果，最终得出 Z 省七个地级市的乡村旅游政策执行情况排名如下表。

表 4-19　各地级市模糊综合评价分析隶属度

地级市	综合评价分数	评价等级	隶属度
S 市	72.6441	优	0.2100
		良	0.3508
		中	0.3346
		劣	0.0707
		差	0.0340
Q 市	65.1158	优	0.2044
		良	0.2610
		中	0.2756
		劣	0.1040
		差	0.1550

第四章 专题一：Z省乡村旅游发展环境和品牌竞争力评价报告

续表

地级市	评价		
	综合评价分数	评价等级	隶属度
L市	65.0997	优	0.0766
		良	0.2415
		中	0.6058
		劣	0.0126
		差	0.0635
N市	61.2745	优	0.0217
		良	0.3903
		中	0.2950
		劣	0.2160
		差	0.0770
R市	55.3526	优	0.0000
		良	0.0443
		中	0.6790
		劣	0.2767
		差	0.0000
P市	55.1410	优	0.0000
		良	0.2096
		中	0.4900
		劣	0.1481
		差	0.1522
C市	53.3327	优	0.0150
		良	0.1607
		中	0.4285
		劣	0.2676
		差	0.1282

结合隶属度和综合评价分数的两方因素，确定模糊评价分析的结果中，S市的乡村旅游政策执行情况被评价最高（良、中），其次是N市（良、中）、Q市（中、良）、L市（中）、R市（中）、P市（中），最差的是C市（中），该结果与事前研究者的预计略有出入（L市、S市、R市、N市、C市、Q市、P市），从侧面确证了乡村旅游的政策执行情况并非乡村旅游品牌竞争力的唯一决定性因素。

随后基于准则层的地区评分如下表所示。对于S市而言，当前最优的政策执行内容是政策系统环境，而最差的维度则是政策执行方式；对于Q市而言，最优的维度是政策目标的可辨识度，最差维度是政策执行机构的

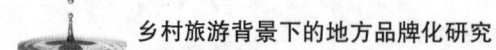

效率性；对于 L 市而言，最优维度和最差维度同样分别为政策目标的可辨识度和政策执行机构的效率性；对于 N 市而言，最优维度则为政策系统环境，最差维度为政策资源的可调动性，R 市同样如此；对于 P 市而言，最优维度为政策资源的可调动性，最差维度为政策执行者偏好；对于 C 市而言，最优维度为政策系统环境，最差维度则是政策执行方式。

表 4-20　分层次别各地级市模糊综合评价分析结果

地区[①]	准则层	评分
S 市	G1	73.7662
	G2	71.2727
	G3	71.3376
	G4	72.5914
	G5	69.6907
	G6	86.9421
Q 市	G1	72.4675
	G2	64.3636
	G3	61.8434
	G4	66.4322
	G5	69.4115
	G6	71.4050
L 市	G1	80.0000
	G2	68.3333
	G3	54.3509
	G4	65.2805
	G5	73.6301
	G6	78.6364
N 市	G1	63.8095
	G2	55.1111
	G3	64.9306
	G4	56.6391
	G5	56.5562
	G6	82.4242

---

① G1—G6：政策目标的可辨识性、政策资源的可调动性、政策执行机构的效率性、政策执行者偏好、政策执行方式、政策系统环境。

第四章 专题一：Z省乡村旅游发展环境和品牌竞争力评价报告

续表

地区	准则层	评分
R市	G1	62.8571
	G2	50.8889
	G3	57.3433
	G4	51.4249
	G5	54.5434
	G6	68.4848
P市	G1	60.0000
	G2	70.0000
	G3	44.2473
	G4	42.6594
	G5	48.9527
	G6	60.9091
C市	G1	54.2857
	G2	53.0667
	G3	50.2138
	G4	53.9987
	G5	45.1313
	G6	76.3636

对于Z省整体而言，最具竞争力的是S市的政策系统环境，这与S市作为Z省首府所在地有密切关系，而最不具竞争力的则是P市的政策执行者偏好（或力度），即P市的政策执行者较之其他地区较难以在乡村旅游开发过程中获得成就感。

而从维度方面进行分析，关于政策目标的可辨识性，L市最高、C市最低；关于政策资源的可调动性，S市最高、R市最低；关于政策执行机构的效率性，S市最具竞争力、P市竞争力最低；对于政策执行者偏好而言，同样S市最具竞争力、P市竞争力最低；对于政策执行方式而言，L市最高、C市最低；对于政策系统环境而言，S市最具竞争力，而P市最不具备竞争力。

根据取长补短的原则，针对地区方面而言，各地区应该在进一步提升自己优势政策执行维度的同时，加大劣势政策执行维度的倾向性投入；以维度别而言，Z省政府决策部门应该通过加大对P市的乡村旅游政策倾斜完善该地区的政策体系环境，同时提升P市政策执行者获得感和政策执行效率；进一步优化 C 市地区的政策目标可辨识性以及改善该地区的政策执行方式；通过简政放权强化 R 市的政策资源可调动性。

本研究采用 AHP-FCE 分析法，对 Z 省七个地级市乡村旅游政策执行力进行了相对竞争力的评价。在先行研究的基础上，我们构建了乡村旅游政策执行力评价指标体系，并通过各指标权重计算结果可知，在 Z 省乡村旅游发展情境下，乡村旅游政策的具体实施乃至政策体系的不健全被视作阻碍 Z 省全域乡村旅游发展的主要问题。未来 Z 省乡村旅游政策体系需要进一步健全，而政策的实施力度则需要进一步加强。在模糊综合评价的基础上，研究发现，各地级市均存在乡村旅游政策实施的优势点以及劣势点。未来需要将各地级市的优势点（如 L 市的政策目标的可辨识性、S 市的政策资源的可调动性以及政策执行机构的效率性等）进行提炼并推广至其他地级市，同时将各地级市的劣势点（如 P 市的政策执行者偏好和政策执行方式、C 市的政策目标的可辨识性等）作为未来工作的重要方向，通过"强弱势、补短板"提升 Z 省整体乡村旅游的政策执行竞争力。

二、Z 省乡村旅游市场环境分析

市场环境分析是针对某产品所面向市场的潜在容量、客源、需求等进行针对性分析的方法。Z 省乡村旅游市场环境分析有助于乡村旅游研究和开发者了解客源需求、获取产品属性，以采取针对性的市场开发方案。

进行市场环境分析的方法有很多，如 SWOT 分析、栅格分析、IPA 分析、波特五力模型等。本研究采用 IPA 分析的方法，原因在于 IPA 分析可以一次收集旅游者的感知重要性和感知满意度，同时分析重要性感知和满意度感知间的差异，构建四维模型，以协助政府和旅游开发部门进行有针对性的市场资源投放。对于探究以游客满意度、提升整体服务质量属性为最终目的的乡村旅游市场环境分析，IPA 分析是极为适合的。

（一）属性因子和测量工具的选择

本研究综述了近年来有关乡村旅游目的地属性因子相关的研究内容，包括游客感知价值、满意度、吸引力等不同侧面。通过整合先行研究中的因子和解释问项，并结合专家小组的座谈，以乡村旅游目的地的共性为基准，以Z省乡村旅游的特殊性为研究情境，共筛选出18个一级维度和67个二级问项，见表4-21，包括文化环境、自然环境、公共服务设施、周边环境、旅游花费、交通设施、旅游景区基础设施、餐饮设施、住宿设施、景区容量、特色资源、特色项目、旅游纪念品、旅游信息可接近性、旅游线路设计、通信设施、服务质量、主客交互等。通过滚雪球的方式在问卷星软件上进行问卷调查，最终回收有效问卷191份。单一纬度的信度分析均大于0.7，具有较高的内部一致性。

表4-21 市场环境属性因子

因子	说明问项	编号	信度
文化环境 （CE1—CE8）	传统民风民俗	CE1	0.888
	建筑/布局有乡村特点	CE2	
	整体人文环境和谐且有吸引力	CE3	
	建筑/布局与环境融洽	CE4	
	乡村生活方式	CE5	
	农事劳动场景	CE6	
	旅游地乡村氛围浓厚	CE7	
	悠闲的生活节奏	CE8	
自然环境 （NE1—NE7）	田园景观	NE1	0.905
	山水景观	NE2	
	植被景观	NE3	
	景观类型的多样性	NE4	
	自然清新的空气	NE5	
	旅游地整洁卫生	NE6	
	旅游地拥有良好的生态环境	NE7	
公共服务设施 （PI1—PI2）	当地的社会治安	PI1	0.797
	消防和医疗设施的配备	PI2	
周边环境（SE）	周边环境及旅游资源	SE	
旅游花费（TC）	花费物有所值	TC	
交通设施 （TI1—TI3）	内部交通有利于旅游活动开展	TI1	0.811
	外部交通方便舒适	TI2	
	有足够的停车场地	TI3	

续表

因子	说明问项	编号	信度
旅游景区基础设施（T1—T7）	有醒目的旅游指引设施和标志	T1	0.900
	医疗设施完备	T2	
	厕所方便、干净	T3	
	垃圾回收设施完备	T4	
	休息区	T5	
	便利店	T6	
	休闲娱乐场所（网吧、酒吧等）	T7	
餐饮设施（R1—R3）	餐饮有特色、口味好	R1	0.903
	餐饮卫生有保证	R2	
	餐饮价格适中	R3	
住宿设施（H1—H5）	住宿卫生有保证	H1	0.916
	住宿方便舒适	H2	
	住宿有乡村特色	H3	
	住宿设施齐全	H4	
	住宿价格合理	H5	
景区容量（CR）	拥挤程度	CR	
特色资源（FR1—FR3）	农业资源丰富且有特色	FR1	0.897
	乡村文化景观有吸引力	FR2	
	环境原生态	FR3	
特色项目（I1—I6）	丰富的农事活动	I1	0.932
	有特色的农事、民俗节庆活动	I2	
	项目丰富且体验性强	I3	
	乡村活动项目参与性强	I4	
	活动项目的新奇程度	I5	
	项目的价格适中	I6	
旅游纪念品（SG1—SG5）	本地传统手工艺品很有特色	SG1	0.900
	本地有能代表地方特色的土特产品	SG2	
	本地的纪念品值得购买	SG3	
	纪念品价格适中	SG4	
	纪念品质量较好	SG5	
旅游信息可接近性（TIS1—TIS4）	来之前旅游信息的获取便利	TIS1	0.911
	在现场旅游信息的获取便利	TIS2	
	旅游反馈与投诉机制完善	TIS3	
	游览解说系统	TIS4	
旅游线路设计（TR1）	旅游线路	TR1	
通信设施（COM1—COM2）	有全面覆盖的免费wifi信号	COM1	0.743
	4G信号强度强	COM2	

续表

因子	说明问项	编号	信度
服务质量 （SQ1—SQ6）	服务人员素质高	SQ1	0.930
	服务人员衣着整洁、统一	SQ2	
	服务人员值得信赖	SQ3	
	服务人员的服务意识强	SQ4	
	服务人员的服务规范程度高	SQ5	
	服务效率高	SQ6	
主客交互 （RES1—RES2）	和本地居民的交流很愉快	RES1	0.840
	本地居民的态度很友好	RES2	

（二）市场基础特性分析

市场基础特性分析包括对一般市场特性的描述性统计和市场整体满意度的分析。

1. 一般市场特性分析

表 4-22　一般市场特性分析

项目（N=191）		频数	比例（%）
性别	男	82	42.9
	女	109	57.1
年龄	20 岁及以下	2	1.0
	21—30 岁	66	34.6
	31—40 岁	79	41.4
	41—50 岁	37	19.4
	40 岁以上	7	3.7
教育程度	初中及以下	3	1.6
	中专及高中	27	14.1
	大学	112	58.6
	研究生及以上	49	25.7
职业	政府和事业单位人员	53	27.7
	自由业者	45	23.6
	公司职员	19	10.0
	其他	74	38.7
婚姻状况	已婚	116	60.7
	未婚	69	36.1
	其他	6	3.1

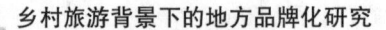

续表

项目（*N*=191）		频数	比例（%）
月均收入（元）	3000 以下	40	20.9
	3001-5000	37	19.4
	5001-8000	42	22.0
	8 000 以上	72	37.7
民族	汉族	151	79.1
	藏族	33	17.3
	其他	7	3.7
同伴类型	同事	46	24.1
	朋友/家人	111	58.1
	独自	15	7.9
	其他	19	10.0

2.市场整体满意度分析

市场整体满意度的分析显示，目前 Z 省乡村旅游市场的整体满意度处于一般水平。由于每位受访者所体验的乡村旅游目的地不同，本研究无法追溯每位受访者对整个 Z 省乡村旅游的一般性评价，因此，本研究将受访者对最近一次乡村旅游体验中的属性评价作为研究对象。因此，研究者在问卷设计中设置了最近一次/本次乡村旅游体验的满意度以及再访意图，对 Z 省乡村旅游状况的整体满意度以及访问意图四个问题。通过研究本次乡村旅游满意度和整体满意度之间的因果关系，以及本地乡村旅游满意度和再访意图之间的因果关系，本研究证实了用最近一次乡村旅游体验评价代替对整个 Z 省乡村旅游评价的可行性，结果均表现出显著的正向影响，见下表。

表 4-23 满意度的描述性统计

描述统计量	均值	标准差
本次乡村旅游满意度	3.7083	1.01473
Z 省乡村旅游满意度	3.6927	1.03820
本次乡村旅游再访意图	3.80	1.056
Z 省乡村旅游再访意图	3.94	0.980

表4-24 本次乡村旅游满意度对Z省乡村旅游满意度的影响关系

独立因子	非标准化系数 B	标准误	标准系数	t	Sig.	VIF
常量	0.331	0.132		2.502	0.013	
本次乡村旅游满意度	0.907	0.034	0.886	26.348	0.000	1.000

R方：0.785；调整R方：0.784；F：694.234；Sig.：0.000
从属变量：Z省乡村旅游满意度

表4-25 本次乡村旅游满意度对本次乡村旅游再访问意图的影响关系

独立因子	非标准化系数 B	标准误	标准系数	t	Sig.	VIF
常量	0.476	0.148		3.217	0.002	
本次乡村旅游满意度	0.896	0.038	0.860	23.269	0.000	1.000

R方：0.740；调整R方：0.739；F：541.444；Sig.：0.000
从属变量：本次乡村旅游再访问意图

3. IPA分析

研究通过以下流程进行正式的IPA分析。首先，对每个问项所代表的单一属性进行成对样本差异分析，以确证哪些属性的游客感知重要性和满意度之间存在显著差异。其次，对18个一级维度所代表的核心属性进行成对样本差异分析，以确证哪些核心维度的游客感知重要性和满意度之间存在显著差异。最后，设计IPA四维分析图，精准定位以一级维度和二级属性为对象的Z省乡村旅游属性分类，以分析Z省乡村旅游市场的环境现状和发展方向。

（1）单一属性差异分析

单一属性差异分析结果显示，除悠闲的生活节奏（CE8）和休闲娱乐场所（T7）两个属性外，其他65个属性均表现出重要性—满意度之间的显著差异，且满意度显著大于重要性，见下表。

表 4-26　成对样本检验

		t	df	Sig.（双侧）
对 1	CE1—CE1	7.695	191	0.000
对 2	CE2—CE2	5.346	191	0.000
对 3	CE3—CE3	7.880	191	0.000
对 4	CE4—CE4	6.139	191	0.000
对 5	CE5—CE5	4.702	191	0.000
对 6	CE6—CE6	3.157	191	0.002
对 7	CE7—CE7	4.845	191	0.000
对 8	CE8—CE8	1.470	191	0.143
对 9	NE1—NE1	5.549	191	0.000
对 10	NE2—NE2	3.811	191	0.000
对 11	NE3—NE3	4.835	191	0.000
对 12	NE4—NE4	4.936	191	0.000
对 13	NE5—NE5	5.343	191	0.000
对 14	NE6—NE6	10.229	191	0.000
对 15	NE7—NE7	8.197	191	0.000
对 16	PI1—PI1	7.447	191	0.000
对 17	PI2—PI2	9.961	191	0.000
对 18	SE—SE	6.668	191	0.000
对 19	TC—TC	7.385	191	0.000
对 20	TI1—TI1	9.228	191	0.000
对 21	TI2—TI2	8.668	191	0.000
对 22	TI3—TI3	6.380	191	0.000
对 23	T1—T1	8.016	191	0.000
对 24	T2—T2	9.058	191	0.000
对 25	T3—T3	12.528	191	0.000
对 26	T4—T4	11.388	191	0.000
对 27	T5—T5	8.197	191	0.000
对 28	T6—T6	7.289	191	0.000
对 29	T7—T7	−1.892	191	0.060
对 30	R1—R1	9.157	191	0.000
对 31	R2—R2	12.386	191	0.000
对 32	R3—R3	8.777	191	0.000
对 33	H1—H1	11.380	191	0.000
对 34	H2—H2	11.221	191	0.000
对 35	H3—H3	7.811	191	0.000
对 36	H4—H4	9.165	191	0.000
对 37	H5—H5	9.275	191	0.000
对 38	CR—CR	6.456	191	0.000
对 39	FR1—FR1	8.275	191	0.000

第四章 专题一：Z省乡村旅游发展环境和品牌竞争力评价报告

续表

		t	df	Sig.（双侧）
对40	FR2—FR2	8.857	191	0.000
对41	FR3—FR3	7.311	191	0.000
对42	I1—I1	6.151	191	0.000
对43	I2—I2	8.874	191	0.000
对44	I3—I3	8.941	191	0.000
对45	I4—I4	7.660	191	0.000
对46	I5—I5	7.084	191	0.000
对47	I6—I6	8.168	191	0.000
对48	SG1—SG1	8.382	191	0.000
对49	SG2—SG2	7.843	191	0.000
对50	SG3—SG3	5.883	191	0.000
对51	SG4—SG4	5.895	191	0.000
对52	SG5—SG5	7.832	191	0.000
对53	TIS1—TIS1	9.212	191	0.000
对54	TIS2—TIS2	9.024	191	0.000
对55	TIS3—TIS3	9.048	191	0.000
对56	TIS4—TIS4	7.301	191	0.000
对57	TR1—TR1	7.812	191	0.000
对58	COM1—COM1	5.952	191	0.000
对59	COM2—COM2	8.490	191	0.000
对60	SQ1—SQ1	9.254	191	0.000
对61	SQ2—SQ2	6.364	191	0.000
对62	SQ3—SQ3	9.888	191	0.000
对63	SQ4—SQ4	10.655	191	0.000
对64	SQ5—SQ5	8.634	191	0.000
对65	SQ6—SQ6	10.412	191	0.000
对66	RES1—RES1	7.980	191	0.000
对67	RES2—RES2	6.421	191	0.000

（2）分类属性差异分析

分类属性差异分析结果显示，18个一级维度的重要性—满意度同样表现出显著差异，且重要性感知大于满意度感知。由此可知，无论从一级维度还是从二级属性方面来看，Z省乡村旅游市场环境均表现较差。不管是在资源环境的有效利用和保护方面，还是在目的地基础设施和公共服务方面，均呈现出消极的市场表现。

表 4-27　成对样本检验

		t	df	Sig.（双侧）
对 1	文化环境—文化环境表现	6.530	191	0.000
对 2	自然环境—自然环境表现	7.898	191	0.000
对 3	公共服务设施—公共服务设施表现	9.662	191	0.000
对 4	周边环境—周边环境表现	6.668	191	0.000
对 5	旅游花费—旅游花费表现	7.385	191	0.000
对 6	交通设施—交通设施表现	9.559	191	0.000
对 7	旅游景区基础设施—旅游景区基础设施表现	9.969	191	0.000
对 8	餐饮设施—餐饮设施表现	11.138	191	0.000
对 9	住宿设施—住宿设施表现	11.221	191	0.000
对 10	景区容量—景区容量表现	6.456	191	0.000
对 11	特色资源—特色资源表现	9.322	191	0.000
对 12	特色项目—特色项目表现	9.659	191	0.000
对 13	旅游纪念品—旅游纪念品表现	8.590	191	0.000
对 14	旅游信息可接近性—旅游信息可接近性表现	9.611	191	0.000
对 15	旅游线路设计—旅游线路设计表现	7.812	191	0.000
对 16	通信设施—通信设施表现	7.822	191	0.000
对 17	服务质量—服务质量表现	10.769	191	0.000
对 18	主客交互—主客交互表现	7.815	191	0.000

（3）二级属性 IPA 分析

表 4-28　二级维度 IPA 分组

基于基础属性	低重要性	高重要性
高表现	5、7、8、12、18、35	1、2、3、4、9、10、11、13、14、15、16、19、21、23、39、40、41、67
低表现	6、29、32、38、42、45、46、47、48、49、50、51、52、54、55、56、58、61	7、17、20、22、24、25、26、27、28、30、31、33、34、36、37、39、43、44、53、57、59、60、62、63、64、65、66

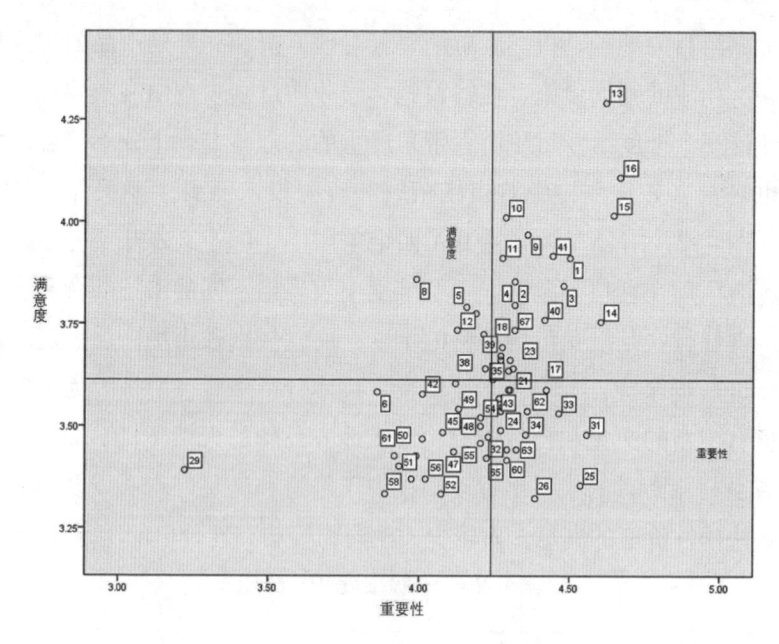

第四章 专题一：Z 省乡村旅游发展环境和品牌竞争力评价报告

图 4-1 二级维度 IPA 分布图

（4）分类属性 IPA 分析

见表 4-29，根据分类属性（一级维度）的 IPA 四维表现情况来看，文化环境和旅游线路设计被市场感知为较低重要性但较高表现的维度。从 IPA 分析的角度来看，这两个维度属于今后市场开拓中可以较少投入公共资源的部分。就 Z 省乡村旅游的资源属性特征而言，文化环境和乡村故事是其最具竞争力的维度，也是形成"一地一品"地方品牌化的核心维度。但同时，也是需要保持本真、不加雕饰的维度。以 Z 省目前几处知名的乡村旅游目的地为对象的研究结果显示，当前，Z 省乡村旅游目的地在充分发掘地方文化方面存在不足，反而投入大量资源在舞台化设施（如 D 村的 CS 基地和"假"温泉）方面。虽然这些设施耗费了大量公共资源，但并未得到市场的认可。自然环境、公共服务设施、周边环境、旅游花费、交通设施、特色资源、主客交互表现出高重要性和高表现，说明这 7 个维度的市场认可度较好，需要继续保持。旅游景区基础设施、景区容量、特色项目、旅游纪念品、旅游信息可接近性、通信设施等 6 个维度表现出低重要性和低表现，这从侧面说明了 Z 省乡村旅游者的旅游动机不同于去往其他旅游目的地的动机。旅游消费者对地方资源和外延产品的重视程度并不高。相应的餐饮设施、住宿设施、服务质量则表现出高重要性、低表现，即这三个维度给乡村旅游者带来严重的心理落差，十分不符合市场期待，也是未来Z省乡村旅游市场拓展和资源投入需要主要关注的地方。

如图4-2，结合二级属性IPA四维象限图，综上，Z省乡村旅游情境下的旅游活动在食住行游购娱六个维度中表现出不同的市场期待和表现。其中，食住行娱是最受市场期待的维度，而食住则被市场广泛诟病。行娱则需要进一步保持，游购较不被重视。整体分析来看，游是因为Z省乡村已经拥有丰富的文化和自然资源，形成地方品牌的天然契机。而购则是因为Z省乡村旅游者的主要出行动机集中于逃避和满足好奇心以及追寻文化本真等快乐性价值的满足，而较少关注购物等功利性价值的满足。

表4-29　一级维度IPA分组

基于因子属性	低重要性	高重要性
高表现	1、15	2、3、4、5、6、11、18
低表现	7、10、12、13、14、16	8、9、17

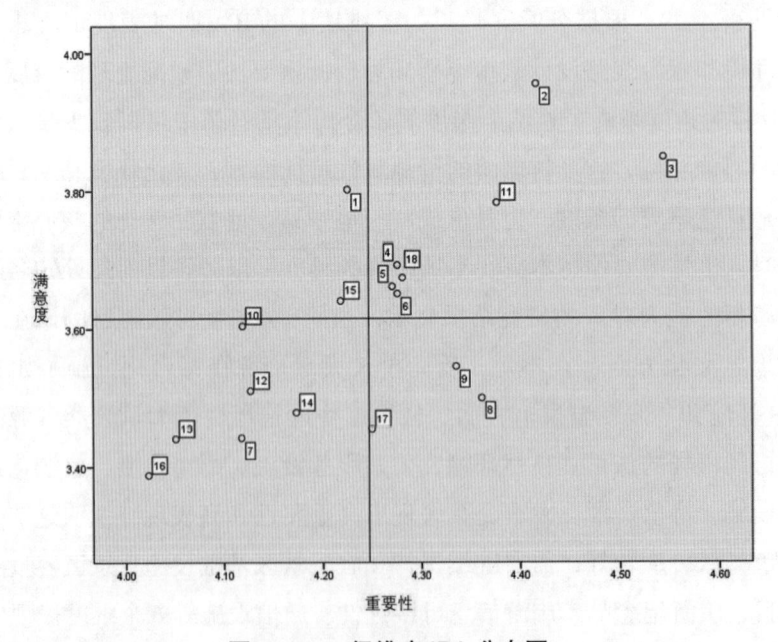

图4-2　一级维度IPA分布图

三、Z省乡村旅游资源环境分析

目前，对于乡村旅游资源的评价，常采用多目标多因子评价方法，由资源价值、开发条件及开发价值来决定（见表4-30）。然而，这种定量的权重式专家评价并不适用于本研究。主要原因在于，能够准确客观把握所有乡村旅游目的地品牌的专家很少。在专家征集过程中，大部分人仅对27个乡村旅游代表性品牌中的3—5个有所了解，因此，评分权重分析缺乏其实施的客观背景。因此，本研究采用定性的研究方法，召集包括地方文化专家、政府相关工作人员、导游、旅游管理领域专家以及全程参与本课题调研的研究生在内的15人进行焦点小组访谈，对Z省整体的乡村旅游资源特性进行定性分析，并通过结合网络游记的方式，描绘Z省乡村旅游资源特性图景。

表4-30　乡村旅游资源等级评价指标及权重

目标层	综合评价层	项目评价层	评价因子层	评分标准			
乡村旅游资源	资源价值（60）	乡村性（30）	典型性（15）	极典型（15—10）	较典型（9—5）	一般（4—1）	
			观赏性（8）	极强（8—6）	较强（5—3）	一般（4—1）	
			文化性（4）	极有特色（4）	较有特色（3—2）	一般（1）	
			科普性（3）	很强（3）	较强（2）	一般（1）	
		参与性（15）	趣味性（8）	很有趣（8—7）	较有趣（6—4）	一般（3—1）	
			参与度（7）	极强（7—6）	强（5—4）	一般（3—1）	
		珍稀奇特性（8）		十分奇特（8—7）	奇特（6—4）	一般（3—1）	
		规模与容量（4）		非常大（4）	很大（3—2）	一般（1）	
		知名度（3）		全国知名（3）	省内知名（2）	一般（1）	

续表

目标层	综合评价层	项目评价层	评价因子层	评分标准		
乡村旅游资源	开发条件（30）	环境质量（10）	旅游环境（7）	非常好（7—6）	较好（5—4）	一般（3—1）
			村容村貌（3）	非常好（3）	较好（2）	一般（1）
		市场潜力（7）		非常大（7—6）	大（5—4）	一般（3—1）
		区位交通（5）		非常便利（5）	较便利（4—3）	一般（2—1）
		基础设施（4）		非常完善（4）	较便利（3）	一般（2—1）
		政策原因（2）		非常支持（2）	一般支持（1）	不支持（0）
		旅游人才（2）		非常齐全（2）	一般（1）	紧缺（0）
	开发价值（10）	旅游带动效应（6）		很强（6—5）	较强（4—3）	一般（2—1）
		旅游综合价值（4）		很大（4）	较大（3）	一般（2—1）

定性分析的结果如下：

①Z省乡村旅游资源的乡村性特征极强，同时有明显的地域性和区别性特征。地域性和区别性特征主要表现在Z省各地乡村所区别化的自然地理特性以及文化社会特性。正如孙林（2010）在书中所指出，Z省乡村虽然在长期的交往交融中形成了一些特有的文化氛围，但基于地理适应性的Z省乡村文化和社会情境保留了其特殊性，并不能用单纯的宗教性来囊括所有的农牧区特征。对于Z省乡村旅游资源的乡村性而言，具有乡愁特性的乡村氛围固然存在，但特殊的乡村文化和宗教社会特征同样令其具有地方认同形成的基本元素。尤其是以神山圣湖或活佛寺庙为中心的曼陀罗式的坛城化村落景观或游牧方式，令其乡村性始终处于区别于他者的自然景观"文化化"以及文化景观"自然化"的双重勾连状态。此外，某些村落的乡村性是后天形成的，例如Z省L市某村因处于国道必经路段而逐渐形成独特的民宿式村居景观，或N市某村因其独特的红色氛围而形成特殊的红色旅游乡村景观。

②Z省乡村旅游资源丰富，但缺乏品牌化和规模化效应。由于多样的乡村旅游资源和区别化的资源特征，Z省乡村旅游很难形成整合化的品牌伞。现有的较为成功的乡村旅游品牌大多依托于交通的便利性或周边景区的带动性，如Z省S市D村以及L市M村，但通过本身文化的吸引力而形成独特的地方品牌存在较大难度。最典型的例子是S市J村，J村因其独特的食鱼文化在Z省众多乡村中独树一帜，但其地方文化内涵并未被合理发掘，近期更因高速的修建而受到影响。此外，许多村落并不具备与他者竞争的乡村文化资源。

③Z省乡村旅游资源缺乏走出去动能。Z省过于典型的刻板印象令其难以在社会公共形象中实现品牌化突破。核心旅游吸引物品牌掩盖了其他的旅游资源，对于本就接近性较差的Z省乡村旅游资源的走出去而言更是难上加难。近期，铁路的修建为Z省乡村旅游走出去提供了天然的契机。但并非所有的乡村资源都可以借此得到开发的可能。因此，如何通过开一个口子，影响一片区域是当下铁路旅游廊道建设的核心思考方向。将沿线更多地乡村嫁接到铁路旅游廊道品牌中，最大化廊道品牌伞效应是Z省乡村旅游资源走出去的关键。

④Z省乡村旅游资源更为脆弱，可持续性开发的难度，乃至产品转化的难度较大。Z省乡村生态资源非常脆弱，任何人为的入侵都面临着物种的消亡。而另一方面，Z省乡村文化和社会生态系统同样脆弱，基于旅游开发的社会和地方变迁（social change and place change）都可能带来乡村文化和社会生态的崩塌。尤其是旅游开发作为一种"强破坏性"开发模式（因其短时间的地方改变），与"可持续性渐变"之间的冲突是Z省乡村旅游资源开发中所不得不面临的难题。近日，研究者在Z省扶贫展销会上看到Z省某非遗传承人的铜雕，竟然大部分是福禄寿和道教人物，仅有的佛教雕像也"都是机器打的"，"因为汉族人喜欢福禄寿"，这种非遗开发所带来的文化导向性变迁，无疑是对Z省传统技艺的破坏。

四、Z省乡村旅游战略环境和竞争力分析

旅游是世界上最大的带动经济发展的活动之一，旅游业也是许多发展中国家经济增长的主导产业，以及全球就业创造和可持续减贫的重要来源。对于旅游目的地而言，不管是国际旅游目的地还是地区旅游目的地，能够构建可持续的目的地品牌竞争力，最大化地吸引客源地人群是目的地旅游经济繁荣的关键。即便对于客源地而言，目的地的引力作用主要依靠目的地和客源地之间的距离和客源地的潜在游客数量，但目的地的供给质量以及满足客源地需求的能力更为重要。因此，结合目的地和客源地的不同特性，构建准确预测目的地竞争力的测量模型一直是目的地管理者以及学界关注的重点。

作为重要的可持续乡村振兴的工具，开发具有差异性的乡村旅游品牌得到了中央以及各级地方政府的重视。Z省委、省政府一向将乡村旅游开发作为实现Z省乡村脱贫和防止返贫的重要途径。Z省的地域风情以及生态风貌给乡村旅游的发展提供了天然的品牌化资源，而广阔的土地面积以及不同的历史文化积淀，则导致Z省不同地区的乡村旅游面临不同的发展情境。因此，把握Z省各地级市不同的乡村旅游发展竞争优势和劣势，扬长避短，对于全面提升Z省乡村旅游品牌质量，形成良性的Z省各地级市乡村旅游共生路径，拓宽Z省"一地一品"乡村旅游开发思路，最终形成全局性的Z省乡村旅游发展规划具有重要的现实意义。因此，本研究试图创新地通过层次熵权重和客观数据加权的方式对Z省七个地级市相对竞争优势进行核算，最终评价Z省乡村旅游目的地在各地区的分地区相对竞争力水平。

（一）目的地竞争力研究综述及乡村旅游竞争力评价指标体系构建

Dwyer，Forsyth和Dwyer（2020）总结了三种常用的旅游目的地竞争力分析方法，分别是旅行和旅游竞争力指数、旅游卫星账户和可计算一般

均衡模型。其中，Ritchie 和 Crouch（2003）提及的旅行和旅游竞争力指数（the travel and tourism competitiveness index，TTCI）在国际旅游竞争力评价方面得到广泛应用。该模型可供目的地管理者用来评估目的地的优势和劣势，以及评价特定目的地相对于竞争对手的表现。该模型被世界经济论坛（WEF2008）指定为评价旅游目的地竞争力的标准模型。自该模型使用以来，TTCI 被作为评价国家旅游目的地竞争力的基准工具，涵盖了占据世界 90% 人口和 98% 世界 GDP 的 130 多个国家，通过 13 个维度（见表 4-31）评估这些国家之间的相对优劣，包括政策框架、商业环境和基础设施以及人文、社会、自然资源等。

表 4-31　TTCI 指标评价体系

旅游政策框架	政策法规
	环境可持续性规章制度
	安全性规章制度
	健康卫生规章制度
	旅游业优先发展政策
旅游商业环境和基础设施	航空交通基础设施
	陆地交通基础设施
	旅游基础设施
	ICT 基础设施
	旅游业价格竞争力
人文、社会、自然资源	人力资源教育和训练
	旅游热度
	自然资源

虽然 TTCI 模型被广泛地用于国家目的地竞争力评价，但是其存在几个明显的劣势。第一，对于大部分发展中国家而言，TTCI 各维度的指标数据难以收集；第二，对于各维度，TTCI 并未设置统一的权重。即便有个别研究试图构建权重体系，应用于不同国家，权重必然存在相对差异，因此，难以对各国的目的地相对竞争力进行可信度排序。第三，TTCI 指数只能针对国家进行评价，而难以对更小微的目的地，如城市目的地、社区目的地、乡村目的地等进行评价。第四，TTCI 指数过分重视客观数据的收集，对于基于游客的主观感知无法进行准确判断。因此，在过去十年，不同的研究

者提供了其他不同的目的地品牌竞争力评价工具。

Miličević、Mihalič 和 Sever（2017）通过供需关系均衡假设构建了目的地品牌化（BPI 指数作为供给）和目的地竞争力（游客满意度作为需求）之间的相关关系；而 Croes 等（2013）则以目的地表现为基础，通过评价目的地品牌潜力探索旅游目的地的竞争力，通过游客满意度、旅游产业生产率和本地居民生活质量三个维度进行测量。该研究同样被研究者用于对国家目的地竞争力评价，结果与 TTCI 指标所呈现的国家目的地竞争力存在显著差别，进一步证实了 TTCI 在探索主观竞争力方面的缺陷。

Wong 等（2015）同样采用主观的游客评价作为目的地竞争力评估方法，验证了目的地竞争力对目的地品牌资产的显著影响。Mustafa 等（2020）利用 IPA 分析，以游客对不同岛旅游目的地属性的感知为对象，评价了东南亚六个岛旅游目的地的相对竞争力。Abreu Novais 等（2018）采用现象学方法，定性探索了目的地管理者、本地居民和游客对目的地品牌竞争力的认知存在的显著不同。

以游客的主观评价为核心，或者以目的地的客观数据为核心，是目前最常用的旅游目的地竞争力评价手段。前者更适用于乡村旅游目的地个体的竞争性评测，而后者则更有助于中宏观地区之间的旅游目的地整体的相对竞争力评价。

根据前人研究，旅游目的地竞争力主要基于比较优势理论与竞争优势理论。比较优势理论源于亚当·斯密的绝对优势理论，并由比较成本理论和要素禀赋理论所发展。该理论强调资源禀赋，旅游情境下即旅游资源的吸引属性，包括自然资源、人文社会资源和人力资源等。基于该理论，特定的旅游目的地通过发挥自己的资源禀赋优势而获取较强的竞争力。竞争优势理论源于波特的菱形竞争模型。该理论将产业竞争力定义为基于产业的要素条件、需求条件、公司战略、结构与竞争、相关产业、机遇与政府行为六个要素的菱形模型。旅游情境下，目的地的竞争优势是一个目的地可以有效利用其可获取资源的能力。相较于比较优势理论，竞争优势理论更重视特定目的地的动态发展能力，即所谓的潜在竞争能力。将两种理论核心内涵相结合，可以推导出特定旅游目的地竞争力的客观评价因素。

在结合前人研究的基础上，该研究召集了专家焦点小组访谈，以Z省乡村旅游为例，通过本地化修正和进一步的理论丰富，最终获取了旅游资源要素、人力资源、乡村旅游市场发展状况、市场区位维度、经济发展水平、生态环境质量、农村发展状况、市域旅游支撑性相关行业状况、政策保障与支持条件/综合管理维度等共九个关键维度以及34个测量问题（见表4-32）。为避免TTCI模型忽视测量维度权重的缺陷，本研究对九个维度所组成的准则层和34个测量问题所组成的指标层以及"乡村旅游地方品牌竞争力"作为的总目标层进行了分层权重计算。计算的方法采用传统的AHP层次分析法和熵权分析法相结合的方式。最终得出的权重和所能收集的Z省不同地区的客观数据进行加权计算，最终导出各地区之间具有区别性的竞争力指数。

（二）Z省各地级市乡村旅游竞争力综合评价

1. 层次熵权重分析

层次分析法（AHP）是一种多目标决策评价分析方法。它将复杂的决策分解成各个组成要素，并按所属关系进行分组，从而形成有序的递进层次模型，进而通过对各个组间要素的相对重要性赋值计算，最终获得不同要素的相对权重，最后通过加权的方式获取最优方案或不同事态之间的相对竞争力。但是，虽然AHP分析法具有系统性、可靠性、定性和定量相结合的优势，由于其需要专家咨询进行矩阵构建，容易导致部分信息的丢失，而不能更全面地反映判断信息，因此AHP分析法的客观性被一些研究者诟病。而熵技术则提供了对所获取的AHP权重进行进一步修正的可能。尤其是在提升客观性、减少信息丢失、提升权重可信度方面，熵技术得到了研究者的青睐。具体操作步骤如下。

（1）建立层次结构模型

表4-32　Z省乡村旅游竞争力综合评价指标体系

目标层	准则层	指标层	编号
乡村旅游地方品牌竞争力	旅游资源要素（G1）	旅游资源丰度（市域乡村旅游资源类型的数量）	A1
		乡村旅游资源数量（市域乡村旅游资源的总体数量）	A2
		旅游资源品位度（国家级资源个数×10+省级资源个数×8）	A3
	人力资源（G2）	隶属城市旅游院校在校生数	B1
		隶属城市每万人大学生比例	B2
		隶属城市农村人口数量	B3
	乡村旅游市场发展状况（G3）	乡村旅游接待人数[某市域乡村旅游接待游客的数量（万人/年）]	C1
		乡村旅游经营收入[乡村旅游年收入（亿元/年）]	C2
		乡村旅游示范点建设（国家级示范点个数×10+省级示范点个数×8）	C3
	市场区位维度（G4）	旅游交通区位（某市域高等级乡村旅游示范点与本市、相邻各市中心的交通距离平均值）	D1
		潜在客源市场规模（某市域中心3小时交通圈的城市人口）	D2
	经济发展水平（G5）	人均GDP	E1
		人均可支配收入	E2
		第三产业占GDP比重	E3
	生态环境质量（G6）	绿色植被覆盖率	L1
		工业废水排放达标率	L2
		工业废气排放达标率	L3
	农村发展状况（G7）	农用地面积	F1
		农业生产机械化水平	F2
		乡村地区人口密度	F3
	市域旅游支撑性相关行业状况（G8）	餐饮设施水平（市域餐饮企业数量）	H1
		住宿业（市域住宿业体数量）	H2
		市域旅游零售业商店数量	H3
		旅行社数量（市场集中度）	H4
		其他开放性旅游景点数量（非乡村旅游）	H5
		休闲娱乐设施规模（市域休闲娱乐设施数量）	H6
		非国有制旅游企业比重	H7
		旅游业收入占GDP比重	H8

续表

准则层	指标层	编号
乡村旅游地方品牌竞争力 / 政策保障与支持条件/综合管理维度（G9）	乡村旅游投资优惠政策［旅游投资优惠政策数量（个/年）］	I1
	政府吸引外资能力（市域政府吸引乡村旅游投资总金额）	I2
	区域乡村旅游产业规划［相关文件出台数量（个/年）］	I3
	乡村旅游营销宣传［某市域的举办的大型（线上、线下）营销活动数量（个/年）］	I4
	乡村旅游监督管理［某市域的旅游投诉案件处理数量（个/年）］	I5
	乡村旅游开发投入［某市域乡村旅游开发投入的总金额（亿元/年）］	I6

（2）利用德尔菲专家评价法构建判断矩阵

赋值方式采用AHP分析法中常用的1—9或其倒数赋值的方式，具体见表4-33。对某一层次同一维度内的要素进行两两比较，并建立判断矩阵（见表4-33至表4-42）。

采用德尔菲专家评价技法，通过三轮15名专家的反复赋值，并通过两名专家构成的专家小组的反复论证，对准则层和指标层各维度的相对重要性得出最终统一的结果。

表4-33　A1—A3判断矩阵

	A1	A2	A3
A1	1	3	7
A2	1/3	1	5
A3	1/7	1/5	1

表4-34　B1—B3判断矩阵

	B1	B2	B3
B1	1	4	2
B2	1/4	1	1/3
B3	1/2	3	1

表 4-35 C1—C3 判断矩阵

	C1	C2	C3
C1	1	3	1/3
C2	1/3	1	1/5
C3	3	5	1

表 4-36 D1—D2 判断矩阵

	D1	D2
D1	1	4
D2	1/4	1

表 4-37 E1—E3 判断矩阵

	E1	E2	E3
E1	1	5	1/2
E2	1/5	1	1/4
E3	2	4	1

表 4-38 L1—L3 判断矩阵

	L1	L2	L3
L1	1	1/3	1/3
L2	3	1	1
L3	3	1	1

表 4-39 F1—F3 判断矩阵

	F1	F2	F3
F1	1	1/7	1/3
F2	7	1	5
F3	3	1/5	1

第四章 专题一：Z省乡村旅游发展环境和品牌竞争力评价报告

表4-40　H1—H8判断矩阵

	H1	H2	H3	H4	H5	H6	H7	H8
H1	1	1	1/4	1/5	1	1/3	1/5	1/3
H2	1	1	1/4	1/5	1	1/3	1/5	1/3
H3	4	4	1	1/2	5	3	1/2	3
H4	5	5	2	1	5	3	1	3
H5	1	1	1/5	1/5	1	1/3	1/5	1/3
H6	3	3	1/3	1/3	3	1	1/3	1
H7	5	5	2	1	5	3	1	3
H8	3	3	1/3	1/3	3	1	1/3	1

表4-41　I1—I6判断矩阵

	I1	I2	I3	I4	I5	I6
I1	1	1	1/3	1	1/3	3
I2	1	1	1/3	1	1/3	3
I3	3	3	1	3	1	5
I4	1	1	1/3	1	1/3	3
I5	3	3	1	3	1	5
I6	1/3	1/3	1/5	1/3	1/5	1

表4-42　G1—G9判断矩阵

	G1	G2	G3	G4	G5	G6	G7	G8	G9
G1	1	1/5	3	1	1	1	1/5	1/3	1/5
G2	5	1	7	5	5	5	1	3	1
G3	1/3	1/7	1	1/3	1/3	1/3	1/7	1/5	1/7
G4	1	1/5	3	1	1	1	1/5	1/3	1/5
G5	1	1/5	3	1	1	1	1/5	1/3	1/5
G6	1	1/5	3	1	1	1	1/5	1/3	1/5
G7	5	1	7	5	5	5	1	3	1
G8	3	1/3	5	3	3	3	1/3	1	1/3
G9	5	1	7	5	5	5	1	3	1

（3）对判断矩阵进行一致性检验

通过 $CR=\dfrac{CI}{RI}$（CR：判断矩阵的随机一致性比率；CI：一致性指标；RI：平均随机一致性指标）公式对判断矩阵的一致性进行检验。经验值为CR<0.1，即判定判断矩阵的一致性不存在显著问题，可以获取各指标的权重。该部分是为了防止出现A比B重要，B比C重要，C比A重要等类似的循环逻辑错误。

（4）利用层次分析法（和积法）求层次权重

通过一致性检验的判断矩阵可以进行层次权重的计算。

结果如表4-43至表4-52所示。

表4-43 A1—A3向量归一化及矩阵随机一致性检验

	A1	A2	A3	W_i（权重）
A1	0.68	0.71	0.54	0.6491
A2	0.23	0.24	0.38	0.279
A3	0.10	0.05	0.08	0.0719

二阶指标层组合一致性比例（CR=CI/RI）：0.0624；最大特征根 λ_{max}：3.0649

表4-44 B1—B3向量归一化及矩阵随机一致性检验

	B1	B2	B3	W_i（权重）
B1	0.57	0.50	0.60	0.5584
B2	0.14	0.13	0.10	0.122
B3	0.29	0.38	0.30	0.3196

二阶指标层组合一致性比例（CR=CI/RI）：0.0176；最大特征根 λ_{max}：3.0183

表4-45 C1—C3向量归一化及矩阵随机一致性检验

	C1	C2	C3	W_i（权重）
C1	0.23	0.33	0.22	0.2583
C2	0.08	0.11	0.13	0.1047
C3	0.69	0.56	0.65	0.637

二阶指标层组合一致性比例（CR=CI/RI）：0.0370；最大特征根 λ_{max}：3.0385

表4-46 D1—D2向量归一化及矩阵随机一致性检验

	D1	D2	W_i（权重）
D1	0.80	0.80	0.8
D2	0.20	0.20	0.2

二阶指标层组合一致性比例（CR=CI/RI）：0.0000；最大特征根 λ_{max}：2.0000

表4-47 E1—E3向量归一化及矩阵随机一致性检验

	E1	E2	E3	W_i（权重）
E1	0.31	0.50	0.29	0.3643
E2	0.06	0.10	0.14	0.0989
E3	0.63	0.40	0.57	0.5368

二阶指标层组合一致性比例（CR=CI/RI）：0.0904；最大特征根 λ_{max}：3.0940

表 4-48　L1—L3 向量归一化及矩阵随机一致性检验

	L1	L2	L3	W_i（权重）
L1	0.14	0.14	0.14	0.1429
L2	0.43	0.43	0.43	0.4286
L3	0.43	0.43	0.43	0.4286
二阶指标层组合一致性比例（CR=CI/RI）：0.0000；最大特征根 λ_{max}：3.0000				

表 4-49　F1—F3 向量归一化及矩阵随机一致性检验

	F1	F2	F3	W_i（权重）
F1	0.09	0.11	0.05	0.081
F2	0.64	0.74	0.79	0.7306
F3	0.27	0.15	0.16	0.1884
二阶指标层组合一致性比例（CR=CI/RI）：0.0624；最大特征根 λ_{max}：3.0649				

表 4-50　H1—H8 向量归一化及矩阵随机一致性检验

	H1	H2	H3	H4	H5	H6	H7	H8	W_i（权重）
H1	0.04	0.04	0.04	0.05	0.04	0.03	0.05	0.03	0.0405
H2	0.04	0.04	0.04	0.05	0.04	0.03	0.05	0.03	0.0405
H3	0.17	0.17	0.16	0.13	0.21	0.25	0.13	0.25	0.1873
H4	0.22	0.22	0.31	0.27	0.21	0.25	0.27	0.25	0.2507
H5	0.04	0.04	0.03	0.05	0.04	0.03	0.05	0.03	0.0393
H6	0.13	0.13	0.05	0.09	0.13	0.08	0.09	0.08	0.0955
H7	0.22	0.22	0.31	0.27	0.21	0.25	0.27	0.25	0.2507
H8	0.13	0.13	0.05	0.09	0.13	0.08	0.09	0.08	0.0955
二阶指标层组合一致性比例（CR=CI/RI）：0.0182；最大特征根 λ_{max}：8.1795									

表 4-51　I1—I6 向量归一化及矩阵随机一致性检验

	I1	I2	I3	I4	I5	I6	W_i（权重）
I1	0.11	0.11	0.10	0.11	0.10	0.15	0.1128
I2	0.11	0.11	0.10	0.11	0.10	0.15	0.1128
I3	0.32	0.32	0.31	0.32	0.31	0.25	0.3075
I4	0.11	0.11	0.10	0.11	0.10	0.15	0.1128
I5	0.32	0.32	0.31	0.32	0.31	0.25	0.3075
I6	0.04	0.04	0.06	0.04	0.06	0.05	0.0466
二阶指标层组合一致性比例（CR=CI/RI）：0.0092；最大特征根 λ_{max}：6.0581							

表4-52　G1—G9向量归一化及矩阵随机一致性检验

	G1	G2	G3	G4	G5	G6	G7	G8	G9	W_i（权重）
G1	0.04	0.05	0.08	0.04	0.04	0.04	0.05	0.03	0.05	0.0463
G2	0.22	0.23	0.18	0.22	0.22	0.22	0.23	0.26	0.23	0.2279
G3	0.01	0.03	0.03	0.01	0.01	0.01	0.03	0.02	0.03	0.0222
G4	0.04	0.05	0.08	0.04	0.04	0.04	0.05	0.03	0.05	0.0463
G5	0.04	0.05	0.08	0.04	0.04	0.04	0.05	0.03	0.05	0.0463
G6	0.04	0.05	0.08	0.04	0.04	0.04	0.05	0.03	0.05	0.0463
G7	0.22	0.23	0.18	0.22	0.22	0.22	0.23	0.26	0.23	0.2279
G8	0.13	0.08	0.13	0.13	0.13	0.13	0.08	0.09	0.08	0.1093
G9	0.22	0.23	0.18	0.22	0.22	0.22	0.23	0.26	0.23	0.2279
二阶指标层组合一致性比例（CR=CI/RI）：0.0887；最大特征根 λ_{max}: 6.5590									

（5）对层次权重进行熵权法修正并排序

步骤1：对构造的判断矩阵 $A=\{a_{ij}\}_{n*n}$ 的各列向量进行归一化处理，得到标准矩阵 $B=\{b_{ij}\}_{n*n}$，其中 $b_{ij}=\dfrac{a_{ij}}{\sum_{i=1}^{n}a_{ij}}$（$i, j=1, 2, \cdots\cdots, n$），指标 f_i 的输出熵 $E_i=-(\ln n)^{-1}\sum_{i=1}^{n}b_{ij}\ln b_{ij}$（$0<E_j<1$）

步骤2：计算 f_i 的偏差 $d_j=1-E_j$（$j=1, 2, \cdots\cdots, n$）

步骤3：计算 f_i 的信息权重 $u_j=d_j/\sum_{i=1}^{n}d_j$（$j=1, 2, \cdots\cdots, n$）

步骤4：利用 u_j 修正AHP权重向量 w_j，$\lambda_j=\dfrac{u_j w_j}{\sum_{i=1}^{n}u_j w_j}$（$j=1, 2, \cdots\cdots, n$）

表4-53　层次熵权重及排序

编号	层次权重	熵值	熵权重	层次熵修正	排序
G1	0.0463	0.8042	0.0940	0.001401	3
G2	0.2279	0.7065	0.1409	0.010335	1
G3	0.0222	0.8904	0.0526	0.000376	4
G4	0.0463	0.8042	0.0940	0.001401	3
G5	0.0463	0.8042	0.0940	0.001401	3
G6	0.0463	0.8042	0.0940	0.001401	3
G7	0.2279	0.7065	0.1409	0.010335	1
G8	0.1093	0.6898	0.1489	0.005238	2
G9	0.2279	0.7065	0.1409	0.010335	1
A1	0.03	0.4316	0.3857	0.041258	6
A2	0.0129	0.4822	0.3514	0.016163	16

第四章 专题一：Z省乡村旅游发展环境和品牌竞争力评价报告

续表

编号	层次权重	熵值	熵权重	层次熵修正	排序
A3	0.0033	0.6126	0.2629	0.003093	32
B1	0.1272	0.5119	0.3668	0.166363	2
B2	0.0278	0.6126	0.2911	0.028855	10
B3	0.0728	0.5446	0.3422	0.088828	3
C1	0.0057	0.4555	0.3421	0.006953	24
C2	0.0023	0.5794	0.2642	0.002167	33
C3	0.0141	0.3733	0.3937	0.019794	14
D1	0.037	0.0000	0.5000	0.065965	4
D2	0.0093	0.0000	0.5000	0.01658	15
E1	0.0169	0.5618	0.3358	0.020235	13
E2	0.0046	0.6216	0.2900	0.004757	28
E3	0.0248	0.5119	0.3741	0.033081	8
L1	0.0184	0.6309	0.3333	0.021867	31
L2	0.1665	0.6309	0.3333	0.197874	18
L3	0.0429	0.6309	0.3333	0.050984	25
F1	0.0044	0.5119	0.2526	0.003963	12
F2	0.0044	0.2128	0.4074	0.006392	1
F3	0.0205	0.3430	0.3400	0.024853	5
H1	0.0274	0.7522	0.1029	0.010053	29
H2	0.0043	0.7522	0.1029	0.001578	26
H3	0.0104	0.6400	0.1494	0.00554	11
H4	0.0274	0.6505	0.1451	0.014176	22
H5	0.0104	0.7500	0.1038	0.003849	34
H6	0.0257	0.6977	0.1255	0.011501	27
H7	0.0257	0.6505	0.1451	0.013297	19
H8	0.0701	0.6977	0.1255	0.031369	30
I1	0.0257	0.7756	0.1620	0.014845	21
I2	0.0701	0.7756	0.1620	0.040492	20
I3	0.0106	0.7114	0.2083	0.007873	9
I4	0.0066	0.7756	0.1620	0.003812	17
I5	0.0198	0.7114	0.2083	0.014706	7
I6	0.0198	0.8650	0.0975	0.006884	23

最终结果表明，在Z省的情境下，人力资源、乡村发展状况以及政策规章的相关内容被认为是影响地区乡村旅游发展的关键要素，而乡村旅游市场发展状况则不被认为是较为关键的判断地区乡村旅游目的地竞争力的维度。这与前人的研究结论大致相仿，即在地区乡村旅游情境中，市场规模和市场表现可能并不能作为现阶段乡村扶贫和乡村振兴背景下乡村旅游

目的地竞争力的关键要素。相反，政策的有效呈现、人力资源的有效投入以及乡村的整体发展状况可能更能定义乡村旅游目的地竞争力概念。也就是说，乡村旅游的发展在Z省情境下是助力乡村振兴和扶贫的主要手段。在专家们看来，能够体现乡村振兴和扶贫成果的因素比单纯的市场表现更能凸显各地区乡村旅游目的地的竞争力水平。

2. 各地级市竞争力分析

在34个二级指标中，有些指标难以取得确切的数值，而另一些数据已经与相关部门签署了保密协议，无法公开披露。因此，我们使用可以衡量各地级市相对竞争力数据的评价指标进行替代。具体部分相关数据推算如下。A1旅游资源丰度：在梳理Z省乡村旅游目的地资源类型的基础上，利用排除法获得各地区乡村旅游资源类型数量。乡村旅游目的地资源类型使用邹统轩的分类方式，包括龙头景区带动型、文化创意先导型、都市农业驱动型、特色产业驱动型、自然风光旅游型和民族文化展示型等六种。B1隶属城市旅游院校学生数量：以具有旅游管理专业相关方向的高校/中职学校学生替代。D1旅游交通区位：利用百度地图进行测算。D2潜在客源市场规模：通过各个城市核心城区人口数量进行测算。L3工业废气排放达标率：使用年度环境空气平均优良天数比例进行测算。F2农业生产机械化水平：使用各地级市农业机械总功率进行测算。I5乡村旅游监督管理：使用旅游监督管理相关数据进行替代。考量到Z省的特殊区情，我们用旅游扶贫投入金额来替代I6乡村旅游开发投入金额。所有相关数据均以2019年数据为标准。如果无法获取2019年相关数据，则通过2017—2018年数据增长幅度进行推断。

如此获取的数据及进行加权计算后的竞争力结果如下表所示（单位参照上述数据源）。

表4-54 七个地级市相对竞争力核算

编号	层次熵修正	S市	R市	L市	N市	C市	Q市	P市
G1	0.001401	1.260902	0.726662	0.983038	1.197366	1.764187	0.665103	0.565032
G2	0.010335	231.0584	115.0284	44.38526	79.04787	70.14452	10.1613	12.50922
G3	0.000376	14.50998	4.950045	5.128883	2.926724	1.759666	1.180691	0.628047
G4	0.001401	27.07167	0.18238	32.63172	35.20983	61.7353	54.82584	0.09119
G5	0.001401	15615.67	674.9463	1373.286	945.4303	588.1454	586.3458	1023.745
G6	0.001401	0.256927	0.256242	0.264165	0.262008	0.265696	0.210994	0.252925
G7	0.010335	8929.506	32121.38	6456.2	8955.952	7488.905	3632.691	1476.598
G8	0.005238	82.81948	55.17201	12.98511	13.90188	7.024545	19.39689	4.999692
G9	0.010335	1.48854	0.42010	0.35061	14.0541	0.05464	0.15109	5.48376
A1	0.041258	6	4	6	5	4	4	4
A2	0.016163	25	10	8	30	74	6	0
A3	0.003093	3	0	2	2	1	1	0
B1	0.166363	555	0	0	0	0	0	0
B2	0.028855	4742	3895	1408	2689	2288	170	408
B3	0.088828	21.35	29.7	42.3	16.4	46.43	59.17	8.29
C1	0.006953	1990.2	694.71	713.5	410	244	165	87.08
C2	0.002167	282.76	55.25	59.22	16.8	20	6.3	10.42
C3	0.019794	3	0	2	2	1	1	0
D1	0.065965	402.1	0	488.65	531.83	930.35	829.2	0
D2	0.01658	33	11	24	7.7	22	7.7	5.5
E1	0.020235	768337	30953	64382	43784	26671	26436	48037
E2	0.004757	14369	10216	14820	12497	10184	10804	10868
E3	0.033081	0.541	0.449	0.518	0.388	0.377	0.567	0.51
L1	0.021867	0.376	0.382	0.7	0.62	0.77	0.6	0.186
L2	0.197874	1	1	1	1	1	1	1
L3	0.050984	0.997	0.981	1	0.992	1	1	1
F1	0.003963	38.02	97.35	21.01	31.9	49.32	5.93	2.39
F2	0.006392	1396930	5025174	1010025	1401084	1171557	568310	231005
F3	0.024853	7.2	3.3	1.5	3.9	4.7	1.2	0.2
H1	0.010053	2799	441	586	289	89	96	115
H2	0.001578	2799	441	586	289	89	96	115
H3	0.00554	5078	1086	610	507	390	665	202
H4	0.014176	296	2	5	5	2	0	1
H5	0.003849	12	34	7	7	3	0	7
H6	0.011501	1553	3813	233	563	328	1269	217
H7	0.013297	0.936	0.5	0	0.8	1	0	0
H8	0.031369	0.523	0.227	0.395	0.102	0.104	0.046	0.198
I1	0.014845	0	1	1	2	0	0	1
I2	0.040492	0	0	0	1.6	0	0	10.5

续表

编号	层次熵修正	S市	R市	L市	N市	C市	Q市	P市
I3	0.007873	2	5	9	4	3	2	2
I4	0.003812	4	2	3	4	2	3	1
I5	0.014706	91	15	13	0	0	0	0
I6	0.006884	17.33	20	9.05	1.6	3.4	18	3.56
合计		117.0467	334.4057	69.22856	94.97182	79.07412	39.479	16.90857

3. 分析结果讨论

该分析结果可作为Z省各地级市乡村旅游供给侧结构性改革的参考数据。供给侧结构性改革以"抓重点、强弱项、补短板"为核心指导思想，寻找各地级市相对优势和弱势板块，发挥优势力量、弥补弱势不足，从而提升各地级市相对乡村旅游发展竞争力，进而从整体上提升Z省乡村旅游目的地作为整体品牌的竞争力环境。

具体分析如下：

①横向比较旅游资源要素，C市地区排在首位，P市最弱。因此，C市地区充分发挥乡村旅游资源优势的同时应提升旅游资源品牌性，而P市则需要重点突出关键乡村旅游资源的品牌性和集中度。

②横向比较人力资源环境，S市最强，Q市最弱。未来乡村旅游的发展，Q市应加大人力资本投入，尤其是在缺乏直接人才输出源的情况下，应强化本土乡村旅游管理人才的培养。

③横向比较乡村旅游市场发展状况，S市最强，P市最弱。未来，P市在增强旅游示范点建设的同时，需要进一步在强化乡村旅游目的地品牌吸引力方面着手，强化乡村旅游的市场繁荣度。

④横向比较市场区位维度环境，C市最强，P市最弱。表明C市的乡村旅游有着较好的区位优势以及优质客源，但相对转化度并不高。未来，C市应进一步强化乡村旅游发展，提高乡村旅游潜在客源市场转化度，发挥其区位优势。而P市则需要在乡村旅游点—线—面布局方面着手，同时强化交通区位建设。

⑤横向比较经济发展水平，S市远超其他地区，有着其他地区无可比

拟的优势。横向比较生态环境质量，L市和C市略微占优，有着"生态+"乡村旅游发展的天然优势。

⑥农村发展状况方面，R市最强，P市最弱。农村发展是乡村旅游发展的基础，强化农村地区发展质量是进行乡村旅游转型发展的前提。

⑦市域旅游支撑性相关行业状况方面，S市最强，P市较弱。这方面和市域经济发展水平有关，同时也体现了各地级市对旅游发展环境的重视程度以及成本投入方面的差距，以及在本地区旅游发展潜力方面的差异。

⑧横向比较政策及综管方面的差异，N市最强，C市最弱。即，政策执行方式和政策目标的可辨识度是C市政策发展的短板。未来，C市应强化相关政策执行偏好，优化其政策保障乡村旅游品牌建设的短板。

为了方便纵向比较各地级市内部指标优劣，研究通过标准化得分公式计算各数据结果如下。

表 4-55　准则层维度相对竞争力标准化得分

	S市	R市	L市	N市	C市	Q市	P市
G1	-0.49014	-0.34317	-0.41133	-0.37731	-0.36858	-0.39874	-0.49882
G2	-0.44942	-0.33246	-0.39104	-0.35097	-0.34093	-0.39081	-0.47754
G3	-0.48779	-0.34277	-0.40940	-0.37673	-0.36858	-0.39831	-0.49871
G4	-0.48557	-0.34322	-0.39654	-0.36580	-0.34433	-0.35354	-0.49966
G5	2.27696	-0.28000	0.23033	-0.05786	-0.13148	0.09009	1.32412
G6	-0.49032	-0.34321	-0.41167	-0.37763	-0.36919	-0.39912	-0.49937
G7	1.09207	2.66611	2.60700	2.65227	2.65881	2.63270	2.13095
G8	-0.47569	-0.33807	-0.40572	-0.37301	-0.36645	-0.38311	-0.49092
G9	-0.49010	-0.34320	-0.41163	-0.37296	-0.36927	-0.39917	-0.49005

①针对S市而言，其乡村旅游发展的优势是经济发展水平，劣势是生态环境质量；对于R市而言，其乡村旅游发展的优势是农村发展状况，劣势是市场区位维度；对于L市而言，其乡村旅游发展的优势是农村发展状况，劣势是生态环境质量；对于N市而言，其乡村旅游发展的优势是农村发展状况，劣势是生态环境质量；对于C市而言，其乡村旅游发展的优势是农村发展状况，劣势是政策保障与支持条件和综合管理维度；对于Q市而言，同样，其乡村旅游发展的优势是农村发展状况，劣势是政策保障与支持条

件和综合管理维度；对于P市而言，其乡村旅游发展的优势是农村发展状况，劣势是市场区位维度。根据该结果，可以精准定位各地区在纵向乡村旅游发展方面的优势和劣势。

②总体而言，目前Z省各地级市乡村旅游竞争力水平排序为R市、S市、N市、C市、L市、Q市、P市。

本研究利用层次熵分析法获取Z省乡村旅游发展情境下，代表各地级市乡村旅游竞争力的不同维度和维度指标的相对权重，并通过所获取的客观数据和权重之间和积法的计算获取Z省七个地级市乡村旅游的相对竞争力水平。具体如下：

①通过层次熵排序发现人力资源、乡村发展状况以及政策规章维度是影响该地区乡村旅游发展的关键要素。

②通过对客观数据与权重之间的和积法计算结果，横向比较了乡村旅游竞争力九个维度在Z省七个地级市间的相对表现。

③通过标准化Z省七个地级市竞争力得分，纵向比较了七个地级市各自在乡村旅游竞争力九个维度中的表现，获取了现阶段不同地区乡村旅游发展的优势和劣势。

本研究的结论可以借以"抓重点、补短板、强弱项"为Z省各地级市乡村旅游竞争力提升乃至整个Z省乡村旅游供给侧结构性改革提供支撑性数据。但是，首先，研究并未从时间推移的维度深入探索Z省乡村旅游目的地竞争力的纵向发展趋势。未来的研究应追踪连续几年Z省七个地级市乡村旅游竞争力发展过程，以为未来长期规划的制定提供基础数据。其次，研究并未将以游客感知为中心的主观市场数据纳入竞争力分析的范畴，未来应结合客观和主观数据，以获取更全面的Z省乡村旅游目的地竞争力发展思路。

五、小结

战略发展环境研究是评价一个地区在特定行业内发展现状和趋势的分

第四章 专题一：Z 省乡村旅游发展环境和品牌竞争力评价报告

析方法。相较于一般的发展环境评价，战略发展环境评价更强调地区范围内产业发展的健康度和可持续性，即对特定地区或特殊产业的长期发展活力及发展潜力的事前测评。简而言之，是对特定地区或特殊产业的品牌效应或品牌集群效应的事前评价。以本研究对象 Z 省乡村旅游为例，Z 省乡村旅游战略发展环境评价是对 Z 省整体乡村旅游发展前景的评估，对 Z 省各地区乡村旅游品牌竞争力以及 Z 省乡村旅游开发潜力和可持续性品牌打造可行性的评估。因此，根据 E. ŠIMKOVÁ（2007）对乡村旅游可持续性开发战略环境评价的描述，乡村地区的可持续发展是对该地区居民生活质量（包括生活标准化、公共交通、基础设施和公共服务等客观指标）、繁荣的社会经济以及生态环境可持续性的整体思考。有效的乡村旅游战略发展评价应该从该地区发展乡村旅游的地域可行性、发展乡村旅游的潜在风险、发展乡村旅游的政治环境、乡村旅游资源的丰度、乡村旅游的基础设施建设、发展乡村旅游的资本投入以及乡村旅游发展的市场潜力等多个指标对前述的三个思考方向进行评述。

本专题通过对 Z 省乡村旅游地方品牌发展环境的整合性分析，通过对 Z 省乡村旅游地方品牌化的政策环境、资源环境、市场环境和整体竞争力环境进行评价，获取了作为整体品牌伞的 Z 省乡村旅游品牌发展现状和发展潜力，并通过嵌入各地级市之间的相对竞争力评价，通过"三去一降一补"的供给侧结构性改革思路，对 Z 省乡村旅游地方品牌化的发展潜能进行了梳理。

经过定性数据转定量和定量分析，本研究对 Z 省乡村旅游的发展现状、环境和潜力进行了综合评价。尤其创新地使用了层次熵分析结合模糊层次评价的方式进行结果阐述。突出了政策环境和市场感知在 Z 省乡村旅游地方品牌建设中的重要作用的同时，本研究从横向（各地级市之间相对竞争力）和纵向（各地级市内各属性间相对竞争力）两个角度进行了地级市间的评价，得到了一些潜在的结果。总体来看，S 市作为 Z 省的首府，虽然具有一定的乡村旅游发展优势，但在发挥乡村旅游政策潜力和市场环境潜力方面表现不佳。相比之下，整个 Z 省乡村旅游发展环境中，政策执行不足和政策执行者获得感不足是最大的短板。此外，在乡村旅游发展过程中，环境保护不足和农村发展缺失已经在某种程度上阻碍了各地级市的乡村旅游发展潜力。这一点需要引起政策执行者的高度重视，因为这两方面是Z省乡村旅游品牌发展的基石和可持续保障。同时，本研究指出，需要关注市场感知，挖掘Z省乡村旅游的故事性和文化性。发展一地一品不能仅停留在口号上，需要政策执行者进一步关注和引导，包括开发乡村旅游纪念品等方面。2020年的疫情对Z省乡村旅游环境造成了不利影响，利用传承类乡村旅游纪念品进行线上乡村旅游目的地形象延伸，可以有效应对疫情带来的挑战。最后，本研究结合不同的分析侧面发现了一些Z省乡村旅游地方品牌化的问题。首先，虽然Z省乡村旅游资源具有多样性、区别性等特点，比其他地区的乡村更具本地化优势，但在基础设施建设方面存在较大困境，尤其是在寻找资源环境保护和公共服务设施建设之间的平衡点方面。因此，利用廊道型地方品牌或故事线型地方品牌建设，统筹跨地域的乡村旅游品牌伞，实现地方品牌的规模化是当前Z省全域乡村旅游发展的突破点。其次，结合Z省乡村旅游政策执行环境和资源环境，政策执行力度深受政策资源投入产出比的影响。以S市为例，高投入并未带来具有明显效益的产出，特别是在资源整合和开发方面。另一方面，过分将政策是否出台作为政府绩效考核标准，而忽视政策落地效能和目标导向，导致市场环境方面，具有地方特色的品牌拓展滞后；政策环境方面，政策实施者的执行意识不强；资源开发方面，特色资源（如特色村寨）品牌化和政策、人力、财务、社会资源投入不成正比。尤其是在调研过程中，研究者了解到，在面临十四五规划制定的关键时刻，Z省乡村乃至乡村旅游发展的十三五规划尚未出台，缺乏指导性文件的Z省各地级市的乡村旅游发展政策的制定和实施也明显滞后。在这样的背景下，本研究进入了具体的案例分析专题。

第五章　专题二：Z省乡村旅游内部地方品牌化分析

地方品牌化作为构建地方符号价值的过程，不仅有利于促进乡村内生发展，最大化地方资源特色，强化地方市场竞争优势，增强区域产品的原产地效应，而且有利于乡村旅游的可持续发展和提升乡村旅游内外部顾客的价值感知。然而，当前以乡村旅游为核心的地方品牌化过程面临着内部地方品牌化和外部地方品牌化发展不均衡的问题。地方品牌化决策的内部消费主体——本地居民的增权感知较低，这导致了本地居民感知旅游开发负面影响的因素，形成了本地居民的旅游发展态度，即感知地方变迁，包括感知地方认同的丧失（消极认知态度）、感知地方依恋的弱化（消极情感态度）以及感知地方依赖的破坏（消极行为态度）。因此，通过探索乡村旅游发展背景下的本地居民感知地方变迁，逆推乡村旅游内部地方品牌化过程，以及增权感知的影响要素，可以提升本地居民对旅游开发的积极态度，引导其参与旅游开发，构建和谐的乡村旅游发展氛围以及乡村社区"文明乡风"。

乡村地区自然和文化生态较为脆弱，在城市发展过程中，始终处于与城市博弈的弱势地位，成为属于城市发展的"血库"，这种权力不均衡状态延续到乡村旅游发展过程中。首先，传统乡村的经济单一性和利益相关者间的信息不均衡，使得乡村旅游的发展始终被掌握在"少数人"手中。包括自上而下的政府主导型乡村旅游开发模式和自下而上的乡村精英主导型乡村旅游模式均未实现普遍的社区增权，绝大多数乡村社区居民因此被边缘化。其次，乡村旅游的普遍发展使乡村社区出现大量的同质性，模仿成功的乡村旅游案例成为当下乡村旅游发展的大趋势。大部分的乡村旅游如昙花一现，难以实现可持续发展。此外，乡村旅游目的地在面临城市游客群体时处于弱势地位，为满足游客的后殖民主义凝视，谄媚的乡村旅游产品开发致使乡村社区无法构建相对本真的文化前台。乡村的大众形象认知致使乡村旅游不得不陷入文化表征循环的困境，逐渐失去自身的文化内涵。因此，可持续的乡村旅游开发必须充分体现乡村社区增权，通过社区普遍参与筑牢文化特色的根基，提升社区居民的凝聚力，以实现真正意义上的公正旅游。在此背景下，内部地方品牌化理论提供了有效的分析路径。

具体而言，本专题将通过对典型的Z省乡村旅游案例进行分析，探讨其地方品牌化过程中的内部地方品牌化过程。通过地方变迁理论、增权理论、制度分析理论、社区参与理论等多种理论的嵌入，剖析Z省乡村旅游发展过程中普遍存在的内部地方品牌化问题。

围绕该研究目的，本专题的研究框架如下：

第一，以符号学的分析视角为基础，分析D村作为乡村旅游目的地品牌，其内部地方品牌化的实现过程和内涵。

第二，在第一步分析的基础上，以非正式制度作为影响Z省乡村旅游内部地方品牌化的核心条件，以D村为案例地，探索非正式制度嵌入对Z省乡村旅游内部地方品牌化的影响过程。

第三，嵌入社区参与限制理论，探索现阶段，Z省乡村旅游内部地方品牌化过程中，作为主要表征的本地居民参与所面临的问题和其特殊内涵。

一、符号学视角下的 Z 省乡村旅游内部地方品牌化探究——以 D 村为例

（一）研究前述

游客是追求他者（the others）文化本真的朝圣者。具有区别性的空间属性是构建具有竞争优势地方品牌（place brand）的关键。将空间赋予象征意义，并将整合的空间—意义符号化，不仅有利于地方形象（place image）的传播，而且对于强化本地居民地方认同以及刺激利益相关者的正向行为有显著作用。这种将地方符号化的过程被定义为地方品牌化（place branding）。Mueller（2012）将地方品牌化区分为外部品牌化和内部品牌化，外部品牌化是满足市场需求和社会期待的过程；而内部品牌化则是以本地居民的地方认知为主体，将地方进行符号化的过程。

地方品牌化的核心是地方符号（place symbolic）的生产和传播。在旅游地方开发的语境中，地方符号被地方品牌开发者所提炼并具化为地方品牌表征，如地方宣传片、宣传口号和 logo，进而被游客或本地居民等利益相关者所解读。如果被释义的地方品牌表征违反了利益相关者的期待，则会引发认知不一致，进而诱发其负面情绪和行为。因此，地方品牌开发是开发者协商所有利益相关者地方符号意义认知的过程。然而，很多开发者为了既得利益而只关注外部地方品牌的开发，而忽视了作为凝聚地方认同关键的内部地方品牌化过程。因此，理解内部地方品牌化的重要性，正确认识外部地方品牌和内部地方品牌的冲突对本地居民地方认同的影响，是正确进行地方品牌化开发以及管理地方品牌的关键。

以本研究的案例地 Z 省 D 村为例，D 村的旅游开发过程中，开发者是否考量了 D 村本地居民的地方认知来制定地方品牌定位，以及品牌化的过程如何影响 D 村村民的地方认同对于 D 村地方品牌化以及获取本地居民的正向旅游发展态度以开发可持续发展旅游具有重要意义。

（二）内部地方品牌化和符号

旅游目的地的形象直接影响潜在游客的决策，而地方品牌化则对旅游目的地的公众形象形成有重要作用。地方品牌化是地方品牌开发者对旅游目的地精准市场定位的结果，不同于普通产品基于标的市场需求的产品品牌化，地方品牌的形成更多的是基于其差异化地方特色的品牌开发。在该过程中，地方的内部利益相关者群体，尤其是本地居民扮演着重要的角色。一方面，本地居民作为地方的局内人（insider），其对地方形象的认知是对地方特色的直接诠释，因此，在旅游发展的初期阶段，基于本地居民社会传播（social communication）所形成的地方形象是形成差异化地方公众形象的关键；另一方面，作为搭建地方后台的主要成员，本地居民为游客提供了可供解读的地方本真表征，本地居民的地方本真展演是游客形成后期地方形象（post-image）认知的关键，因此，地方管理者所塑造的地方形象与本地居民的形象认知是否一致将直接影响游客的地方形象认知一致/不一致。而这种考量本地居民的地方形象认知，将其嵌入地方品牌化中的过程则被定义为内部地方品牌化（internal place branding）。本地居民的地方形象认知是整合其对地方空间属性的把握以及对地方意义解读的整体认识，是最终形成其地方认同的关键。换言之，本地居民的地方认同过程（place identity process）是其基于对地方时空属性的独特认知而对所生存空间赋予独特象征性意义的过程。本地居民通过对生存空间赋予象征性意义而获取群体认同，进一步区分局内人和局外人。因此，内部地方品牌化的成功与否与本地居民的地方认同具有正向的相关关系。本地居民的地方认同通过其对空间的意义赋予影响内部地方品牌化，而地方品牌开发过程中是否考量内部地方品牌化则最终影响本地居民的地方认同延续。

Urry（2011）指出，地方并不仅仅是物理空间，而且是由空间实践者的视觉和文化感知所构建的符号空间（symbolic space）。不同的空间被赋予不同的文化和社会意义，被赋予意义的空间成为区别化的"地方"，进而影响地方实践者的地方感。所赋予的意义则是地方实践者基于地方符号的社会传播和集体记忆所形成的社会共识。而被赋予意义的空间再与某种区别性的社会表征相结合形成了独特的地方符号,此过程即为地方品牌化的过程,包括地方宣传口号(如"好客山东")或地名(如"圣城S市")。该地方符号进而以具化的形态进行社会传播(如宣传片或宣传册)以吸引潜在访问者,该过程即为地方品牌化实践的过程。

Peirce 将符号定义为"可以指代某一物品具有特有潜质的其他物品"。他将符号解构为由表征(sign)、对象(object)和解释项(interpretant)组成的三元素结构。表征和对象组成了基本符号,分别代表符号的属性和概念。Saussure 将这两者分别定义为符号能指(signifier)和所指(signified),而解释项则为符号接收者的符号解读。个体为物理属性赋予符号学意义,符号接收者将符号重新解构,并给予反馈即形成了一次完整的人际交互。该过程中,只有符号接收者与符号制造者具有类似的文化背景或具有解读对方符号的能力(如知识背景)才能完成一次成功的交互,否则会产生符号误读。以S市的品牌口号为例,S市的物理空间被赋予了神圣的意义,并通过品牌化实践(宣传口号)向潜在游客传播。潜在游客在具有一定的S市文化地理背景知识的前提下,对口号进行解读和能指追溯(S市),以此完成一次成功的社会传播。

而作为地方局内人的本地居民,其集体记忆和文化传承所形成的地方认同是其对地方进行意义解读的基础。本地居民通过对生存空间赋予意义或进行符号化,来实现内部地方品牌化。据此,地方品牌开发者所开发的地方品牌符号是否兼顾内部地方品牌化对于成功的地方品牌开发具有显著意义。如果地方品牌开发者所开发的地方品牌符号与本地居民的地方符号解读存在冲突,将直接影响本地居民对地方品牌开发(如旅游目的地开发)的态度,以及感知来自受到社会符号误导的访问者(游客)的象征威胁,并最终影响其地方认同的延续。

（三）研究方法

本研究旨在以 D 村地方品牌开发为例，通过分析地方品牌开发者和本地居民对 D 村的地方品牌符号的认知差异，来探索影响本地居民地方认同的内部地方品牌化对地方品牌开发的重要意义。因此，本研究主要采用符号学的研究方法。

第一阶段，研究者通过符号学的内容分析法剖析了以 D 村旅游宣传片为语料库（corpus of data）的文本元素结构。旅游宣传文本被去结构化并按照内容相似性细分，最终通过频度计算的方式定量化，以探索 D 村旅游宣传的侧重点。为了保证内容分析的有效性，研究者对 D 村开发管理团队成员进行了面对面焦点小组访谈。访谈包括两部分，其一为 D 村的旅游开发现状和未来开发愿景；其二为作为 D 村地方品牌开发人员，其如何解析 D 村作为品牌符号的意义。访谈持续 1 小时 20 分钟，访谈内容被全程录音并转录为文字。

第二阶段，研究者以 D 村 38 名本地居民为对象进行面对面深度访谈。访谈的内容分为三部分，其一为本地居民如何解析 D 村作为品牌符号的意义；其二为本地居民如何解读 D 村旅游开发者对 D 村的品牌定位；其三为本地居民对当前 D 村地方品牌定位的态度。本地居民均为在 D 村居住 20 年以上的本地居民，包括 12 名女性和 26 名男性，年龄在 26—63 岁之间。

第三阶段，第一阶段所获取的开发人员对 D 村品牌符号意义解读的焦点小组访谈资料和第二阶段所获取的本地居民对 D 村品牌符号意义解读的深度访谈资料分别被进行主题归纳分析并进行 Barthes 外延/内涵符号系统分析。

Barthes 认为任何传播的社会符号都存在多层次的意义系统。其基于 Saussure 的符号两分法发展了外延/内涵符号系统分析框架。符号的基础物理属性和简单意义赋予作为第一层（layer）外延符号，同时其作为第二层内涵符号的能指被赋予更深层的意义。第二层的内涵符号还可作为第三层内涵符号的能指，由此无限延伸，最终形成一个完整的符号系统。这个符号系统被 Barthes 称作迷思，即承载了表征对象深层意义的符号系统。

第五章 专题二：Z省乡村旅游内部地方品牌化分析

例如，Cooper借助Barthes的分析框架，以宣传册为样本，发现旅游宣传册作为旅游目的地符号承载物，表达了冒险、旷野、本真和异国情调等深层意义的迷思（见表5-1）。

表5-1 Barthes 外延/内涵符号系统分析

1. 外延能指	2. 外延所指	
3. 外延符号 Ⅰ 内涵能指		Ⅱ 内涵所指
Ⅲ 内涵符号		

本研究采用符号学分析方法，以D村地方符号开发者和本地居民的视角探索其对D村品牌符号的迷思，以发现两者间的地方符号认知冲突。

第四阶段，利用Peirce的符号学三分法对第二阶段的深度访谈资料进行分析。Peirce的符号学三分法提供了局外人分析社会符号的框架，而本地居民作为地方品牌定位的局外人，却是内部地方品牌化的局内人。其对开发者的地方品牌定位的意义解读，以及作为局内人所解读地方符号意义间的冲突，将直接影响其对地方品牌化和旅游发展的态度（如图5-1）。

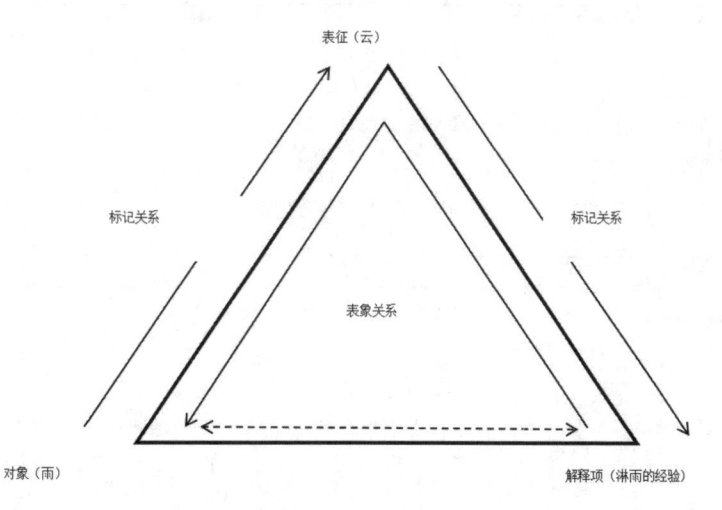

注：表征之于解释项是一种标记关系；对象之于表征是一种标记关系；解释项之于对象是将对象表象为表征之结果的表象关系。

图5-1 Peirce符号学三分法

第五阶段，通过第二阶段所获取当前本地居民对D村地方品牌开发态度的相关资料，质性分析内部地方品牌化对地方品牌化的影响，以及探索其如何影响本地居民的地方认同。

（四）分析结果

1. 地方品牌开发者视角下D村地方品牌化分析

D村旅游宣传片时长1分46秒，共分为12个板块（片头三个板块：日光城畔的静谧暖谷、S市河畔的休闲圣地、S市民俗文化旅游小康示范村；片中8个板块：藏式原始古村、幸福林卡咫尺净土、湖边茗馆品味悠然、古朴藏家隐士生活、仓央嘉措修行行宫、古寺传奇探寻轮回、原始森林、雪山溪流生命之源；片尾1个板块：相约在达东），共含51个切片文本。本研究将所截取各个文本内的元素去结构化后，共分离出235个元素（包括两个背景音乐元素），见表5-2。

表5-2 旅游宣传片三层次归纳结果

核心概念（N）	次级主题（N）	开放式编码（N）
自然（142）	非生物（75）	蓝天白云/云（27）
		山/山石/乱石滩（36）
		星空/阳光（2）
		溪水/湖水（10）
	生物（67）	树/树林（31）
		草/草丛/油菜花（32）
		动物（4）
	人物（20）	藏族居民（10）
		游客（10）
文化（40）	民族仪式（5）	转经（1）；藏舞（2）；敬茶（1）；传统乐器表演（1）
	民俗建筑（6）	民居（6）
	遗产遗迹（13）	仓央嘉措修行处（3）；原始图腾柱/古石碑（2）；白色寺（3）；尼玛塘寺（3）；古祠堂（2）
	民族特色（16）	转经筒（1）；藏装（6）；经幡（9）；
设施（33）	基础设施（10）	现代化设施：高压线（1）；水泥墙（1）；交通服务设施：汽车（2）；自行车（1）；柏油路（3）；停车场（1）；桥（1）

续表

核心概念（N）	次级主题（N）	开放式编码（N）
设施（33）	旅游服务设施(21)	特色旅游服务设施：藏包（7）；村门（1）；藏式木屋（3）
		现代旅游服务设施：遮阳伞（1）；现代桌椅（3）；水泥广场（4）；沙发（1）；接待中心（1）
	现代产品（2）	啤酒（1）；矿泉水（1）

235个元素借助Thomas的核心概念—次级主题—开放式编码的三层次归纳法进行类化，类化结果及频度如表5-2所示。本内容分析由两名旅游管理专业教授背靠背进行，最终归纳结果一致性在99%以上，符合质性分析可靠性的要求。

内容分析结果显示，现阶段D村地方品牌开发者对外宣传的核心集中于D村自然资源的吸引力，正如其宣传口号所述，D村是"日光城畔的静谧暖谷，S市河畔的休闲圣地"。焦点小组访谈内容的分析也证实了该内容分析的结果（"我们要打造中国最美乡村，明年花海项目就能初见成效……山上已经挖出了地热，我们在打造星空酒店项目，到时候就能泡着温泉看星星了。"——D村开发公司项目部经理）。

2. 地方品牌开发者与本地居民冲突

彭丹（2022）将迷思定义为人为建构的具有折射性、共享性和自然而然化的二次序符号。即迷思至少具备以下几个特征：首先是可操作性和集体意识，迷思是由某个利益群体人为建构的社会刻板印象，这种人为建构可以基于集体记忆的意义传承，也可以是面向某个群体而人为制造的故事讲述（storytelling）；其次是可解读性和表征性，迷思必须有可供人解读的外部表征，可以是物理表征或是社会话语，而且不同的利益相关者对迷思表征的深层意义解读存在差异。

针对D村地方符号，我们将其视作供其利益相关者解读的对象，并将地方品牌开发者和本地居民视作解读地方品牌符号的主体，分析其对D村地方符号认知的差异，结果如下：

（1）D 村地方品牌开发者的迷思

D 村地方品牌开发者作为外部地方品牌制造者主体，"日光城畔的静谧暖谷，S 市河畔的休闲圣地"是其打造 D 村品牌的宣传口号。第一部分对 D 村地方品牌开发者视角的分析结果显示，地方品牌开发者主要侧重于其自然属性，如阳光、山水等。正如某位 D 村旅游开发人员所提道的："D 村旅游开发的本质是具有 Z 省民俗特色的乡村旅游。"这也正形成了其主体地方定位为"藏地最美休闲度假旅游村落（D 村旅游宣传册）"。

其地方品牌定位进一步被地方品牌开发者赋予"静谧、纯净"的内涵意义（"正如我们的宣传口号中说的，打造日光城畔的静谧暖谷。这里能看出 D 村的两个特点，一个是静谧、安详，远离社会的嘈杂；另一个是干净、无污染，包括我们的水、蓝天、白云，这些都是我们的特色。"——D 村旅游开发人员）。

藏地最美休闲度假旅游村落的品牌定位被赋予"静谧、纯净"的内涵意义，进而衍生出 D 村地方品牌开发者所制造的迷思。"'相约在达东'其实就是要满足游客对最原始、最神秘 Z 省的体验，让他们和最真实、最自然的 Z 省约会。（D 村旅游开发人员）"

总之，D 村地方品牌开发者通过满足游客对纯净自然的追求和对嘈杂社会的逃避欲望，制造了 D 村"原始、神秘、自然本真"的迷思（如表 5-3）。

表 5-3 D 村地方品牌开发者迷思

1.D 村品牌的外延能指：自然属性	2.D 村品牌的外延所指：乡村特色、Z 省特色	
3.D 村品牌外延符号：藏地最美休闲度假旅游村落 Ⅰ D 村品牌的内涵能指		Ⅱ D 村品牌的内涵所指：静谧、纯净
Ⅲ D 村品牌的内涵符号：D 村的"原始、神秘、自然本真"迷思		

（2）D 村本地居民的迷思

D 村本地居民是 D 村内部地方品牌化的制造者主体。作为 D 村地方的局内人，对 D 村地方符号的意义解读源于其集体记忆，是形成其自我认同和地方感的核心因素。与 D 村地方品牌开发者将 D 村的自然属性作为主体品牌定位属性不同，D村本地居民的地方符号认知集中于对D村文化属性的认同感（"D村原称为'闷'，藏语意思是'羡慕'，源于莲花生大士经过此地时因当地的风景、风貌再加之有三大护法神存在。不止如此，D村还有仓央嘉措修行之所，Z省唯一主要供应药师佛的尼玛塘寺。所以说我们D村是一个文化历史悠久的地方。"——一位D村村委成员）。而这种对地方文化属性的强烈认同被D村村民内化为其区分"自我"和"他者"的关键。Twigger-Ross（1996）将地方的可区分性（distinct of place）视作本地居民建立地方认同的关键因素之一，即本地居民对具有区分性文化属性的认识事实上是其树立地方认同的过程（"我很自豪作为D村人，因为我们村有别的地方所没有的文化和历史。经常有城里人来我们这里朝拜，而我们生来就在这片土地上，让我们与众不同。"——D村某村民）。据此，D村本地村民将D村文化属性赋予了地方可区分性的意义，进而衍生成对D村的内涵符号能指认知（"并不能说D村是什么地方，对我们来说，D村就是家乡，是我们的根，而不是这里或者那里，我们有这种感情在里面，知道吧。"——一位D村村民）。

据此，D村的文化属性作为D村人建立地方认同的能指，其内涵衍生出的内涵符号能指蕴含了D村人地方依恋的情感表达。这种基于"故乡"的"恋地情结（topophilia）"被本地村民赋予更深一层的意义（"很多人都喜欢把神圣、净土挂在口头上，什么才叫神圣？我想我们D村称得上是神圣净土，仓央嘉措、莲花生大士都是证据。"——一位D村村民）。当故乡被赋予了神圣的意义，D村才成为携带本地居民迷思的地方品牌符号，即作为仓央嘉措和莲花生大士修行之地的神圣净土（如表5-4）。

表5-4　D村村民迷思

1.D村村民的地方品牌符号外延能值认知：文化属性	2.D村村民的地方品牌符号外延所指认知：地方可区别性	
3.D村村民的地方品牌外延符号认知：故乡		Ⅱ D村村民的地方品牌符号内涵所指认知：神圣
Ⅰ D村村民的地方品牌符号内涵能指认知		
Ⅲ D村村民的地方品牌内涵符号解读：D村作为仓央嘉措和莲花生大士修行圣地的迷思		

对比基于地方品牌开发者的外部地方品牌符号迷思和基于本地居民视角的内部地方品牌符号迷思，两者在地方品牌定位上存在显著区别。地方品牌开发者以 D 村的自然属性为外延能指，为其赋予静谧纯净的内涵所指，进而衍生出"原始、神秘、自然本真"的迷思，其本质是满足游客的刻板印象；而本地居民以 D 村的文化属性为外延能指，为其赋予神圣的内涵所指，进而衍生出"仓央嘉措和莲花生大士修行圣地"的迷思，其本质是地方依恋和身份认同。

3. 本地居民解读 D 村地方品牌开发现状

在 Peirce 符号学中，集中于社会符号的解读。与 Saussure 的语言符号学对比，Peirce 符号学嵌入了社会符号传播过程中作为解读者的符号意义解读（interpretant）。即其提供了解释作为符号局外人的意义解读偏离符号所指可能的方法。在本研究中，D 村地方品牌符号的实际生产者为作为地方开发团队的和美乡村公司，而本地居民则在某种程度上成了地方品牌符号的局外人。这一点从二者对 D 村迷思的解读冲突方面被进一步证实。

作为 D 村地方品牌符号开发者，和美乡村 D 村开发团队为作为社会传播符号解读对象（object）的"D 村"赋予了"藏地最美休闲度假旅游村落"的表征（sign），进而组合成完整的社会传播符号。而该符号在社会传播过程中被不同的利益相关者所解读。作为 D 村文化的局内人，该符号生产过程中的局外人——D 村本地村民将其解读为大致三种意义。

解读一：地方品牌开发者所开发的 D 村品牌符号是商业品牌，是以盈利为目的的旅游品牌开发。其品牌开发模式可以被任何地方所复制。对于本地居民来说，其所认知的 D 村品牌化事实上是其地方商业化的过程，其对地方品牌开发者所赋予 D 村地方符号的意义并不认同。这种不认同感主要停留在地方品牌开发者过于重视 D 村的自然属性，而这种自然属性在 D 村村民看来并不能代表 D 村的特色，而是在 Z 省大多数地区广泛存在的属性。

"他们开发的这个东西随便找个地方都能搞，甚至可以比 D 村搞得更好，比如慈觉林。我们自己独有的东西反而没有被重视。"（一位 D 村村民）

第五章　专题二：Z省乡村旅游内部地方品牌化分析

"从去年（2016年）就开始修，这才多久就都起来了，有什么意义？钱是赚到了，我们这一点感谢政府，但是能不能坚持下去，明天别的地方也做了还有没有人来我们这里？"（一位D村村民）

D村作为地方品牌符号的可区别性丧失是D村村民对当下D村地方品牌化过程最大的焦虑。一方面，这种可区别性丧失是对D村村民地方认同的破坏；另一方面，可区别性的丧失使D村村民感知地方品牌化的可持续性遭到威胁。这种焦虑感和威胁是影响D村村民对地方品牌开发态度的关键之一。

解读二：地方品牌开发者所开发的D村品牌符号是商业品牌，存在改变本地居民内部地方品牌认知的风险。D村品牌化是地方品牌开发者满足游客需求的外部品牌化过程，而忽略了作为利益相关者的D村村民内部地方品牌符号认知。其直接结果是本地居民感知地方认同延续性（continuity of identity）的丧失。

"现在张口最美乡村，闭口最美乡村。美在哪里，都是人造的东西。再过几年，就能叫人造村了，到时候我们的小孩子也不知道哪里美了。"（一位D村村民）

延续性是本地居民传承地方记忆并形成地方认同的关键。D村地方品牌开发者在地方品牌符号开发过程中忽视内部品牌化，导致了本地居民感知所开发地方品牌的意义和自我感知地方符号价值间的冲突，进而导致其感知地方符号威胁，尤其是感知地方符号可传承性被破坏的威胁。

解读三：地方品牌开发者所开发的D村品牌符号是商业品牌，而本地居民则是被凝视者和服务供给者。D村地方品牌开发的最终目的是通过吸引游客创收，其整合D村全域作为地方品牌的符号能指以供游客解读。在该过程中，本地居民感知自我角色（role）存在东道主与被凝视者、服务供给者间的冲突。

"政府提供了这个赚钱的机会，村里要求大家积极参与，但是多少感觉不舒服，感觉自己低人一等。特别是有的游客就是把你当成干杂活的，但是我们培训还要求服务周到，热情好客，有的游客根本就不值得好客。"

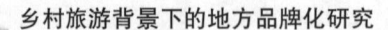

（一位 D 村村民）

"有的游客好奇得很。东打听西打听，跟去动物园似的。有的好说，有的问题根本不好回答。"（一位 D 村村民）

作为东道主的本地居民在 D 村地方品牌化的框架下又身兼服务供给者和地方本真符号的角色，直接造成了本地居民感知自我与游客间权利失衡。尤其是直接从事旅游服务的本地居民在主客互动过程中直接处于社会交互劣势地位，导致其自尊（self-esteem）的丧失。而作为被凝视者的本地居民，其无法逃避该社会角色，也无法发挥作为东道主的权利以及 D 村地方品牌开发的社会话语权，导致其自我效能感（self-efficacy）的降低。而自尊和自我效能感的降低的直接后果则是其地方认同的丧失。

地方认同的建立是个体感知地方可区别性（sense of distinctiveness）、地方意义的可延续性、自尊和自我效能感共同作用的结果。由本地居民对 D 村地方品牌开发者所开发 D 村品牌符号的解读来看，D 村地方品牌开发过程中，地方品牌开发者过于注重其外部品牌需要，而忽视了其内部品牌需求，导致 D 村村民对当下所开发 D 村地方品牌符号的低认同感，最终导致其感知建构地方认同的四个维度的丧失（如图 5-2）。

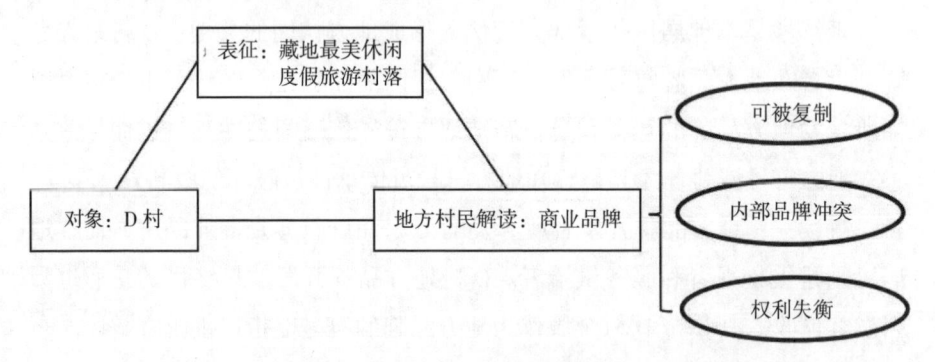

图 5-2　D 村村民解读品牌开发者所开发地方品牌符号

（五）结论

地方品牌化是将地方赋予特殊意义，符号化地方以促进地方形象社会

第五章 专题二：Z省乡村旅游内部地方品牌化分析

化传播的方式，因此，地方品牌开发成为当下地方旅游业发展的核心主题（例如"好客山东"）。然而，我国地方品牌化普遍存在盲目复制成功地方品牌或盲目迎合市场需求而忽视文化根源的现象。换言之，地方品牌化过程往往过于偏重于外部地方品牌化，而忽视内部地方品牌嵌入。在地方品牌化过程中对内部品牌化的忽视将直接影响本地居民作为内部地方品牌化核心主体的地方认同丧失。本地居民的地方符号解读是基于地方文化传承和集体记忆形成的具有区别性的地方认知，是其作为地方局内人对地方意义最精确的诠释。地方品牌开发过程中缺乏作为本地居民地方符号认知的内部品牌化，将破坏地方的可持续发展。

本研究以Z省D村的地方品牌化过程为例，用符号学方法剖析了D村地方品牌化现状以及本地居民对D村地方品牌化的认知，揭示了地方品牌化开发过程中内部地方品牌化的重要性，以及内部地方品牌化和外部地方品牌化冲突背景下本地居民基于地方认同丧失的旅游开发负面态度。

研究结果显示，作为D村地方品牌开发者的"和美乡村"以D村的自然资源为主体开发对象，为D村地方品牌赋予了"藏地最美休闲度假旅游村落"的符号表征。其将"原始、神秘、自然本真"的迷思作为D村的社会传播主体以吸引潜在游客，本质是为了满足游客的"内部东方主义"凝视以及对Z省的刻板印象。而作为D村内部地方品牌化核心主体的D村村民以D村的文化资源为解读D村地方品牌符号的主要能指，并为D村地方赋予了神圣的内涵意义。其将"仓央嘉措和莲花生大士修行圣地"的迷思作为D村地方符号生产的核心，本质是为了增强地方感知和地方认同。

基于此，D村地方品牌开发者过于注重外部地方品牌化，而忽视以D村村民为核心主体的内部地方品牌化。这直接导致了D村村民对地方品牌开发的疏离感。主要体现在对D村形象认知和地方品牌开发者所塑造的地方品牌形象之间的冲突上，导致感知D村作为地方品牌的可区别性丧失、感知地方认同延续的丧失、自尊和自我效能感的降低。这种地方认同的破坏直接导致D村村民对旅游开发负面态度的形成。

当前地方品牌开发的主要矛盾是本地居民和地方品牌开发者之间的冲

突,其核心点在于:首先,地方品牌开发过程中过度重视品牌的商业价值,导致本地居民感知地方品牌开发的符号威胁;其次,地方品牌开发者过度重视外部地方品牌开发,忽视内部地方品牌化,导致本地居民感知权利失衡。作为地方品牌开发者,只有平衡外部地方品牌化和内部地方品牌化,才能一方面在地方的社会符号传播中正确定位地方特色,另一方面缓解和本地居民的地方认知冲突,以实现地方品牌的可持续发展。

二、Z省乡村旅游内部地方品牌化过程中的非正式制度嵌入——以D村为例

(一)研究前述

内部地方品牌化(internal place branding)是指在区域开发过程中,本地居民作为关键的内部(insider)利益相关者,主动或被动参与区域(local)品牌开发的过程。参与的方式包括通过政治或经济增权直接参与地方品牌决策,或通过社会互动或地方形象传播间接参与地方品牌塑造。

内部地方品牌化可以通过有效强化社区居民参与,保证品牌形象中地方文化的根植性/有效嵌入(embeddedness),从而实现地方品牌的可持续开发和地方个性的有效塑造。尤其是本地居民所固有的文化价值观、宗教信仰、社会规范、社会关系网络等非正式制度以不同方式嵌入至内部地方品牌化过程中,最终影响地方品牌的形成。这一点在文化传统等非正式制度作为其核心社会规范并将乡村性和地方本真性作为主要吸引手段的乡村旅游目的地尤其凸显。但是,将内部地方品牌化作为研究对象,探索非正式制度在该过程中的嵌入方式的相关研究尚不足够,更不用说将乡村旅游作为特殊的研究对象。因此,本研究旨在通过探索乡村旅游内部地方品牌化过程中的非正式制度嵌入路径,为强化乡村旅游目的地社区居民参与提供可供探讨的新角度。

（二）内部地方品牌化与非正式制度

乡村旅游的核心竞争力在于其乡村性和区别性的地方本真。因此，乡村旅游地方品牌化的重点是维护地方文化的原生态，嵌入 Kavaratzis 地方品牌化模型中，表现为维持地方文化的传统性，以及因此而诱发的地方认同固化和地方形象的稳定。在这种视角下，继承和传承乡村本真文化的本地居民作为地方文化的局内人（insider），成为地方品牌中地方文化核心内涵的释义主体。一方面，在旅游发展的初级阶段，本地居民是地方形象的诠释主体，本地居民的故事讲述是形成初期乡村地方社会公众形象的关键；另一方面，本地居民是外来游客直接解读的地方本真表征，本地居民的生活展演是外来游客形成地方形象认知一致/不一致的关键。这种充分考量本地居民的文化知识和集体记忆，并将其嵌入地方品牌化的过程中，被定义为"内部地方品牌化"。

制度是约束个体在特定社会条件下的行为规范、价值导向和社会关系的正式或非正式规则。正式制度主要包括以成文的法律、政策等正式性文件所规范，由特定的权力机构或权威组织保障实施，具有强制约束性的纲领或要求；而非正式制度则是在长期的社会互动和文化变迁过程中，特定社会背景的人群所形成的文化伦理、道德规范等群体性的偏好和价值导向，并不受强制机构的控制，而是群体成员之间默认的无形规约。乡村旅游发展过程中，乡村社区制度以不同方式影响地方品牌塑造。一方面，正式制度作为强制性权力的载体，通过政府、开发商、村两委等管理主体影响地方品牌化；而非正式制度则作为村民潜在规约，自下而上地影响村民对乡村旅游发展的态度。另一方面，地方品牌本身作为制度的载体，地方品牌化的过程本质上是制度嵌入的过程。正式制度通过战略空间规划嵌入地方品牌化过程中，而非正式制度则在村民维护传统文化价值观和地方认同的过程中嵌入地方的品牌文化内涵。尤其是后者，乡村社区的非正式制度嵌入地方品牌化的过程，本质上是乡村社区感知制度增权的过程，在该过程中，乡村旅游完成了内部地方品牌化。但是，现有研究并未将乡村社区非正式制度嵌入视为内部地方品牌化的同一过程，也未明确非正式制度如何影响内部地方品牌化过程。因此，本研究将探索扎根于 Kavaratzis 地方品牌化动态模型，明晰非正式制度影响内部地方品牌化的路径。

（三）研究设计

本研究主要采用定性研究中常用的观察法和访谈法。研究者从 2016 年 8 月至 2019 年 8 月，多次入驻 D 村进行日常生活观察，记录村民、村两委（村党支部和村委会）、游客、景区管理者之间的互动以及村民参与旅游的方式和行为表征。观察的资料以田野日志的形式记录下来，同时收集了大量的非正式访谈资料和照片等数字媒体资料作为佐证。

本研究以 28 名 D 村村民为对象，采用深度访谈的形式收集村民参与 D 村旅游开发的相关内容。访谈包括 D 村村民感知旅游开发中的增权、D 村的文化风俗和参与旅游开发之间的关系、村民对 D 村现有社会形象的认识以及现有社会形象是否及如何体现 D 村文化特色等相关内容。每次访谈时间为 13—28 分钟，平均访谈时间为 21 分钟。受访者均为 D 村本地居民，居住时间均在 10 年以上。其中男性受访者 15 名，女性受访者 13 名；受访者中以旅游公司职员、自营业者等方式直接参与旅游开发行为的 17 名，从事传统农牧业或外出打工而未直接参与旅游行为的 9 人，村两委班子成员 2 人；受访者年龄平均 36 岁，最年幼者 21 岁，最长者 62 岁；受访者中学历程度最高为大学专科学历，3 人。

所收集的资料通过 Hycner 的现象学分析法进行归纳。首先，研究人员在反复阅读每一份访谈资料的同时提炼所有有意义的内容单元（significant meaning units），并基于研究目的和基础理论将其归纳为核心主题。其次，研究人员通读所有研究资料（包括照片和田野日志），以期进一步解读意义单元并提炼访谈中未饱和的属性以丰富理论结构。最终形成的研究框架被交由其他研究参与者进行检查以增加分析的有效性。

（四）分析结果

1. 村域文化的内部地方品牌化嵌入

MacCannell 将后现代游客视作文化本真的巡礼者。而乡村文化本真则为乡村旅游游客提供了一种逃离城市异化、去往他处寻求自我实存的神圣"场"。乡村的传统性、原始性和文化他者性为游客体验源于时空位移的乡愁提供了可供解读的表征。而这种传统性、原始性和文化他者性共同组成的所谓乡村性的展演主体则是乡村旅游内部地方品牌化的核心——乡村社区居民。

乡村社区居民在长期的生产生活和社会交往中形成了独特的村域文化，并据此与城市和其他村域区分，形成独有的地方认同。这种村域文化的形成是宗教、文化传统和文化集体记忆共同作用的结果，并以非正式制度性乡村社会规范和价值观的形式影响村民的行事作风和决策行动。有学者将这种"非理性的"决策影响因素视作正式制度形成和实施的前提保障。一方面，这种基于乡村居民共识的村域文化影响了居民对乡村旅游发展的态度进而影响其参与乡村旅游内部地方品牌化的意愿；另一方面，这种村域文化所代表的文化本真性是乡村旅游地方品牌区别于其他地方的核心关键。而不管是哪一方面，这种村域文化都是通过嵌入地方品牌化模型中的地方文化维度影响内部地方品牌化的过程。

"当时有开过会议，但是都是村委的领导去参加，我们也不想去管这些事，政府说了就算。"

受访的 D 村村民在被问及政治增权相关的问题时，呈现出政治增权感知负面影响乡村旅游开发态度的结果，这种结果的呈现被释义为传统文化价值观和历史背景的共同作用。这也决定了 Z 省乡村居民无法通过直接参与正式制度构建而影响内部地方品牌化。但是，另一方面，等级意识使 D 村乡村居民对于具有传统影响力的乡村精英具有相对较高的信赖，促使乡村精英在参与乡村旅游地方内部地方品牌化过程中受到较低的内部阻碍。

根据参与式观察和非正式访谈，D村的乡村精英包括宗教精英、经济精英和作为政治精英的村干部及党员。根据社会变迁的"起点—路径"假说，乡村旅游的制度形成源于一定的偶发性和历史赋予，这种历史赋予是文化和社会经济背景的集合。罗兰·巴尔特将这种历史赋予所传承的地方符号名之为神话迷思（myth）。一方面，从符号学角度来看，乡村旅游的地方品牌本质上是一种神话迷思；另一方面，从非正式制度嵌入的角度来看，乡村旅游的内部地方品牌化过程中所嵌入的地方文化源于地方神话中蕴藏的文化内涵。

以D村为例，D村至今流传着大量的宗教传说。包括传说D村为仓央嘉措修行之所，留下了《在那东山顶上》的美丽道歌；传说D村的泉水为莲花生大士所引圣泉；白色寺和尼玛塘寺也留下了藏医药发源的传奇故事。这些传说形成了D村内部地方品牌的天然内涵，被旅游开发者自上而下吸收入地方品牌符号中，而这些传说的载体正是D村村民的集体记忆。

D村作为典型的传统村寨，宗教文化是其传说的核心文化背景，宗教仪式和仪轨充斥在村民的生活方方面面。然而，随着乡村旅游的开发进程，传统的宗教仪式活动逐渐消逝，取而代之的是生活宗教（livelihood religion）的兴起。

"很少去转寺了。游客有时候会很好奇地拍照，我们会感觉很不自在。（那你们怎么礼佛呢？）会在家里请个佛龛，在家里诵经礼佛。平时做饭吃饭也会诵经，早上会烧煨桑。"

这表明游客对原始宗教仪式的后殖民地凝视被村民所感知，村民为了避免被凝视的不适感而将宗教仪式纳入日常生活。这并不意味着乡村宗教性的消融，而是村民对乡村旅游开发所带来地方变迁的妥协。神圣和世俗不再泾渭分明，宗教的核心经义以纯粹内涵的形式附加在变迁的表征上，使其成为一种"精神"仪式，而这种精神也成为内部地方品牌化过程中非制度嵌入的内涵和动能。

"你也知道，我们的信仰就比较包容。旅游开发我们也比较欢迎，因为可以让更多人认识我们这个民族。（有没有和游客发生冲突？）有时游客太过分的也会产生冲突。但是大部分情况下我们会忍让，这和我们的文化有很大的关系。"

村民作为内部地方品牌符号的被动实践者，其参与乡村旅游开发的途径更多的是通过与游客的社会互动而呈现地方文化的本真性。这种文化本真在当地是宗教精神的日常性彰显，包括和谐、包容、谦逊的行为作风。这种面向旅游开发的宗教的日常嵌入本质上是内部地方品牌化的生活性表达。

2. 乡村居民地方认同的内部地方品牌化嵌入

地方认同是地方居民基于地方文化和集体记忆的自我概念解读，是居民自我概念与地方特性间的认知一致。随着乡村旅游开发的推进，乡村的空间虽然发生了变迁，但地方认同却伴随着蕴含文化内涵的地方意义而得以延续。这种地方意义进而嵌入至内部地方品牌化过程，即通过本地居民赋予地方品牌符号独特的解读而使地方认同内涵重新表征化。

"（村貌都变了，没有想过要搬走吗？）其实还好，虽然和原来相比变化很大，但是慢慢也就适应了。毕竟祖辈都住在这个地方，出去去哪里都要说自己是 D 村人。即使搬去 S 市，也不能说自己就是城里人吧。（现在 D 村对您来说意味着什么？）是家乡，是仓央嘉措曾经住过的地方。"

"现在感觉比较自豪。因为旅游让更多人知道我们村子了。别人一说你是 D 村的，就跷起大拇指，说你们肯定都发财了，你们村不得了，是旅游景区。（现在 D 村对您来说意味着什么？）是一个身份，是值得夸耀的身份。"

D 村居民的地方认同是居民在长期的生产生活中所形成的与他者间的可区别性感知（"家乡"）、独有文化记忆的延续性感知（"仓央嘉措"）、自尊（"自豪"）和自我效能感（"发财、夸耀"）四种维度的集合。这四种维度共同形成居民的地方认同，作为一种非正式制度以"D 村"的地方符号而得以传承，这种传承的地方符号在乡村旅游开发背景下成为内部利益相关者即本地居民所认同的集体身份表征。

3. 本地村民地方形象构建和传播的内部地方品牌化嵌入

地方认同作为 D 村村民地方感（sense of place）的认知维度，赋予了村民地方依恋的情感色彩，进而影响其"社区公民行为"（community citizenship behavior）。因此，认知、情感和行为共同形成了本地村民对地方品牌化的态度。社区公民行为类似于组织公民行动，意指社区成员以非正式行为参与社区建设和管理，在完成自己的正式角色任务的同时，自觉自发地通过额外的行动促使社区向更积极的方向发展。社区公民行为是在社区居民感知到强烈的社区支持和社区认同的前提下发生的。在乡村旅游发展背景下，乡村社区居民的公民行为通过参与式地方品牌化（participatory place branding）的相关行动所彰显，其中最常见的是乡村居民自发的地方形象维护和传播行为。

"有时候会在抖音上看到游客在发 D 村的视频，我们会在后面评论，给他们介绍 D 村的历史、传说。看到那些乱说的我们也会跟他们吵。"

D 村村民通过网络媒体传播 D 村的传说和文化内涵，本质上是通过故事讲述的方式固化集体记忆和文化认同。在传播的过程中，"D 村"作为特有的地方 logo 被建构。这种被局内人所传播的地方形象，在局外人看来，是本真的地方品牌表述。而对于地方形象自发传播者的 D 村村民来说，虽然"仅仅是将自己头脑里的东西加到叙述里"，却以为自己在描述真实的历史。这种真实并不是绝对的经验真实，而是因强烈的地方认同和地方依恋所产生的建构真实。对于村民来说，任何外界对"D 村"地方品牌的不利言说都是"乱说"。他们通过自发的反驳来维护地方品牌形象，本质上是维护地方认同的非正式制度性"公民行为"。

（五）讨论

本研究旨在以 Z 省乡村旅游发展的典范 D 村为例，探索乡村居民通过非正式制度嵌入参与内部地方品牌化的路径。扎根于 Kavaratzis 地方品牌化动态模型，研究梳理了基于村域文化嵌入、地方认同过程嵌入和地方形象嵌入的循环模型（见图 5-3）。

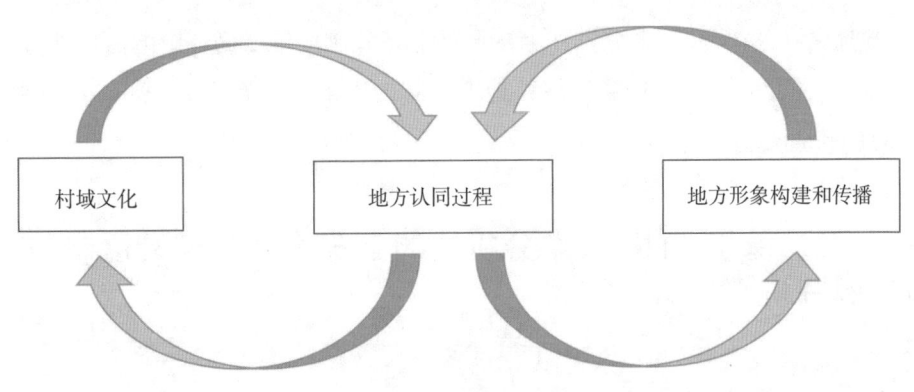

第五章 专题二：Z省乡村旅游内部地方品牌化分析

图 5-3 结论模型

首先，一方面，乡村居民作为村域文化本真的实践者和表征，他们所传承的集体记忆是地方文化的最核心内涵，也是内部地方品牌构建的关键。即使是乡村旅游引发的地方变迁破坏了原始的文化能指，文化的核心内涵以地方品牌的形态所固化，而得以留存。另一方面，乡村居民传统的社会关系网络决定了他们参与地方品牌决策的方式。以D村为例，村民传统的政治理念形成了其依靠乡村精英表述地方文化以及反映自我诉求而避免直接参与政治和地方品牌开发决策的行为特征。另外，在与游客社会互动或被动接受游客凝视的过程中，乡村居民自发地嵌入文化和宗教内涵。这种嵌入性是村民参与内部地方品牌化过程的生活性表达。

其次，村域文化在内部地方品牌化过程中的嵌入是村民形成自我认同的前提。文化差异感知、地方记忆可持续性、因"D村"品牌所感知的自尊和因乡村旅游开发所获取自我效能感，是D村村民在内部地方品牌化过程中构建地方认同的过程维度。

最后，基于"D村"品牌的地方认同影响D村村民自发的"地方形象"维护和传播。这种自发性的行为是村民社区公民行为的体现，本质上是其维持地方认同并努力实现可持续地方文化记忆传播的"集体无意识"。

综上，村域文化通过嵌入至乡村旅游的内部地方品牌化过程而影响地方认同过程，地方认同影响村民基于地方形象维护和构建的公民行为。村民的感知地方形象反之影响其地方认同，并借此影响村域文化的固化和集体记忆的可持续。三者分别作为不同的非正式制度维度循环影响内部地方品牌化过程,最终实现乡村旅游地方品牌的内生性发展(endogenous rural development)。

三、基于 AHP 层次分析法的 Z 省乡村旅游社区参与障碍分析

(一)研究前述

旅游社区参与在过去的十年间得到了学者的广泛关注并获得了跨学科的发展。例如,旅游社会学者对旅游社区参与过程中本地居民感知旅游影响的探索,人文地理学者对社区居民感知地方认同和地方依恋影响其参与旅游发展的相关研究,以及旅游政治学领域关于居民增权的相关研究。旅游社区参与可以被定义为以社区为单位,鼓励社区的内外部利益相关者共同积极参与旅游地方品牌化建设。尤其是关注作为重要内部消费者的本地居民在感知旅游发展所带来正面影响的条件下,积极参与社区旅游发展决策,并形成可持续性市民意识的过程。传统的旅游发展以自上而下的正式制度引导为核心,强调先设的旅游规划和旅游宣传;社区参与式的旅游开发强调自下而上的本地居民参与与自上而下的正式制度引导共同作用,尤其强调强化本地居民的旅游发展支持。地方品牌化理论将地方文化、地方认同和地方形象作为可持续地方品牌发展的三元素。其中,地方文化影响本地居民地方认同,进而影响最终地方形象的形成。即基于地方品牌化理论,本真地方文化的叙述者——本地居民的社区参与是地方品牌化可持续发展的重要途径。

已有研究探索了加深本地居民参与程度的方式,包括增强其感知旅游发展的积极影响,以及强化地方社区品牌认同等。然而,本地居民社区参与的程度根据旅游发展情景以及旅游发展模式的不同存在显著差异。如城市社区居民因其较低的社会资本感知以及较高的旅游参与能力而呈现相对

乡村社区较高的旅游参与意图；而少数民族社区居民则因其对本民族文化的保护意识以及较高的族群威胁感知而呈现相对一般社区居民较弱的旅游参与态度。因此，探索不同旅游情境下，社区居民的旅游参与障碍对于社区旅游发展具有重要的现实意义。因此，本研究旨在通过对Z省乡村旅游社区居民参与障碍的权重分析，获取Z省乡村居民参与旅游发展过程中亟待解决的障碍因素，以提出针对性的社区参与方案。

不同因素的权重分析有助于决策者精确获取针对性的解决方案的优劣。在过去的研究中，因子分析、IPA分析、熵权分析以及AHP层次分析法被广泛应用于权重分析。其中，AHP层次分析法因其能够进行主观判断的客观分析而得到决策者的青睐。因此，本研究采用AHP层次分析法达成研究目的。

（二）Z省乡村旅游参与限制综合评价指标体系构建

Tosun（2000）根据结构性要素、文化性要素和操作性要素三个限制要素探索了社区居民参与地方性旅游发展的障碍。其中，结构性要素被定义为社区居民在参与旅游发展过程中所感知到的制度性障碍以及政府的正式决策所带来的参与限制；文化性要素被定义为社区居民在参与旅游发展过程中的个体层面要素，包括文化性障碍、知识性障碍、个人对旅游发展的态度以及参与能力等方面的障碍因素；操作性要素被定义为社区居民在实际参与社区旅游发展过程中所面临的合作性障碍以及因信息不均衡所带来的被动性弱参与等。

结合Tosun（2000）的三要素以及其他先行研究，兼之对Z省乡村旅游利益相关者的焦点小组访谈，本研究构建了如表5-5所示的Z省乡村旅游社区参与限制综合评价指标体系。其中，准则层按照前例分为结构性要素、文化性要素和操作性要素。结构性要素的指标层由7个指标（A1—A7）构成，分别是政府的态度不明朗，具体是指政府对乡村居民参与旅游发展的态度不积极；缺乏政府的增权，意指政府在具体的执行过程中并未充分赋予乡村居民参与旅游发展决策的权利；精英俘获，意指乡村旅游发展过程中的不公正分配，包括政治不公正以及经济不公正；缺乏法律支撑；缺乏专业的人力资源；政府缺少专业性以及对本地文化的正确认识；社区参与的（经济）成本太高/缺乏财政资源支撑。操作性要素的指标层由4个因子（B1—B4）组成，分别是旅游管理机构官僚化，即社区旅游管理机构的过分集权和中心化；缺乏（内外部利益相关者的）内外部合作；本地居民缺乏（能够提高社区品牌共建能力的）社会资本；（由于信息不均衡所造成的）本地居民信息缺失。文化性要素的指标层由5个指标（C1—C5）构成，包括贫困村民的旅游参与机遇的缺失；本地居民对旅游发展的冷漠态度以及参与意识的缺失；村民过分感知旅游发展的消极影响；本地居民（因语言或文化障碍）缺乏适当的沟通技巧；本地居民缺少有关旅游的必要的正式教育和知识。

在保证理论效度的前提下，本研究采用专家小组访谈的形式对指标体系进行论证，保证了指标体系的内容效度。

（三）Z省乡村旅游社区参与权重分析

层次分析法（AHP）是一种多目标决策评价分析方法，其通过将复杂决策分解成各个组成要素，并按所属关系进行分组，从而形成有序的递进层次模型，进而通过对各个组间要素的相对重要性赋值计算，最终获得不同要素的相对权重，最后通过加权的方式获取最优方案或不同事态之间的相对竞争力。具体操作步骤如下。

1. 建立层次结构模型

表 5-5　乡村旅游参与限制层次结构模型

准则层	指标层	编号
社区参与的障碍因子		
结构性障碍（G1）	政府的态度不明朗（Tosun，2000）	A1
	缺少增权	A2
	相对剥夺感和精英霸权（Tosun，2000）	A3
	缺少法律法规（Tosun，2000）	A4
	缺少人力资本	A5
	政府的文化和地方知识专业性缺失（Tosun，2000）	A6
	缺少物质和经济资本（Tosun，2000）	A7
操作性障碍（G2）	旅游公共管理的集中度	B1
	缺乏协调统筹	B2
	缺乏社会资本	B3
	缺乏信息资源	B4
文化性障碍（G3）	贫困人口的机会有限	C1
	当地社居民的冷漠和意识缺失	C2
	消极影响感知	C3
	缺乏沟通技巧	C4
	缺乏旅游的教育背景和专业知识	C5

2. 权重赋值

（1）利用德尔菲专家评价法构建判断矩阵

赋值方式采用 AHP 分析法中常用的 1—9 或其倒数赋值的方式。对某一层次同一维度内的要素进行两两比较，并建立判断矩阵（见表 5-6 至表 5-9）。

采用德尔菲专家评价法，通过三轮 15 名专家的反复赋值，并通过由两名专家构成的专家小组的反复论证，针对准则层和指标层各维度的相对重要性得出最终统一的结果。

（2）对判断矩阵进行一致性检验

通过 $CR=\dfrac{CB}{RB}$（CR：判断矩阵的随机一致性比率；CB：一致性指标；RB：平均随机一致性指标）公式对判断矩阵的一致性进行检验。经验值为 CR<0.1，即判定判断矩阵的一致性不存在显著问题，可以获取各指标的权重。该部分是为了防止出现 A 比 B 重要，B 比 C 重要，C 比 A 重要等类似

的循环逻辑错误。

表 5-6　G1—G3 评价矩阵

	G1	G2	G3
G1	1	5	3
G2	1/5	1	1/2
G3	1/3	2	1

表 5-7　A1—A7 评价矩阵

	A1	A2	A3	A4	A5	A6	A7
A1	1	1/2	1/3	1/3	1/4	1/6	1/5
A2	2	1	1/2	1/2	1/3	1/5	1/4
A3	3	2	1	1	1/2	1/4	1/3
A4	3	2	1	1	1/2	1/4	1/3
A5	4	3	2	2	1	1/3	1/2
A6	6	5	4	4	3	1	2
A7	5	4	3	3	2	1/2	1

表 5-8　B1—B4 评价矩阵

	B1	B2	B3	B4
B1	1	2	1/2	3
B2	1/2	1	1/3	2
B3	2	3	1	4
B4	1/3	1/2	1/4	1

表 5-9　C1—C5 评价矩阵

	C1	C2	C3	C4	C5
C1	1	1/7	1/3	1/6	1/5
C2	7	1	5	2	3
C3	3	1/5	1	1/4	1/3
C4	6	1/2	4	1	2
C5	5	1/3	3	1/2	1

（3）利用层次分析法（和积法）求层次权重

通过一致性检验的判断矩阵可以进行层次权重的计算。结果如表 5-10 至表 5-13。

表 5-10　G1—G3 向量归一化及矩阵随机一致性检验

	G1	G2	G3	WB（权重）	层次排序
G1	0.65	0.63	0.67	0.647947	1
G2	0.13	0.13	0.11	0.122182	3
G3	0.22	0.25	0.22	0.229871	2

二阶指标层组合一致性比例（CR=CB/RB）：0.0036；最大特征根 λ_{max}：3.0037

表 5-11　A1—A7 向量归一化及矩阵随机一致性检验

	A1	A2	A3	A4	A5	A6	A7	WB
A1	0.04	0.03	0.03	0.03	0.03	0.06	0.04	0.037799
A2	0.08	0.06	0.04	0.04	0.04	0.07	0.05	0.056738
A3	0.13	0.11	0.08	0.08	0.07	0.09	0.07	0.091290
A4	0.13	0.11	0.08	0.08	0.07	0.09	0.07	0.091290
A5	0.17	0.17	0.17	0.17	0.13	0.12	0.11	0.148536
A6	0.25	0.29	0.34	0.34	0.40	0.37	0.43	0.344423
A7	0.21	0.23	0.25	0.25	0.26	0.19	0.22	0.229925

二阶指标层组合一致性比例（CR=CB/RB）：0.0160；λ_{max}：7.1308

表 5-12　B1—B4 向量归一化及矩阵随机一致性检验

	B1	B2	B3	B4	WB
B1	0.26	0.31	0.24	0.30	0.277140
B2	0.13	0.15	0.16	0.20	0.161070
B3	0.52	0.46	0.48	0.40	0.465819
B4	0.09	0.08	0.12	0.10	0.095970

二阶指标层组合一致性比例（CR=CB/RB）：0.0116；λ_{max}：4.0310

表 5-13　C1—C5 向量归一化及矩阵随机一致性检验

	C1	C2	C3	C4	C5	WB
C1	0.05	0.07	0.03	0.04	0.03	0.041853
C2	0.32	0.46	0.38	0.51	0.46	0.424504
C3	0.14	0.09	0.08	0.06	0.05	0.083624
C4	0.27	0.23	0.30	0.26	0.31	0.272786
C5	0.23	0.15	0.23	0.13	0.15	0.177233

二阶指标层组合一致性比例（CR=CB/RB）：0.0307；λ_{max}：5.1376

（4）讨论

根据指标层和准则层的权重和积，最终得出各指标要素的和积排序如表 5-14 所示。结果显示，首先，在准则层的三个要素中，结构性要素被认为是Z省乡村旅游社区参与过程中最大的障碍，即政府的政策性支持被赋予最高权重，文化性要素排序第二，而操作性要素则被认为是相对不显著的参与障碍要素。其次，在各指标中，政府对本地文化的专业性认识缺失以及财政资源的缺乏被认为是最大阻碍本地社区参与的要素。这恰恰说明了作为文化本真性认识较重的少数民族乡村旅游社区，地方品牌化是否充分发掘了地方文化，对于本地居民的社区参与意识极为重要。而相应的，信息不均衡并没有被赋予较高的权重。结合排序同样较低的政府消极态度（11）和内外部合作缺失（12），可以得知，在Z省乡村旅游社区参与过程中，信息的不均衡和不透明状况长期存在。最关键的原因是，决策层对社区旅游参与现阶段的认识。现阶段，社区旅游参与被简单地认为是物的参与以及自上而下的规划性品牌建设，而不是人的品牌合作共建。再次，感知旅游发展所带来的消极影响被排序为第三位，这为未来提升Z省乡村旅游社区参与能力提出了警示，即如何通过提升本地居民的正面旅游发展态度而增强乡村居民的参与意识成为下一步政府的工作重点。而缺乏必要的沟通技巧则被排序为第十三位，证实了，文化和语言沟通能力并不是Z省乡村旅游社区参与的关键障碍，结合文化本真的障碍排序以及乡村旅游发展过程中文化本真性的重要地位，文化和语言沟通能力的增强可能会造成强烈的地方变迁和本地居民的感知族群威胁。因此，文化和语言沟通能力被赋予较低的权重。

表5-14 参与限制排序

编号	权重值	排名
A1	0.024492	11
A2	0.036763	9
A3	0.059151	6
A4	0.059151	6
A5	0.096243	4
A6	0.223168	1
A7	0.148979	2
B1	0.033862	10
B2	0.019680	12
B3	0.056915	7

续表

编号	权重值	排名
B4	0.011726	14
C1	0.009621	15
C2	0.040741	8
C3	0.097581	3
C4	0.019223	13
C5	0.062706	5

四、小结

内部地方品牌化的核心是社区参与。通过刺激社区居民的参与积极性，提升社区居民的参与能力，减少社区居民的参与障碍，实现真正意义的社区旅游（community-based tourism），最终形成以居民为核心的内部地方品牌化才是可持续乡村旅游地方品牌构建的正确途径。而提升社区居民旅游参与的关键是对社区居民参与进行赋能，不只是经济赋能，更重要的是政治、社会和心理赋能。其结果是通过社区居民感知旅游发展所带来的正面积极影响而形成对旅游开发和地方品牌化的正向态度。因此，本专题通过符号学视角下的内部地方品牌化整合分析，以 D 村为主线，提高 Z 省乡村居民在乡村旅游内部地方品牌化过程中的涉入（involvement）程度。兼之以非正式制度为主线的内部地方品牌化过程为基础，获取 Z 省乡村旅游地方品牌和非正式制度之间的契合点，以期发现降低本地居民抵制地方变迁的途径。最后，嵌入乡村旅游社区参与限制理论，找到 Z 省乡村旅游内部地方品牌化的社区参与痛点。三个环节环环紧扣，以期破解 Z 省乡村旅游内部地方品牌化的困境。

首先，结合第一部分和第二部分，不难发现，Z 省乡村社区居民对地方文化为代表的非正式制度是否能够嵌入地方品牌内涵中，是其政治信任、社区认同以及对旅游发展正面态度形成的关键。围绕地方品牌化的冲突，绝大多数集中于品牌文化和地方文化之间的差异带来本地村民对地方品牌的疏离感，乃至地方认同的降低，甚至导致非地方（placelessness）或无地方（no-place）。最后，从整体层面上了解Z省乡村社区居民参与乡村旅游或是乡村地方品牌化发展的限制因素，同样，政府对地方文化的误解，或是对地方形象的刻意性，是其拒绝参与乡村旅游地方品牌化的关键。正如对D村调研发现一样，本地居民难以接受基于政府或公司的自上而下的地方生产（placemaking）和空间规划，这种空间规划即缺少全局性，又缺乏战略眼光和可持续发展的导向性，从列斐伏尔的空间生产理论角度思考，这种自上而下的空间规划和自下而上的空间生产之间的冲突，必将导致社会冲突，而考量到本地居民对政治参与的低涉入（low involvement），必然导致本地居民在乡村旅游地方品牌化过程中的"敢怒不敢言"，长此以往，政府的公信力必然会降低，而本地居民也必然会更多地用经济利益来衡量地方认同和地方价值，正如目前Z省某村，村民在拿到政府征地赔偿款后，集体性地利用政策漏洞和政府周旋，政府不得不掏出更多的赔偿款，对地方已经失去认同感以及对政府失去信赖感的村民在吃到经济甜头之后，极端地向政府要求更多的经济补偿，然后陷入恶性循环，政府反而成为地方品牌发展的弱势群体，即所谓"费力不讨好"。

第六章　专题三：Z省乡村旅游地方品牌化整合分析路径的探索

现有的研究中，地方品牌化的整合分析框架大致分为两种。一种是Kavaratzis所提出的地方品牌化动态分析模型，该模型以地方认同为核心，构建了地方文化、地方认同和地方形象的三角循环影响模式。由于该模型整合了内部地方品牌化和外部地方品牌化两种因素，因此得到了研究者的青睐。尤其是对地方品牌认同的重视，勾连了不同利益相关者在地方品牌化过程中所发挥的重要作用，将人文地理学成功地导向市场营销维度。该模型可将地方文化视作地方品牌符号的对象，地方形象则是地方品牌符号的解释项，地方认同则可被视作地方品牌符号的表征。地方文化、地方形象和地方认同共同构成地方品牌，而其中地方认同是地方文化和地方形象的映射；地方文化和地方形象则分别被地方认同所嵌入。由此，地方文化、地方认同及地方形象间循环影响，该动态过程即地方品牌化的过程。该过程中，地方文化是地方传统、价值观以及仪式、自然生态的综合，是以本地居民为主体的内部利益相关者对地方固有意义的阐释。

通过嵌入地方品牌化动态模型，可以定性地探索乡村旅游背景下，地方品牌化过程中存在的种种问题和冲突的本质原因。将内部地方品牌化和外部地方品牌化相结合，地方文化、地方认同和地方形象三者循环往复形成完整的地方品牌化过程。其中最核心的关键是内部地方品牌化的地方文化嵌入。成功的地方文化嵌入有助于内部地方认同以及地方社会公众形象的传播和可区别性，失败的地方文化嵌入将导致地方品牌的消逝以及地方文化的不可延续性。而作为地方文化的主体，本地居民在内部地方品牌化过程中必然发挥主体作用。将本地居民置于地方品牌开发决策的弱势地位，缺乏充分的本地居民决策参与赋权，导致的直接后果为地方品牌化的失败，进一步则将导致本地居民的负面态度和负面行为，包括逃离和冲突。

正如对 C 村的地方品牌化研究中所发现，部分本地居民虽然承认 C 村开发所带来的经济利益，但这种经济利益并未能弥补社会和文化成本的投入。在权衡利弊的过程中，本地居民整体上呈现出负面影响感知。这种负面影响感知难以避免地传导入游客的地方文化本真感知，从而导致整体的地方品牌开发的不可延续和核心主体缺位。

由此可见，Kavaratzis 的地方品牌化动态模型强调地方品牌化的动态演变过程，将地方品牌视作一个不断进化的符号整体，在内部环境和外部环境的双重压力下不断适应环境并改变环境。其本质是达尔文进化论在地方品牌营销中的应用。但该模型难以对地方品牌化的水平和程度进行客观评测。且该模型忽视了地方品牌作为品牌的一种，其品牌元素（如 logo、宣传片）所发挥的重要作用。此外，该模型并未考量地方形象变迁对不同利益相关者的阶段性影响。

不同于 Kavaratzis 的地方品牌化动态模型，Dinnie 的 ICON 整合地方品牌化分析模型最初用于分析国家或城市品牌化，并借此形成了系统的国家/城市地方品牌化程度核算工具，用以定量化地评价不同国家或城市间的相对品牌竞争力。

Dinnie 的 ICON 整合地方品牌化分析模型则过分强调地方品牌四个维度的个体性，对于内外部环境影响地方品牌化整体作用并未有过多涉及。因此，本专题在分别尝试利用 Kavaratzis 的地方品牌化动态模型和 Dinnie 的 ICON 整合地方品牌化分析模型对 Z 省乡村旅游地方品牌化进行整合性分析的基础上，提出新的解决方案，对两者分别进行改造，以期应对本研究的分析内容。

一、基于整合 ICON 模型的 Z 省乡村旅游地方品牌化分析：以 D 村为例

（一）研究前述

地方品牌化所提供的消费对象不仅是"区域"空间，还包括独一无二的"地方感"。地方生产超越了"自上而下"的空间结构规划和单纯的区域品牌集群，可持续的地方生产呼吁能唤醒听众对地方认同的"社会记忆"。这种"社会记忆"的核心是地方文化，本质上是"竞争性地方认同（competitive identity）"，输出物则是地方品牌的社会形象。而地方文化、地方形象和地方认同循环往复，共同形成动态的地方品牌化过程。然而，Kavaratzis 的地方品牌化动态模型仅提供了可供参考的地方品牌体系，缺乏地方品牌化实践和评价的方法。

Dinnie 提出的 ICON 模型对地方品牌化过程中的利益相关者协商机制、利益相关者价值诉求、地方文化嵌入和革新四个方面进行评估，提供了一个可供参考的研究框架。目前已有的研究利用 ICON 模型探索了国家品牌化、城市品牌化，但针对乡村背景下的品牌化尚未展开深入探讨。

据此，本研究旨在通过以 D 村为案例地，基于该村特殊的少数民族乡村背景，探索 ICON 地方品牌化模型的适用性；同时将 D 村旅游开发置于 ICON 模型中，为类似的少数民族乡村品牌开发和地方形象塑造提供案例依据。

（二）地方品牌化和 ICON 模型

Urry 指出，地方是由实践者的视觉和文化感知所构建的符号空间。不同的空间被赋予不同的文化和社会意义，被赋予意义的空间成为区别化的"地方"，进而影响地方实践者的地方感，所赋予的意义则是基于地方符号的社会传播和集体记忆所形成的社会共识。被赋予意义的空间再与某种区别性的社会表征相结合，则形成了独特的地方符号。该地方符号进而以

具化的形态进行传播（如宣传片），以吸引潜在访问者，此过程即为地方品牌化实践的过程。

据此，区别化的空间属性是建设具有竞争优势地方品牌的关键。为空间赋予象征意义，并将整合的空间—意义符号化，不仅有利于地方形象的传播，而且有助于强化本地居民地方认同以及刺激利益相关者的正向行为。

地方品牌化的核心是地方符号生产和传播。在旅游开发语境中，地方符号被地方品牌开发者所提炼并具化为地方品牌表征，进而被利益相关者所解读。被释义的地方品牌表征如果违反利益相关者的期待，则会导致认知不一致，进而引发其负面情绪和行为。因此，地方品牌化是开发者协商所有利益相关者地方符号意义认知的过程。

地方品牌化的相关研究经历了由静态研究到动态系统研究的演进。初期地方品牌化研究以地方形象理论为切入点，试图通过自上而下（top-down）的形象管理塑造地方品牌。Kavaratzis 等人则提出将地方品牌化视作地方文化、地方认同及地方形象间循环影响的动态过程。之后的地方品牌化沿用并发展了其动态过程说，尤其将地方变迁（place change）视作地方品牌化系统自发性运转的促进力量。虽然地方品牌动态说强调地方品牌化的自主性以及应对社会/文化变迁的进化特性，但在地方品牌化实践和评估方面有所不足。因此，Dinnie 开发了可以嵌入不同类型地方的 ICON 地方品牌化模型。

虽然 Dinnic 指出，任何地方品牌化过程基于不同的历史记忆、社会规则和文化符号均需进行重新定义。但是 ICON 模型提供的四大板块，不仅提供了地方品牌化实践和评估的思考方向，而且延续了 Kavaratzis 的动态地方品牌化思路，对于适应地方变迁的形象重塑和产品革新提供了探索路径。

ICON 模型的四大板块分别是地方品牌化过程中的整合化、情境化、有机化和革新（图 6-1）。

第六章 专题三：Z省乡村旅游地方品牌化整合分析路径的探索

图6-1 ICON模型框架（Dinnie，2016）[254]

整合化（integrated）的地方品牌化意指内外部地方品牌化过程中主体利益相关者间协商机制的完善。而不同利益相关者作为不同价值取向的利益主体，一方面，在地方品牌化过程中扮演不同的角色，发挥不同的作用；另一方面，在地方品牌化过程中的需求各不相同，满足期待的方式存在差异。例如，作为内部地方品牌化的核心主体，本地居民既作为地方文化本真表征，发挥地方文化叙述者的作用，又是地方开发过程中重要的利益分配者。作为前者，地方品牌化过程中地方文化的嵌入是否符合本地居民的地方记忆影响地方品牌形象的塑造；作为后者，本地居民是否感知到经济和社会利益的公正分配影响其支持地方品牌开发。符合情境化（contextualized）的利益相关者需求和能力，才能最大化利益相关者自我效能感。而整合性的利益相关者沟通机制则是情境化利益相关者价值诉求发挥作用的基础。

Kavaratzis的地方品牌化动态过程说将地方文化视作地方品牌化的核心主体。地方文化作为地方品牌符号的"对象"（object）是竞争性地方认同形成的关键，而地方认同的解释项（interpretant）则是地方形象。另一方面，空间变迁、地方的公共形象变化或政策环境改变反作用于地方文化，进而影响利益相关者的地方认同，以此动态往复。换言之，基于地方文化差异的地方品牌化是有机（organic）的，既表现在地方品牌符合利益相关者对地方文化的认同方面，又表现在地方品牌的动态过程上。

地方作为消费者的体验对象，核心产品为展现地方文化的体验项目以及传播地方形象的"故事"。革新（new）的体验商品是地方品牌的直接输出物，也是地方品牌内外部消费者解读地方符号的主要能指。而革新的"故事"传播载体则是地方品牌输出渠道，其所承载的地方形象是地方品牌消费者建构地方认同的无形证据。

（三）研究设计

本研究采用民族志的研究方法，自2017年4月至2018年7月间，通过收集田野日志、照片、宣传资料、参与式观察、非正式访谈、深度访谈和结构问卷等方式收集数据。其中，结构问卷包括不同利益相关者感知地方品牌形象、村民感知增权、对旅游发展支持态度和感知生活质量等问题。访谈内容则包括不同利益相关者对D村品牌化过程和品牌形象的认知及评价。对所收集资料的分析采用一般归纳法、符号学和定量方法相结合，并将分析结果嵌入ICON模型框架进行解读。

（四）分析结果

1. 整合化

ICON模型的整合化维度旨在保证地方品牌化过程中的机构间合作和公—私部门统筹机制的完善。基于竞争优势的地方品牌化实践经历了自上而下的政府统筹规划、自下而上的地方文化主导以及两者相结合的利益相关者协作过程。构建透明、分权化的整合化协商机制是地方品牌化的保障。其中，公正交易是有效协商的关键，不仅包括经济性交易，如利益分配的公正性，还包括非经济性交换，如信息共享和相互尊重。

在D村的地方决策过程中，主要存在六方利益相关者，分别是旅游开发公司、D村村委会、政府、村民和游客。旅游开发公司由地方管委会牵头成立，城投、D村村委会、公司总部作为主要参与者，是D村开发的实

第六章 专题三：Z 省乡村旅游地方品牌化整合分析路径的探索

施主体。因此，在 D 村品牌化决策过程中的博弈主要产生于旅游开发公司和村民两者之间。而村民则因其是否以自身或家庭主要成员参与公司运营而出现对权利分配的偏向性认知。

村民参与 D 村品牌开发主要通过两种渠道。其一，通过村委会与公司的双方联络机制参与决策。大部分受访者在被问及谁在 D 村开发过程中占据主导位置时，都将村委会置于主导的第一位。然而，在村民看来，村委会作为政府代表更多的是发挥决策传达的作用，并不能充分代表村民的意见和想法。对公司管理层来说，村委会代表村民参与 D 村旅游开发，发挥的是调节的作用。因此，村委会作为村民和公司之间协商的关键，其所扮演的角色在两方认知方面出现冲突。其二，作为公司员工参与公司运营。D 村旅游开发最初是作为乡村扶贫项目展开，2016 年，这个项目被称为综合扶贫项目，而在 2017 年，项目则转变为旅游综合项目（公司管理层）。鼓励村民通过参与公司运营获取收入，并实施集体分红作为扶贫的主要方式。在访谈过程中，参与公司运营的村民表现出较高的地方认同和积极态度。但是村民在参与公司运营时往往担任一线底层执行者的角色（如保安、保洁员），而管理层及技术性部门（如财务、运营）则多数由外聘员工组成。这直接导致双方感知地位差距。外来员工普遍表达出相对本地员工的优越感，而本地员工则相对感知不公正。在调节两者间关系时，公司管理层也难以完全采取中立态度。

建立有效的利益相关者协商机制是地方品牌化成功的基础。D 村品牌开发采取村委会—公司两方直接对接的方式以分化地方品牌决策权力。此外，通过经济交易降低村民的消极态度，以扶贫为突破点，有效减少了品牌化过程中的博弈成本。然而，将村委会作为反映基层声音的主渠道，难免存在村委会权力过度发挥的问题。而经济利益驱动的本地员工则会感知地位不均衡，并表现出对外聘员工的抵制态度。

另外，在访谈过程中发现，信息不对称造成的村民旅游开发消极参与现象普遍存在。一方面，村民认为公司的运营机制是"合作投资"关系，"D 村和公司应该平均分配"，甚至主张"村民出地而放弃了耕作应该获得更多的话语权"。然而，公司的运营实质是"股份制"，出资方在公司成立之初已经划分了职责和分红比例。另一方面，公司和村委会始终以宣传扶贫作为品牌化的主要导向。积极方面在于村民对于由政府监管持有积极态度（"扶贫项目，有政府的支持没有问题"——村民）；而消极方面则在于公司已经进入"旅游综合项目"阶段，政府的干预作用将会弱化，存在未来潜在矛盾激化的可能。此外，扶贫的过度宣传使村民在参与品牌化过程中始终处于劣势地位，对于激发村民的自我效能感有消极影响。而造成信息不对称的主要因素在于村委会并未发挥好信息守门人的作用。

感知到村委会的消极作为和权力过度（"公司跟居民的点对点沟通还是不够，单单依靠村委会还是存在问题"——公司管理层），公司管理层考量能否采用"村民迁出""纯商业化运营"的模式。然而，这种消极的应对方式在满足游客地方本真体验以及化解村民消极态度方面存在潜在风险。

成功的地方品牌的基础是地方利益相关者之间承担好共同责任，没有任何一方拥有单独开发和实施策略的能力。而在复杂的利益相关者网络中，各方间社会交易不可能实现完全公平。以 D 村为例，本地员工、外聘员工、村委会、普通村民、公司管理层之间的交易关系错综复杂，仅仅依靠单一的"中间人"和交易方式难以实现利益相关者机制的可持续稳定。更分散的权力下放以及经济、权力混杂的交易方式可能更有效。而信息不对称同样是利益相关者机制不稳定的因素。整合化的利益相关者协商必须建立公开透明的信息共享机制，方能协调利益相关者各方以避免地方品牌化的资源分散。

2. 情境化

ICON 模型的情境化凸显了满足不同利益相关者价值诉求的重要性。尤其是作为地方品牌内部消费者核心的村民和外部消费者核心的游客，其是否能在品牌消费过程中感知到自我—地方形象—致是形成地方忠诚的关键。而塑造符合内、外部消费者认知一致的品牌形象则需要最大化利益相关者的品牌化参与，充分发挥利益相关者的能力和最大化需求嵌入以增加关键利益相关者的增权感知（empowerment）。尤其是作为内部利益相关者

第六章 专题三：Z省乡村旅游地方品牌化整合分析路径的探索

的本地居民，在发挥文化表征和服务供给者的关键角色上，所感知增权不仅可以增加其自我效能感，而且有助于加强其品牌认同和品牌形象维护。

考量D村的地方品牌化是否满足游客和村民核心价值诉求。村民方面，直接参与旅游开发的村民表现出较高的支持态度（mean=4.08），但是在感知政治增权（参与旅游决策）方面呈现较低的均值（mean=2.70）。而未直接参与旅游开发的普通村民对旅游开发的支持态度（mean=3.63）、感知政治增权（mean=2.38）、心理增权（自豪感和自尊）（mean=3.33）、社会增权（社区凝聚力）（mean=3.10）均呈现相对较低的均值差异性，同时对经济增权的负面感知放大（"第一年说是没有游客来，公司分不了红包，但是我们很多村民都看到周末有很多游客。还有我们村第一年地租没收，我们很多村民有意见……听说他们公司很有钱……"——村民）。此外，所有村民的感知生活质量均表现平庸（mean=3.01）。将增权视作地方品牌化满足村民价值诉求的过程，将支持态度和感知生活质量视作结果。一方面，村民无法参与旅游决策而表现出较低的自我效能感，而这种对非经济增权的较低认知转嫁到对经济增权的过高期待上（"谁有权？谁给发钱谁就有权"——本地员工），成为对旅游开发支持态度的重要影响因素。另一方面，较低的感知生活质量凸显了村民对旅游开发的消极认知。尤其是普通村民，大多感知到旅游开发所带来的威胁。根据访谈的结果，村民感知旅游开发带来的威胁包括交通（儿童安全、拥堵）、环境（烧烤空气污染），以及生活空间变迁（圈地）和未来不确定性带来的焦虑情绪等。尤其是地方变迁所带来的个人生活方式的非意愿改变（"上面的地方，以前想走就走，现在很多公司不让走了……"——村民）以及对未来的不确定性（"现在看着还可以，但是我们无法断定是否可以一直搞下去"——村民）所诱发的焦虑情绪降低了村民的感知生活质量。游客方面，提高游客的体验质量是优化地方形象、实现正向地方品牌化的关键。然而，游客对D村旅游目的地形象的认知仅停留在旅游开发团队所预设的浅层能指。目前，D村的宣传口号为"日光城畔的静谧暖谷、S市河畔的休闲圣地"，宣传定位为"藏式原始古村、幸福林卡"，而游客的品牌形象感知仅为"旅游度假村"。

在被问及 S 市周边的可替代产品时，大部分游客提到 D 村的旅游开发只利用环境优势，如果有其他可替代产品，考量到 D 村的属性劣势（如游客提到服务质量差、洗手间/用水/烧烤架卫生问题、交通设施落后、价格昂贵），他们将不会考量回访。此外，D 村的地方文化嵌入无法满足游客的文化本真体验需求，游客感知商业化所造成的"非对方"（non-place）使地方文化转变为地方认同阶段出现断层。

目前，D 村旅游开发对扶贫政策的支持效果显著。然而，在满足利益相关者需求和能力方面存在问题，这是未来地方品牌可持续发展需要考量的关键。但是，正如某位公司管理层所述，"没法满足所有人的需求，我们仅仅是帮助他们脱贫的，未来我们肯定要撤走的"。公司管理层持有的消极开发态度和对地方开发目的的错误认识是导致 D 村地方品牌情境化效果不足的关键之一。此外，管理层仅希望通过制度和规定，以及作为中间人"村委会"的约束来压抑村民的价值诉求，这显然只会导致村民的负面情绪。

3. 有机化

ICON 模型的有机化可以评估地方品牌是否充分嵌入地方文化，并且是否具备适应地方文化变迁的能力。地方文化是空间之所为"地方"的关键。地方文化是解读地方符号意义和形成地方形象的核心，而本地居民作为地方文化本真的表征，其所固有的集体记忆则是形成地方"神话"的关键。另一方面，本地居民的集体记忆并非固化的。地方文化在社会发展过程中经历了文化间的演变，不断进化并传播，最终形成的社会记忆以地方形象的方式回溯至地方文化，从而促使文化的变迁。此外，宏观政策和环境变化所引发的地方变迁同样反馈在文化变迁上。这种地方"DNA 的变迁"通过自下而上的地方品牌化过程再次反馈在地方形象的改变上，地方品牌开发者能否识别并做出自上而下的应对策略是地方品牌有机化评估的另一标准。

D 村民作为内部品牌化的核心利益相关者，对当前 D 村的形象认知与游客一致（"是个过林卡的地方""民俗文化基本没有""其他类似的地方很多"）。由此可见，在 D 村品牌化的过程中，地方传统文化的嵌入存在问题。

对于村民而言，一方面地方文化的嵌入失败导致地方认同的弱化，主要表现为感知地方可区别性和认同延续性的丧失（"现在年轻人都想着去赚钱了，以前是朝圣现在是过林卡，慢慢都没了"——村民）。另一方面，由于内部地方品牌化的失败，导致村民出现负面行为（"之前说要把仓央嘉措的修行地拆掉，村里来闹"——村民）。

对于游客而言，一方面地方文化的嵌入失败导致其感知地方文化本真失败。另一方面，对地方"神话"（如仓央嘉措修行地）的期望与 D 村品牌定位、现场体验之间的冲突，导致游客对地方符号意义的解读失败，影响了其地方认同的形成（"仓央嘉措，就一片破建筑……对 CS 基地完全没有兴趣"——游客）。

此外，随着 Z 省大力发展乡村旅游和全面脱贫，D 村作为政策性标杆的作用逐渐弱化。而周围同质化乡村"林卡"的兴起和 S 市本身作为客源地的人口限制，主要依靠 S 市周边休闲客的 D 村必然面临来自竞争市场、不再享受"扶贫"政策的村民的压力。单纯通过"扶贫"口号获取对村民的统治性地位和"休闲"形象难以获得市场竞争力。因此，适应形势的再品牌化刻不容缓。地方文化、地方形象和地方认同三者之间一方变化，必然会引起另外两方的有机变化。D 村品牌管理者必须学会通过自上而下的规划性改变，适应积极的自下而上地方文化变迁，并扭转消极的地方公共形象。通过内外部利益相关者发掘地方的核心 DNA、预测地方形象的变化，并建立有效的再品牌化机制，才能形成可持续性的地方品牌故事。

4. 革新

地方品牌化的成功关键在于以有机化的地方文化为核心，创造可供广泛传播并被正确解读的地方故事。同时，创意的品牌叙事是辅助地方故事传播的工具，不仅包括革新地方文化的表现形式，还包括多渠道的地方品牌宣传媒体。

如果一个地区缺乏图片化、差异化的元素，那么很难将其品牌化。

然而，D村并不缺乏差异化的元素，如仓央嘉措修行地、莲花生大士圣泉、白色寺、尼玛塘寺在文化中都具有独一无二的地位。但是，D村将自然休闲作为主要品牌定位。并陆续开发了"花海""桃林""CS基地""房车营地""温泉"等休闲项目。这导致地方传统文化逐渐在地方形象塑造中边缘化，取而代之的是"休闲度假村"的地方形象。此外，现有大部分休闲体验项目过分依靠季节性，导致"每年只有3个月左右的盈利时间（公司管理层）"。2017年，D村举办了第一届"房车自驾音乐节"；2018年，举办了"温泉房车嘉年华"，以音乐节庆的形式创新品牌传播。然而，该创新并未在传统和现代之间找到平衡点。同样的，2017年，D村举办首届"桃花节"，虽然依靠区位优势取得了一定成功，但是与L市"桃花节"等传统品牌相比并不具有竞争优势。相比之下，"望果节""雪顿节"等传统节庆以及仓央嘉措修行地等竞争性旅游资源并未被充分发掘。

在D村的品牌宣传渠道方面，存在着内部利益相关者和外部利益相关者之间的认知差异。前者认为D村有多样的品牌宣传渠道，包括"朋友圈""公众号""航空媒体""公交车站牌"等大众和新媒体的合理结合；而后者则认为D村的宣传渠道过于单一（"就听朋友说起过……听说是有个公众号，但是没关注。"——游客），尤其是外来游客大部分缺乏对D村的了解。此外，村民被问及D村的品牌传播相关问题时，提到宣传内容过于虚假，脱离D村实际（"宣传片太夸张了，根本就不是我们村的样子。"——村民）。

现场的体验方式是游客体验地方品牌和解读地方文化内涵的途径，而多渠道的传播手段则是游客有效形成事前期待的渠道。D村的现场体验项目虽然多样且有创意性，但脱离地方文化的体验商品对于地方品牌可持续性并未起到积极效果。D村的品牌宣传过于局限，虽然新媒体的宣传渠道存在，但拓展和地推存在问题，而且缺乏与周边其他旅游景点的"故事性"衔接，这些都是D村未来需要革新地方品牌化的方向。

5. 整合ICON模型

整合化、情境化、有机化和革新构成了D村地方品牌化的四个维度。

这四个维度并非相互独立，而是层层递进、互为基础的。整合化的利益相关者协商机制是地方品牌情境化的保障，而地方品牌有机化则是地方品牌情境化的核心展现，革新则是对地方品牌的有效推进。

另外，ICON模型的本地化实践要考量内外部环境的影响。地方品牌化的内部环境因素需要考量地方的文化个性，而外部环境则需要考量宏观政策嵌入和上游地方品牌（如国家之于城市）特性。

D村是典型的民族文化村落，文化传统对于村民参与利益相关者协商的方式影响显著。传统的宗教经义、重农轻商的思想导致普通民众对政治参与较不敏感，致使村民在地方品牌化决策中处于被动地位以及对地方变迁呈现较低的适应能力。

外部环境方面，国家宏观政策对于D村地方品牌开发既是机遇又是挑战。乡村振兴战略为D村的发展提供了机遇，保护乡风民俗、促进文化内涵的倡导又向D村的品牌化提出了挑战。另一方面，D村的地方品牌开发与Z省形象的关系需要被开发者重新考量。当下，Z省成熟的品牌文化伞对于D村的品牌传播有促进作用，而D村的品牌融入Z省全域品牌策略则有助于自身品牌资产积累。是打造Z省的形象伞下的D村品牌，还是继续采用现有的品牌形象策略，打造略不同于Z省整体的独立品牌是影响D村未来再品牌化的关键。

（五）结论

D村地方品牌化为民族乡村旅游提供了可供参考的地方品牌开发和地方形象传播案例。D村在基于旅游开发的地方品牌化过程中，合理嵌入国家宏观政策，并构建正当化的内部利益相关者协商机制，有效激发了村民的积极态度。同时，D村通过革新的旅游体验项目和传播手段增强了竞争认同。

然而，D村的地方品牌化过程仍存在一些问题，首先，在利益相关者交易关系中存在权力集中和信息不对称的情况。其次，D村在满足利益相关者价值诉求方面过于单一，并缺乏有机化的地方文化发掘和地方变迁应对机制。这导致反馈在革新项目和传播方面时，消费者的地方文化—公共形象认知不一致。最后，D村地方品牌化过程在适应内外部环境方面缺乏弹性和宏观性。尽管乡村振兴战略为乡村开发提供了宏观政策环境，但是同质化的地方开发只能昙花一现，大部分因此而暂时脱贫的地方不得不面临"返贫"的风险。因此，有机化的、环境适应性的、整合情境化的地方品牌化才是地方品牌可持续的解决方案。

二、基于皮尔斯符号学的地方品牌化模型重构：来自D村乡村旅游目的地品牌化的验证

（一）研究前述

乡村地区因其生态、社会和经济的脆弱性而处于社会经济发展的弱势地位。特别是在像中国这样的发展中国家，乡村地区不得不作为城市经济发展的附庸和城市建设的"劳动力"输血管，导致乡村地区发展"边缘化"和"空心化"。因此，如何提升乡村地区的内生动能，增加农村劳动力的本地化就业成为各级政府亟须解决的问题。长期以来，乡村旅游作为充分发挥乡村地区本地资源特性、促进乡村地区就业、提振乡村地区经济、促进利益相关者共同参与的工具，得到了各级政府和研究者的青睐。

首先，乡村地区作为较为传统和封闭的文化载体，在长期的制度化过程中形成的社会资本为乡村旅游的开发提供了内部利益相关者共同参与的可能性。其次，城市生活的异化所带来的都市居民对本真他者和乡愁的追求，为乡村旅游的发展提供了机遇。再次，乡村作为传统的文化聚落，其所独有的自然和文化特性为其差异化的品牌开发提供了天然的基础。

然而，乡村旅游的品牌开发长期面临着竞争力和可持续性不足的问题。最近的研究表明，乡村旅游开发过程中，本地居民的增权和感知负面影响所带来的本地居民对乡村旅游发展的负面态度，引起了人们的担忧。特别是在乡村旅游开发商或政府在设计面向外部消费者的乡村目的

地形象的时候，脱离了地方本真，造成了本地居民的地方认同断裂。实际上，这种脱离地方本真的设计并未得到游客的认可，反而因为对乡村性的破坏或差异化的丧失而导致游客产生厌倦"舞台化"本真的消极态度。这种现象的本质是在地方生产过程中对内外部消费者地方感的破坏。

  地方是对空间的意义赋予。不同的利益相关者在地方的生产过程中建构着不同的地方意义。旅游目的地的外部消费者——游客和内部消费者——本地居民同样在不同的地方实践过程中产生着不同的地方体验。因此，"没有任何目的地不是地方的"。目的地品牌化就是地方品牌化的过程，因此，以地方品牌化为依托，对目的地进行战略性空间规划和目的地品牌管理已经得到了学者的广泛共识。然而，并不存在"一刀切"的地方品牌化流程。每个地方因其复杂的利益相关者关系以及地方文化、区域政治的嵌入性而呈现出不同的地方品牌发展特性。鉴于此，Kavaratzis（2013）提出了以地方认同为核心的地方品牌化动态模型。该模型指出有效的地方品牌化应该能够促使本地居民的地方认同充分表达地方文化，并借此促使外部消费者形成地方形象。有效的地方品牌化应该能够促使地方形象通过地方认同的媒介作用影响地方文化变迁。该模型进一步指出，基于本地居民地方认同强化的内部地方品牌化应是地方品牌化过程的重要组成部分。因为地方认同的强化有助于本地居民形成一致的价值观和信念，减少本地居民的群体行为不确定性，并最终影响其正向的市民行为，以促进地方品牌化。

  然而，Kavaratzis（2013）的模型中缺少了一个重要元素，即地方规划者计划形象所扮演的重要角色。事实上，若将地方品牌化视作符号化的过程，则地方文化扮演着皮尔斯符号学三分法中符号对象的角色，而地方等则扮演着地方符号"表现体"的角色。地方认同、地方规划者所规划的地方形象和外部消费者建构的地方形象则分别扮演着不同利益相关者所感知地方符号中解释项的角色。在皮尔斯符号学中，这三重解释项可被视为直接解释项、动态解释项和最终解释项。同时，这三者之间通过地方文化和地方表现体的媒介作用形成相互影响的动态关系。基于此，我们通过皮尔斯符号学三分法重构了Kavaratzis（2013）的地方品牌化模型，并将其置于乡村旅游目的地品牌化背景下进行分析。

（二）分析框架构建

地方品牌化并不等同于地方市场营销。后者过分强调地方规划者目的性的营销策略和自上而下的空间规划。而地方品牌化可以作为战略性空间规划的重要促进力量。然而，这两者并不是从属关系。得益于品牌的概念，地方品牌可以被定义为"功能、情感、关系和战略要素共同作用于公众的头脑所形成的一系列独特联想的组合"（Kavaratzis, 2005）。而地方品牌化则是"塑造"地方品牌联想的过程。地方品牌化以其不同的地方类型而试图达到不同的目的。对国家而言，国家品牌化通过塑造正面的国家形象在国际外交和贸易中占据"起源国"优势，并提升本国民众的自信。对城市而言，城市品牌化通过塑造个性化的城市形象吸引移民、务工和投资，并加强城市居民的城市依恋。对旅游目的地而言，目的地品牌化通过差异性的目的地形象吸引游客并提升本地居民的积极的旅游发展态度。因此，有效的地方品牌化需要满足内外部消费者两方面的需求，即内部地方品牌化和外部地方品牌化的共赢。

若将地方概念视作地方品牌化区别于区域品牌化概念的核心，则内部地方品牌化是地方的内部消费者——本地居民通过对地方记忆的集体认同或具身性的地方互动生产地方意义的过程。外部地方品牌化是地方规划者有意图地自上而下规划地方形象的过程。前者生产的核心是地方本真，后者生产的核心则是"舞台化"的真实，即基于外部消费者期待的本地化供给。因此，从地方的概念角度而言，地方品牌化的本质是内外部消费者和地方规划者之间互动性商谈的过程。

对于地方品牌的内部消费者——本地居民而言，地方是塑造自我认同的重要元素之一。一方面，地方所代表的文化意义和价值观被本地居民内化为自我概念的一部分。本地居民所拥有的地方性知识和规范，就像地方芭蕾一样，影响着他们的价值观和行为规范。另一方面，地方作为本地居民的身份符号，在与他人互动的过程中，赋予对方对本地居民的角色基础特征的期待，并持续影响符号互动。这种期待本质上是他人对本地居民所处地方个性的社会性认知，即地方形象。因此，对本地居民而言，地方所能展演的表现体（地名、地方标识等）是其身份认同的表征，表征的对象是其所在地方的文化内涵。

对于地方品牌的外部消费者（无论是潜在的还是实际的消费者），地方品牌是其对地方的一系列独特联想。这种独特的联想作为地方形象影响其地方消费决策和评价。这种地方形象是外部消费者对地方文化"迷思"的整体感知。而这种感知的来源既受到地方规划者所塑造的"诱导性"地方形象的影响，同时也受到本地居民所继承的地方文化本真的影响。即在外部消费者构建地方形象（包括访前形象感知和访后形象感知）的过程中，本地居民起到了地方大使（place-ambassadors）的作用。尤其是在新媒体时代，本地居民的个人品牌和地方品牌交织，形成了互嵌的地方品牌消费品。Kavaratzis（2013）指出，在有效的地方品牌化过程中，外部消费者的地方形象的形成应该源于地方身份所表达地方文化的作用。若将地方品牌看作一枚硬币，正面是源于外部消费者的地方形象，反面是源于本地居民的地方认同，二者不能单独存在。

基于对本地居民在地方品牌化过程中的重要作用的认识，Kavaratzis（2013）构建了基于地方认同的地方品牌化动态模型。该模型将地方品牌化视为地方文化、地方认同和地方形象三者之间循环影响的过程。根据该模型：

（1）表达：地方品牌符号"表现体"所表达的地方文化在长期的地方互动过程中被本地居民内化入自我概念，形成地方身份的一部分。因此，有效的地方品牌化应充分赋予本地居民用地方品牌表达地方文化本真的权利，该过程需要调动本地居民参与地方品牌共建的积极性，即"参与式地方品牌化"。

（2）铭刻：有效的地方品牌化有助于外部消费者对地方品牌印象和地方形象的形成。该过程应充分展现地方认同所代表地方文化的本真，包括使用能够表达地方文化本真的首要沟通产品（如景观设计等）或二手沟通技巧（如广告宣传等）等。

（3）映照：有效的地方品牌化应通过地方认同回应外部消费者基于地方形象感知的社会性期待，即所谓品牌的镜像作用（mirroring role of brand），这种镜像作用将最终作用于本地居民的文化认同，反映至地方文化的变迁。

Kavaratzis（2013）的模型肯定了有效的地方品牌化是内部地方品牌化和外部地方品牌化的共商，尤其指出了有效的地方品牌化必须以本地居民的地方文化理解为核心。实际上，他的研究成果在旅游目的地本地居民参与相关研究中得到广泛证明。赋予本地居民权利、激发本地居民的地方市民行为、强化本地居民对旅游发展的正向态度等相关研究都可以作为该模型的佐证。

然而，虽然Kavaratzis（2013）在研究中说明了地方规划者应该顺应本地居民的地方认同所表达的地方文化，以减少本地居民所感知地方的外部公共形象和地方认同两者所表达地方文化之间的冲突，进而减少本地居民感知地方品牌对地方认同延续性和自尊的破坏，但他的模型中并未明确将地方规划者的规划形象纳入考量。

而皮尔斯的解释项三分法为此提供了再次解读的可能。

若将地方品牌化视作符号生产的动态过程，地方文化所蕴含的地方意义和地方性知识是地方品牌符号的本真内涵，即解释对象。地名、地方logo和其他可以代表地方的实体则是地方品牌符号的"表现体"。

地方认同则是以本地居民为核心的地方品牌符号的解释项。认同可被形容为我们以何等身份而凝聚成一个组织，也就是说，地方认同是将文化内化为自我概念的一部分。过去的研究证实了，对于地方品牌而言，地方认同并非单纯基于本地居民对地方的认同一致性，这种地方一致性必须通过一定的"表现体"而得以实现交互和自我表达的可能。这种表现体可能是地名或logo。因此，对于地方认同而言，其本质上是本地居民通过地方认同的"解释作用"连接了地方文化和地方表现体的符号解释项。正所谓"只有当地名的含义能够和代表该含义的表象保持一致且得到可持续的解

第六章 专题三：Z省乡村旅游地方品牌化整合分析路径的探索

释时，相关的目标群体才能够在与其他人的交流中使用该地名来表达自我概念，以说明其个人身份。"

外部消费者通过地方形象感知解读地方品牌符号所蕴含的地方文化内涵。而地方形象应当相当于地方符号解读者将地方品牌符号的表现体与地方意义（地方文化内涵）相连接的联想，这种联想是沟通和交互的结果，一方面是地方规划者通过"诱导"形象满足外部消费者游前形象的"地方化舞台"展演；另一方面则是包括本地居民作为地方大使所展现的地方认同所蕴含的地方本真。因此，首先，规划的地方形象应该是地方规划者所感知地方品牌符号的解释项，而外部消费者所感知的地方形象应该是外部消费者所感知地方品牌符号的"解释项"。前者是地方规划者通过将自身利益最大化、外部市场需求和本地居民所继承地方文化的认识而进行的"地方生产"；后者则是外部消费者通过具身的经验、地方性知识、社会性凝视等所获取的地方整体联想。如此而言，外部消费者最终的形象感知并非等同于地方营销者的"诱导"形象。有效的地方品牌化是要求本地居民的共同参与，即以本地居民所认同的最本真的地方文化为核心，构建最贴近本地居民地方认同的地方品牌形象并通过地方营销手段（如口号、节庆等）进行形象传播。但大部分地方营销手段很难做到本地居民的（基于地方文化的）地方认同和地方营销者计划形象完全一致。这也造成了由于本地居民的地方认同破坏而引发的冲突以及地方文化的变迁。因此，对于地方营销者而言，在计划形象转变成外部消费者的建构形象过程中，掺杂了本地居民认同所释放的"噪音"，这种噪音动态地影响外部消费者的最终形象建构。套用皮尔斯"解释项"三分法，规划的形象可以被定义为"直接解释项"，因为是地方营销者希望外部消费者所体验到的"地方形象"；建构形象则可以被定义为"最终（final）解释项"；而形成消费者建构形象的本地居民地方认同则可以被定义为"动态（dynamical）解释项"。Mick和 Politi（1989）将其定义为"内涵的地狱"。在地方品牌化过程中，这种"动态解释项"或许反而是促进消费者体验地方本真，以及促进地方营销者反思"直接解释项"的积极途径。

综上，地方品牌化是动态且复杂的系统（如图 6-2）。

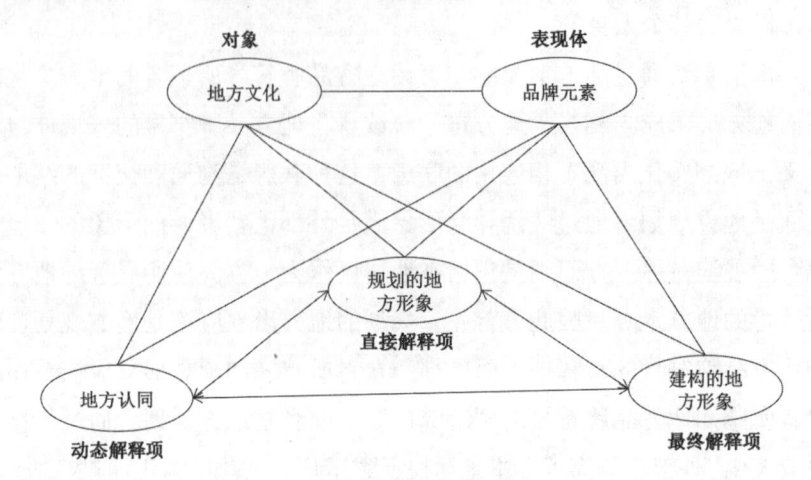

图 6-2　动态整合化地方品牌化模型

对于该模型，我们有以下几个方面的理解。

①该模型是对 Kavaratzis（2013）模型的进一步说明。它将嵌入皮尔斯符号学理论，将地方文化视作地方品牌符号的"对象"，将地名或地方符号等视作地方品牌符号的表现体，本地居民的地方认同、地方规划者所规划的地方形象和外部消费者所建构的地方形象分别视作地方品牌符号的"动态解释项、直接解释项和最终解释项"。只有计划形象和建构形象得到最大程度的重叠，即最小化"噪音"的影响才能最有效促进地方品牌化。

②若将地方文化、地方表现体和地方认同视作以本地居民为对象的地方品牌符号，将地方文化、地方表现体和规划的地方形象视作以地方规划者为对象的地方品牌符号，将地方文化、地方表现体和建构的地方形象视作以外部消费者为对象的地方品牌符号，三者在地方文化和地方表现体之间的重叠，以及三种解释项之间的影响关系构成了复杂的地方品牌系统，任何一方的变化都将引起系统的整体变化，表现为三种利益相关者之间的商谈，该过程即为地方品牌化的过程。而仅考量地方规划者和本地居民之间的地方品牌化则是内部地方品牌化的过程，仅考量地方规划者和外部消费者之间的地方品牌化则是外部地方品牌化的过程。

③并不是每一条系统中的路径都可以顺利进行。任何一个支点的变化在达到下一个支点的时候可能会受到当事人的抵制。例如，基于规划地方形象的改变所引起地方表现体的改变（如改名），可能因诱发本地居民感知地方认同的断裂而受到本地居民的抵制，或因诱发外部消费者建构形象的破坏而引起外部消费者较低的地方体验满意度。

（三）研究设计

本研究采用多元的资料收集方法以确保所收集资料的可信度。研究者从 2016 年 D 村开发之初开始，分阶段对 D 村进行田野调查。分别于 2016 年 10 月、2017 年 4 月、2017 年 8 月、2018 年 6 月、2018 年 10 月、2019 年 4 月、2019 年 8 月、2019 年 10 月对 D 村乡村旅游开发不同阶段的利益相关者进行跟踪式、参与式观察和深度访谈。共收集有关游客的访谈资料 87 份，有关本地居民的访谈资料 64 份，有关政府工作人员及地方管理者的访谈资料 52 份，网络游记和相关评论资料 227 份。记录田野日志和现场备忘录 158 份，并佐以 D 村的相关宣传资料和现场视频、图片资料。不同类型的资料之间形成三角互证，例如，通过游客的深度访谈和所收集游记中游客的建构地方形象之间的互证关系。

（四）分析结果

1. 基于规划地方形象和本地居民地方认同的 D 村地方品牌化

D 村村民视角的地方品牌化是以地方认同过程为核心的地方文化内嵌的过程。作为内部地方品牌化的核心生产者，地名作为 D 村地方本真文化的"表现体"被村民内化为社会角色的表现。这种角色既是村民基于集体记忆的文化认同的延续，也是村民基于根植性（rootness）的"家"概念的归属感（"对我们来说，D 村就是家乡，是我们的根。"——村民），同时也是村民区分自我和他者的符号表征（"我们生来就在这片土地上，这让我们与众不同。"——村民）。这种可区别性和可延续性是村民得以将自我和地方连接在一起，通过地方一致性（place identification）形成地方身份"迷思"的关键。

D村的地方品牌开发主体是由城投公司、D村村委会及某公司共同成立的文化旅游有限公司。对于地方规划者而言，D村的地方品牌开发是完成"政府项目结项要求"和通过扶贫开发达成公司形象正面宣传目的的途径。正如某工作人员所述："完成项目之后，我们就把D村交还给政府，所以在期限内完成规定的要求就行了。"因此，阶段的营利性和舞台展演效果比起"文化可持续"对于D村开发者而言更为重要。因此，在开发者的地方形象规划中，D村被定位为"最美休闲度假旅游村落（来自旅游宣传册）"，高价的"林卡（一种当地野炊方式）"帐篷租售和非天然的温泉、桃林、房车营地、音乐节等被开发者形容为"短平快、易复制"的休闲产品被作为地方品牌商品所开发（"我们想打造一种模式，任何其他乡村都可以直接模仿的模式"）。而体现本地居民地方认同内涵的核心并没有被作为地方规划者所规划的形象。

这种直接的后果是本地居民地方认同过程中地方一致性的破坏。对于本地居民而言，地方规划者所设计并实践的地方形象是政府和企业"共谋"的商业化D村的过程，是剥夺地方品牌符号"表现体"可区别性和可延续性的过程。正如某个村民所述："他们开发的这个东西随便找个地方都能搞，甚至可以比D村搞得更好……明天别的地方也做了还有没有人来我们这里？"

造成本地居民地方认同被破坏的原因是地方规划者所规划D村地方形象所解读的地方文化内涵与本地居民地方认同所蕴含地方文化意义之间的不一致。这种不一致的本质是双方地方品牌开发目的之间的冲突，而被地方规划者的知识和意识形态所充斥的"空间表征（representation of space）"使对本地居民的"表征空间（space of representation）"形成支配性的权力地位，使本地居民在感知到身份符号威胁之后不得不采取不同的"空间实践（spatial practice）"处理策略以重构自己的地方认同。这种处理策略包括：

①积极的抵抗策略（resistance strategy）。例如，在D村开发初期，

本地居民曾因规划中将村落遗址作为被拆除的对象而与地方规划者发生冲突。后期的开发过程也遭到了村民的阻挠和破坏，如对房车营地设施和桃林的破坏，以及村民通过绕开公司以较低价格"私自"出租"林卡"帐篷等。

②消极的逃避策略。如通过时间错位，避开游客的"侵入"时间，或避开所规划的旅游空间，重塑自己的生活空间。

"原来每天干完农活就在寺庙转经。现在寺庙那边都被规划了，游客多的时候是不能过去的。我们就在家里念经，或者等游客少的时候再过去。"

对于D村村民而言，宗教实践是其传统日常生活空间实践的核心部分，也是构建地方认同的重要方式。面对旅游开发所导致"表征空间"的被支配，本地居民不得不采用适应性改变空间实践的方式以保证地方认同的延续性。其本质上是本地居民对于权力的妥协和无声的规训。

③反噬（reverse invasion）策略。乡村旅游开发导致本地村民对土地产权的出让，使得村民无法完成传统的农牧业性质的地方交互。部分村民坚持传统的空间实践方式，进攻性入侵旅游空间，通过与游客争夺空间的话语权以重塑地方认同。

"我不管什么游客不游客，我就要去放马。马就要吃草，我不管是不是什么贵重的植物……路就那么窄，车子上来了我也让不开，就让他们（游客）在后面跟着吧。"

不管是积极的抵抗策略、消极的逃避策略或是反噬策略，其原因都是，地方规划者在规划地方形象并借此实践空间设计的过程中未充分考量基于本地居民地方认同和传统空间实践的地方生产的"合法化"。其本质是本地村民基于D村空间的日常生活实践和地方规划者对D村地方品牌塑造之间的冲突，是内部地方品牌化的缺失。

2. 基于规划地方形象和建构地方形象的D村地方品牌化

D村的游客群体分为两部分：一部分是以城市近郊休闲游为目的的S市常住人口，这部分人对D村的地方文化有一定了解，属于D村地方文化的知情人；另一部分则是来自其他地区的游客。两类游客对D村地方形象的感知受到地方规划者所规划地方形象的影响程度存在差异。

对于知情人而言，规划地方形象对游客所建构的前地方形象的影响较弱，他们的前建构地方形象大部分受到地方性知识和记忆的影响。例如，某位来自 S 市的游客提道："D 村这几年变化太大了。过去来 D 村主要是去寺庙，现在开发的 CS 游戏基地、温泉都不是 D 村本来的东西……现在的 D 村没什么特别，来这里主要是为了过林卡，因为离 S 市比较近……其实如果时间充足，去××县那边更好，人也少，还不收费。"

对于本地居民而言，规划地方形象对其前建构地方形象的影响主要体现在地方的功利性价值方面。这种功利性价值以及游客访问后形成的后建构地方形象和前建构地方形象之间的巨大差异使游客难以通过建构地方本真而获取地方感，从而影响其较低的地方品牌忠诚。这种地方品牌忠诚源于本地居民对地方品牌独特性丧失的认识。对于他们而言，重新规划的 D 村作为休闲场所，只是未来决策中众多唤醒组合中的一个。而 D 村地方规划者所规划的地方形象作为"直接解释项"和本地居民"最终解释项"之间的巨大冲突，使本地居民感知 D 村的非地方性（placelessness）。

对于游客而言，规划地方形象对游客前建构地方形象的影响较强。圈外人游客大多来自其他省份，他们对 D 村地方品牌的前建构形象形成受到 Z 省的"起源地形象"的影响。地方规划者为了满足这类游客的期待，在宣传材料中着重凸显"美、静谧、神圣"等字眼。然而，在空间规划上，却建设了类似 CS 游戏基地等与规划地方形象不匹配的旅游服务设施。这无疑导致了游客的期待落空。另一方面，地方规划者在构建一致的 Z 省整体形象和独特的 D 村地方形象之间产生了冲突。D 村的规划地方形象过度依赖 Z 省整体形象，导致 D 村地方品牌独特性的缺失。游客作为追求他者文化本真的"巡礼者"，其主动寻求独特的地方特性以满足自己的地方本真需求。

"去过 Z 省的其他地方，再看 D 村感觉大同小异。尤其是那个 CS 基地也太搞笑了，根本没人去，他们本地人也不去。不过惊喜的是这里竟然有仓央嘉措遗址，据说就是《在那东山顶上》的东山所在地，还有传说仓央嘉措种的桃树，太浪漫了，我们在那里拍了很多照片发到朋友圈，可惜他们（地方规划者）没怎么开发。"

对于游客而言，其通过主动的地方本真建构所形成的后建构地方形象与 D 村的规划地方形象之间的差异同样是直接解释项和最终解释项之间的不完全重叠。相较于本地居民来说，游客积极地将非地方转变成地方，其本质是游客基于地方文化的地方品牌重塑。游客拍照、发朋友圈等行为则是其对于地方规划者所规划"空间表征"的不满和抗争，是游客为构建独特的地方感的"抵制性"空间实践。

3. 基于建构地方形象和本地居民地方认同的 D 村地方品牌化

过去的研究表明，本地居民在地方品牌化过程中不仅承担着地方文化本真表征的角色，还作为地方认同的"当事人"，为保护地方认同的延续性，主动扮演着传播地方本真形象和地方大使的角色。

主客互动是游客通过社会空间生产体验地方本真并建构地方意义的重要途径。在 D 村情境下，这种主客互动既包括双方为获取对方的地方品牌符号解读而进行的互动凝视，又包括游客发起的为获取地方性知识和地方文化的社会互动，以及由本地村民主动向游客推广地方文化，以获取游客建构地方形象和村民地方认同一致的社会互动。

主客双方的互动凝视是由主客对对方地方品牌符号解读的期待所建构的。对于游客而言，本地村民所担任的地方本真符号表征的作用是其验证前建构地方形象并形成后建构地方形象的关键。即便是由于本地村民的"反噬性"空间实践，对游客而言也成了地方本真的"表现体"（"偶尔能看到赶着马在路中央走的村民，还是挺有意思。"）。而对于村民而言，游客基于规划地方形象所建构的地方形象进行地方体验是对自身地方认同的威胁〔"他们（游客）东看西看，其实什么都不懂，有时候我会跟他们说'你们都被（地方规划者）骗了'。"〕

而不论是游客主动发起的社会互动或是本地村民主动发起的社会互动的本质都是分别作为内外部消费者的双方对地方规划者表征空间的不满而发起的抗争。而这种基于本地村民嵌入改变作为最终解释项的游客建构地方形象则被地方规划者视作"无可奈何"的噪音（"你不能阻止村民和游客接触，只要有接触，游客就不会按你的想法来。"）。尤其是本地村民主动发起的主客互动，对于村民来说，是对基于自身地方认同的地方品牌化的保护和可持续的市民行为。甚至更多的村民通过网络媒体宣传本真的D村文化，试图和规划地方形象的社会性传播（social communication）抗争（"我有自己的抖音号，会通过短视频向游客展示最真实的D村"），而对于游客而言，本地村民所讲述的地方故事（storytelling of place）比规划地方形象更具地方文化本真的说服力（"不要去相信那些宣传的东西，去问问当地老百姓，他们说的才是实话。"）。在游客主动寻求地方文化本真和村民主动传播地方文化本真的互动过程中，游客和村民达成了抵抗规划地方形象的"共谋"。

4. 整合的地方品牌化

地方品牌化是不同利益相关者基于对地方品牌的不同解读连接地方文化和地方表现体的符号化过程。在该过程中，不同利益相关者建构不同的解释项，以D村为例，对于内部地方品牌化的核心消费者——本地居民而言，其建构的是地方认同；对于外部地方品牌化的核心消费者——游客而言，其建构的是地方形象；对于地方品牌化的公共部门（public sector）——地方规划者而言，其是规划地方形象的生产者。地方认同、建构地方形象和规划地方形象分别作为D村地方品牌符号的动态解释项、直接解释项和最终解释项，形成相互影响的关系。

具体来说，首先，本地居民的地方认同和规划地方形象同时影响游客建构地方形象的形成。在区分不同的游客类型和建构的时间时，建构地方形象的形成路径存在差异。对于局外人而言，在前往D村之前，其主要受到规划地方形象的影响，而在地方体验之后，会主动寻求地方文化本真，以建构个性化的地方形象。对于局内人而言，在前往D村之前，其主要受到地方知识和记忆的影响，而在地方体验之后，D村规划地方形象和前建构地方形象的差异会影响其感知非地方。然而，无论局内人还是局外人，本地居民的地方认同所表达的地方本真文化都影响其最终地方形象的建构。这不仅是因为本地居民扮演的地方本真符号表征的作用，更因为本地居民为维护地方认同的延续性而主动进行地方文化叙事（narrative）。因此，对于地方规划者而言，在规划地方形象和本地居民的地方认同并不完全契合的 D 村，本地居民的地方认同成为游客建构地方形象的"噪声"。

其次，规划地方形象及游客的建构地方形象影响本地居民的地方认同。当规划的地方形象和建构地方形象与本地村民自身的地方认同存在较大差异时，会诱发本地村民感知地方认同延续性和可持续性的危机，进而诱发其"消极"行为，包括针对地方规划者的抵抗、逃离、反噬以及针对游客的"噪声"传播。然而，这种"噪声"对游客和本地居民而言都是可持续市民行为和参与式地方品牌化的过程。

最后，无论是本地居民基于地方认同的保护还是游客主动寻找并建构地方本真的行为，都是本地居民或游客在感知到规划地方形象通过符号解释项的作用对固有的地方文化和地方表现体的连接关系产生影响时的动态抵制行为，与 Aitken 和 Campello（2011）[914] 和 Kavaratzis（2013）的研究结果略有不同的是，有效的地方品牌化可以通过地方认同的媒介作用影响地方文化变迁，而本研究的结果中，本地居民和游客成了阻止地方文化变迁的"共谋"。这种研究结果可能与本研究的案例地是具有较深文化嵌入和变迁抗性的少数民族乡村地区有关。任何基于地方品牌变化的地方文化变迁都需要"合法的"过程，该过程类似于通过仪式，需要内外部消费者的共商。

因此，以 D 村为例，其地方品牌化并非成功的案例。我们借鉴了 Kavaratzis（2013，2019）和的研究结论，将地方品牌化视为动态的复杂系统。但是，在他的模型基础上，我们结合本研究的结论提出以下的观点。

第一，地方认同、建构地方形象和规划地方形象三者之间不能仅作为单向的影响关系，而应该是双向的相关关系。它们的最终目的是最小化动态解释项的"噪音"，使直接解释项和最终解释项之间最大化重叠。实际上，该研究的结果在过去的研究中也有不同程度的提及，如 Kavaratzis（2013）。

第二，必须明确任何解释项都是不同利益相关者在解读或建构地方品牌符号时连接地方文化和地方表现体的主体。因此，解释项之间的影响关系伴随着通过不同利益相关者对地方表现体所代表地方文化的解读之间的冲突。因此，有效的地方品牌化的关键在于解读不同地方文化意义时的共商和协作，即所谓的品牌共建（co-branding）。更为关键的是，在旅游语境下，本地居民和游客往往因不同的目的而成为地方文化本真的天然合作者，分别作为重要的内外部地方消费者，地方规划者与两者之间的对抗显然不是明智的。尤其是在网络时代，本地居民和游客可以自由地交换信息，地方规划者无法通过信息不均衡完全达到空间生产对内外部消费者的权力支配地位。这无疑更需要地方规划者重视地方本真文化作为地方品牌的"神话（myth）原型"的不可替代作用。

（五）结论

将品牌视作意义的集合体或符号系统进行研究已经得到了很多学者的认可。但是，嵌入地方的概念，将地方品牌化视作不同利益相关者地方符号化过程中的动态商谈的研究并不多见。Kavaratzis（2013）的研究仅将地方品牌化视作内外部消费者之间动态协商的过程，而忽略了地方规划者在内外部地方品牌化过程中的作用。本研究以D村乡村旅游发展为例，探索了符号学视角下地方品牌化结构。通过探索本地居民、地方规划者和游客在地方品牌化过程中发挥的不同作用和商谈过程，验证了事前建构的符号学视角下的动态地方品牌化模型。

三、小结

本专题以Z省乡村社区居民为核心利益相关者的内部地方品牌化参与为研究主线，探索了Z省乡村旅游情景下自下而上的地方品牌生产过程。地方品牌化是地方生产过程中，以不同利益相关者的地方感协商（negotiation）一致为主线，符号化地方文化，形成独特的地方形象，实

第六章 专题三：Z省乡村旅游地方品牌化整合分析路径的探索

现地方的社会价值和经济价值的过程。过去的研究大多利用Kavaratzis的地方品牌化动态模型和Dinnie的ICON整合地方品牌化分析模型对案例地的地方品牌化进行整合性分析，两种分析方法各有各自的使用情景。大致而言，Kavaratzis的地方品牌化动态模型更适用于内部地方品牌化和外部地方品牌化之间的交互，即以地方认同为核心概念，链接地方文化和地方形象，从三者的交互影响过程中探求特定案例地的地方品牌化过程。该模型更适用于对某地方品牌形成过程的历史性追溯和地方品牌形成特质的剖析。而Dinnie的ICON整合地方品牌化分析模型则更适用于地方品牌的开发前景或地方品牌规划分析。通过整合化、情景化、有机化和革新四个板块，该模型力图对所有案例地的地方品牌化过程起到一般性指导作用。因此，两种分析模式各有各的优缺点。本专题研究重新对两种研究模型进行了改善及补充，并以Z省乡村旅游典型案例地为例进行分析。对于Dinnie的ICON整合地方品牌化分析模型而言，使用了事后分析，即对现成的乡村旅游地方品牌进行剖析，优化该分析模型；而对Kavaratzis的地方品牌化动态模型进行事前分析，通过嵌入皮尔斯符号学的观点和解释项三分概念，构建基础模型，进而通过典型Z省乡村旅游地方品牌案例进行模型的验证，同时，为验证Kavaratzis的地方品牌化动态模型的适用性，在专题的开始部分，以C村为例，进行了简单的Kavaratzis分析。

两个案例分析的案例地均为Z省乡村旅游名牌——D村。相较于原有的Dinnie的ICON整合地方品牌化分析模型，最终的改良模型更加注重内外部环境对乡村旅游地方品牌化的影响作用，并且更注重模型的整合性。即相较于原模型的整合化、情景化、有机化和革新四个维度的相对独立性，改良后的模型更重视四个维度的互嵌。而基于皮尔斯符号学的改良的Kavaratzis地方品牌化动态模型则将自上而下的地方规划和自下而上的地方生产嵌入进去，将地方文化、地方认同、地方形象的三分法和直接解释项、动态解释项和最终解释项的三分法进行互嵌，最终形成了以地方文化、地方要素、地方认同、构建的地方形象和规划的地方形象为主体的五维模型，最终形成的模型更具实践价值，既保留了原模型的分析特性，又增强了地方品牌规划前瞻分析能力。

本专题比起前面两个专题的实践倾向更具理论倾向，对Z省乡村旅游地方品牌化的分析促进了理论发展。对案例分析的反思则反馈至Z省乡村旅游的整合性地方品牌化思考，对未来以案例为中心促进Z省乡村旅游地方品牌化起到理论推动作用。

第七章　专题四：Z省乡村旅游地方品牌化成功策略典型案例分析

通过前述研究，我们发现成功的乡村旅游地方品牌化是内部地方品牌化和外部地方品牌化共赢的结果。换言之，是不同利益相关者基于地方品牌发展对自身利益（包括经济性、社会性、心理性和政治性）的影响进行权衡和共商（co-negotiation）的结果。因此，对于乡村旅游的地方品牌开发者而言，捕捉不同利益相关者的核心诉求，找到链接内外部地方品牌化的均衡点，在最小化各方冲突的前提下最大化各方利益尤为关键。这其中包括最大化外部消费者价值体验，即所谓游客的感知乡村性，包括游客对怀旧一般性和独特的Z省乡村地方文化氛围的感知，以及最小化内部消费者抵制态度，即所谓本地居民的感知增权和社区参与能力。

本专题将前者视作外部营销，将后者视作内部营销，二者交互影响Z省乡村旅游地方品牌化。因此，本专题筛选了Z省乡村旅游地方品牌化的几个成功案例，提炼其内部或外部营销的成功策略，以期为适用于Z省的乡村旅游地方品牌化提供一定的理论和实践支撑。

一、乡村节庆视角下的地方品牌建构——以 L 市 G 村为例

（一）研究前述

地方品牌化是指地方品牌开发者根据地方特色构建地方品牌，并进行社会化传播以获得社会经济利益的过程。地方品牌的传播必须依托于一定的载体。节庆作为可以充分体现地方文化的特殊载体，在传播地方形象、强化游客对地方本真感知以及促进本地居民文化自信方面具有重要影响。同时，节庆所具有的仪式化效果和经济溢出效果有助于地方的社会经济发展。因此，节庆作为有效的地方品牌传播和脱贫手段得到了各地方政府的重视。然而，现有的研究中缺少对节庆如何影响地方品牌形成过程的框架研究。因此，本研究以 L 市 G 村为案例地，以 G 村桃花节为研究对象，旨在探索节庆如何影响地方品牌化的形成过程。

（二）地方品牌的传播与节庆

地方品牌化具有以下几个特点：第一，地方品牌化是内部利益相关者的内部地方品牌化和外部利益相关者的外部地方品牌化协调发展的结果；第二，地方品牌是一个动态进化的过程，地方形象的传播影响地方文化变迁，而地方文化的进化反过来影响地方形象的社会认知，该过程以地方认同为媒介；第三，地方品牌化的本质是基于社会载体的地方意义的社会化传播过程；第四，成功的地方品牌化有助于地方社会经济的发展，而失败的地方品牌化则不利于地方的可持续发展，甚至会影响地方居民的反品牌化倾向（anti-branding）。

Kavaratzis 将地方品牌的传播方式按照其传播载体分为"第一手传播""第二手传播"和"第三手传播"三种类型。第一手传播（primary communication）通过文化仪式（如节庆）等间接传播方式进行品牌形象的传播；第二手传播（secondary communication）是正式的、目的性的品牌传

播方式，如广告载体；第三手传播（tertiary communication）被定义为"地方表征"传播，是通过社交媒体、新闻报道、影视、口传等进行传播的非正式传播方式。第一手传播和第三手传播作为间接传播方式，区别于第二手传播，在以地方形象为传播对象的品牌化过程中，对于地方品牌消费者感知地方品牌文化本真，以及地方品牌的可持续发展具有重要意义。地方节庆作为同时兼具第一手传播和第三手传播方式的传播载体，一方面是地方文化和集体记忆的承载者，有助于固化地方居民的地方认同以及强化其地方感（sense of place）；另一方面，地方节庆是地方形象的本真载体，是地方形象的"叙事者（narrator）"，在吸引游客、协助游客解读地方文化方面具有显著作用。例如，Hawkins将节庆空间定义为"第三地方（third place）"，以马里恩湾音乐节为例，阐述了节庆作为地方意义的承载者所给予游客的社会化体验；而Szmigin的研究则以英国摇滚音乐节（rock festival）和精品节庆（boutique festival）为例，结果揭示了节庆的社会空间本真特性及其地方品牌塑造效果。然而，以少数民族节庆为例，揭示节庆如何影响地方品牌化形成框架的研究尚存在探索的空间。

（三）研究设计

本研究采用民族志的研究方法，于2018年3月2日至5月1日期间深入L市G村桃花节田野开展研究。研究者通过参与式观察和面向本地居民、游客、桃花节管理公司、政府工作人员、导游、G村行政工作人员等利益相关者的深层访谈，以及自我民族志的田野日记收集资料。所收集的资料被研究者反复整理，并扎根于地方品牌化理论，结合Kavaratzis的地方品牌化框架，梳理出L市G村桃花节作用于G村地方品牌形成的过程框架。

（四）分析结果

1. 桃花节的G村文化重塑功能

G村是典型的民族村落，桃花节举办之前,保持着较为原始的农牧文明。2014年，广东省第七批援助工作队针对G村提出了"整合资源、整村推进、村景合一、发展旅游、增加村民收入"的整体扶贫工作思路,将以桃源为核心的自然资源融入村落,开发G村桃花节,对G村的地方文化进行重新塑造。而桃花节的举办则是将G村地方文化正当化(legitimation)的过程。将自然和传统文化共同融入至桃花节节庆品牌中,桃花节节庆文化进而反馈至地方文化,其本质是地方符号正当化过程中的道德价值观嵌入过程,而其结果则对G村传统文化进行了重构,由原始村落变成了嵌入地方自然资源的"桃花村"。该文化的重构被本地村民所解读,对其地方认同产生影响。由于桃花节的地方文化重构过程嵌入了传统文化和地理标识(野生桃林),重构结果所产生的本地居民感知地方变迁呈现积极面,具体表现在本地村民的自我效能感和自尊的提升("工作人员基本是我们村老百姓。以前靠种地,现在坐在家里也能赚钱。还有那么多游客过来学习我们的文化,生活是变好了。"——村民代表)。

地方品牌化的过程是内部地方品牌化和外部地方品牌化互相影响的过程。而内部地方品牌化的本质是充分考量社区的地方形象认知,并将地方文化融入地方品牌符号意义塑造过程中,同时将本地居民视作品牌化的关键决策者,以形成地方形象的可区别性和可延续性的过程。桃花节的节庆文化充分考量了地方传统文化和自然资源特色,在重塑地方文化过程中加入了内部利益相关者的决策("没有什么变化,应该是更丰富了。以前没觉得桃花是个特色。现在直接被称作桃花村了。"——村民代表)。

2. 桃花节的G村形象传播功能

桃花节作为地方节庆品牌,其核心功能之一是地方形象的"叙事者"。桃花节兼具地方形象传播的"第一手和第三手特性"。一方面,桃花节作为地方文化的重塑主体,通过一系列仪式行为将G村地方符号意义传播给节庆参与者。这些仪式行为包括展现传统文化的民俗体育体验活动以及民族服饰摄影活动,也包括展现自然特色的"桃源盛景"。游客通过文化和自然体验共建(co-creation),解读桃花节作为地方形象传播者所传达的符号意义,以体验地方本真("来桃花村观桃花盛景,体验'三生三世十里桃花'。"——桃花节工作人员)。另一方面,桃花节本身作为塑造G

村地方品牌的 IP，其社会宣传过程本质上是 G 村地方形象间接传播的过程（"来之前桃花村、G 村、桃花节分不清楚，来了之后才发现这是一个地方。"——游客）。而类似"三生三世十里桃花"等社会化符号，则为桃花节的社会化传播提供了解读的"伴随文本（co-text）"，进而为 G 村地方品牌形象赋予了"神话（myth）"色彩（"三生三世十里桃花，怎敌 L 市五百年桃花源。"——媒体宣传口号）。

3. 桃花节的地方认同表征功能

桃花节重塑地方文化的过程是通过影响本地村民的地方认同进而影响地方文化变化的过程。而桃花节作为地方形象传播的载体，其传播的本质是桃花节发挥地方认同表征作用的过程。地方认同是地方实践者（包括本地居民、游客等所有利益相关者）感知地方符号意义，并将自我与地方意义相链接的过程。一方面，G 村村民作为局内人，通过参与桃花节决策间接参与桃花节的地方品牌文化重塑，其地方认同伴随着对 G 村地方文化进化的认知而发生改变。而桃花节作为地方文化进化的引导主体，事实上是村民地方认同的表象（"现在跟别人说我是哪的人，G 村可能不知道，一说桃花节就都知道了。"——村民代表）。另一方面，桃花节所代表的 G 村地方形象被作为局外人的游客所感知，桃花节本身成了 G 村地方形象的符号呈现（"游客可能不知道 G 村，但一定知道桃花节，这就是我们的目的。"——政府工作人员）。而桃花节所呈现的社会化符号意义被游客所接收，在游客感知自我存在本真的过程中，完成游客的地方认同感塑造。该地方认同的形成既出现在游客未抵达桃花节前，通过桃花节的社会化符号传播（如媒体宣传）而形成期待的过程中；又出现在游客参与桃花节活动的仪式互动过程中；还表现在游客在桃花节活动结束阶段，通过社会化文本（如照片）进行回忆的过程中。而无论哪个阶段，桃花节既是地方形象的"叙事者"，又是游客形成地方认同的"媒介"。

（五）结论

地方品牌化是地方文化、地方形象、地方认同三要素间循环影响的过

乡村旅游背景下的地方品牌化研究

程。将地方品牌视作地方品牌管理者制造的可供传播的社会符号的话，地方文化、形象和认同则分别是社会符号三要素中的对象、解释项和表征。而地方品牌的传播必须依靠承载地方形象的载体。节庆作为承载地方形象的"叙事者"，其在地方品牌化的全过程中作用显著。本研究以 L 市 G 村为案例地，构建了促进地方品牌形成的框架——"桃花节"（如图 7-1）。

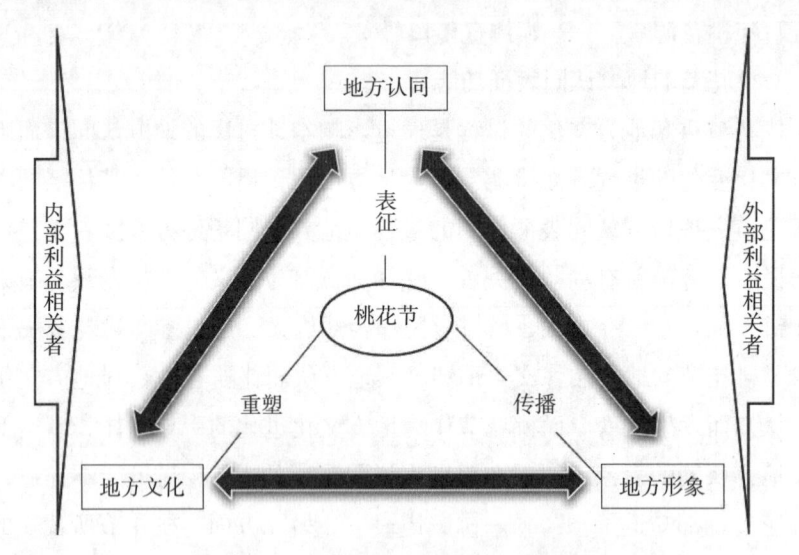

图 7-1 桃花节视角下地方品牌化框架

研究结果显示，桃花节通过重塑地方文化、传播地方形象、呈现地方认同来影响 G 村的地方品牌化。而每一阶段的影响过程均受到内部利益相关者和外部利益相关者的交互影响。本研究结果将地方品牌化和社会符号学理论相结合，有助于地方品牌化理论的发展。同时以乡村节庆为例，梳理了节庆影响地方品牌化的框架，有助于乡村地方品牌开发和可持续发展。地方品牌开发者可以通过节庆旅游方式塑造地方形象，同时通过在地方节庆影响地方品牌化的不同阶段实行针对性的策略引导整体地方品牌化过程。例如，已知地方认同受到地方文化的影响，可以通过加强本地居民赋权感知强化节庆重塑地方文化效果，从而渐进地改变本地居民的地方认同感，而不会引起居民的认同丧失，从而整体上强化居民参与节庆旅游的意图。

二、探索社交媒体影响乡村旅游社区居民参与——以Z省T村为例

（一）研究前述

过去的旅游学研究将社交媒体作为重要的市场营销工具（Harb，2019），从不同方面探索了社交媒体对游客决策的重要影响（Schroeder，2015），例如，社交媒体在形成游客期待和游前形象感知方面所发挥的重要作用（Narangajavana，2017），社交媒体作为网络品牌社区的承载对消费者社会关系网络扩展所起到的作用（Meek，2019），游客使用社交媒体的动机以及使用方式（Jabreel，2017）等。然而，大部分的研究忽略了社交媒体作为日常生活实践的网络"再现体"，其在旅游目的地本地居民参与社区旅游发展过程中所发挥的重要作用（Molinillo，2019），同时也忽略了作为地方文化本真表征的目的地本地居民在通过社交媒体形塑个人品牌形象的同时影响地方品牌化的重要作用（Blaer，2020；Uchinaka，2019）。

尤其是在以生态和文化脆弱性、社会资本依赖性和地方规范嵌入性为主要特征的乡村旅游社区，社交媒体作为社区居民新的社会活动空间，在重塑乡村意识形态、形成乡村新的地方文化表达、促进乡村居民社区参与等方面起到了重要作用（Zhou，2014）。作为乡村社会新的个人叙事载体，社交媒体提供了乡村社区居民自下而上参与乡村旅游发展的契机（Lundgren，2017），有力地促进了乡村旅游内生性发展、乡村自治和可持续的地方品牌化（K. Ryu, Roy P. A. & Kim H., et al., 2020）。一方面，社交媒体本身作为特殊的空间媒介，乡村本地居民通过虚拟社会交互赋予社交媒体空间以意义，将社交媒体空间形塑为符号化的地方（Gustafson，2001），并借此实现对现实权力关系的重塑（Xue，2018）；另一方面，乡村居民的社交媒体空间生产过程并不能完全脱离现实地方，现实乡村地方作为本地居民的网络社交标签（Ames，2007），是本地居民网络社

会身份认同以及角色展演（role-playing）的情境（context）（McClellan，2013），反之，本地居民的网络行为也决定着其所"再现"的现实乡村地方的形象（Uchinaka，2019）。因此，现实地方和网络虚拟空间通过乡村目的地社区居民的社交媒体使用实现了虚拟和现实之间的双重勾连（Livingstone，2007）。而这种基于社交媒体嵌入的乡村旅游社区居民参与的特征在过去的研究中并未被明晰。

综上，本研究旨在通过定性的研究方法深入探索社交媒体作为一种新的权力载体和空间媒介对乡村旅游社区居民参与意识及行为的影响。通过厘清该现象，本研究可以在理论方面有助于媒体社会学和旅游市场营销学的跨学科发展；实践方面，本研究可以通过理解社交媒体所带来乡村旅游发展过程中的权力重塑，帮助乡村目的地管理者重新定义旅游开发过程中的社区参与，以适应新形态的乡村旅游目的地内部营销环境。

（二）社交媒体和旅游发展

过去二十年间，技术决定论一直占据了社会和文化变迁研究的主流（Bingham，1996）。尤其是搭载社交媒体产品的移动设备和4G网络的普及，被视作改变地方性生活方式（Büchi，2019）和加速"文化的泛媒介化（mediazation of culture）"的"元凶"（Hjarvard，2008；J. B. Thompson，1995；J. B. Thompson，2011），因其创造性破坏地方的非正式制度嵌入和地方性意识形态而遭到批判主义学者的诟病（J. B. Thompson，1995）。

然而，随着社会的媒介化、全球化、个人化和商业化一并成为当今社会发展的"元过程（meta-processes）"，成为媒体社会学研究领域的广泛共识（Krotz，2007），"我们选择并成就了技术"代替"技术改变世界"逐渐得到学者们的青睐（Hirsch，2003）。即作为具有主观能动性的个体，并非社交媒体的普及影响个人生活方式的改变，而是个人通过意向性地选择社交媒体的使用方式以增加生活的便利性、趣味性和决策的高效性。

社交媒体使得时空的距离化（time-space distanciation）成为可能，同时促使因信息不均衡而带来的权力距离变得扁平化（Giddens，1995）。社交媒体所形塑的全新的社交空间重新创造了现实生活的社会交易方式并扩展了现实中的社会资本，同时使得人们对于共同体的归属和文化身份的认同超越了直接感知的时空（Morley，1990），而实现了现实与虚拟之间的双重勾连（double articulation）；同时，因社交媒体开辟了个体塑造"表征空间"的新的战场（Farmaki，2020），个体得以对现实的空间实践事务进行更深层次的参与（de Certeau，1984），个体得以在空间生产过程中获取更多的主动权（Abubakar，2012）。从这种角度而言，社交媒体作为现代社会日常生活的再现体（representation），或是个体日常生活中的表演道具，重构了个体自我呈现的模式（Lyu，2016），个体得以通过虚拟的空间叙事促进对现实中地方意义的再生产（Su，2020）和重构地方认同（Stiglbauer，2018）。

兼之，社交媒体作为中介为实体空间赋予意义的同时，作为现实空间的延伸开辟了新的表征空间（Farmaki，2020）。进一步，根据 Soja（1998）的观点，空间是社会关系的空间，是人类活动、行为和经验的媒介和产物，基于社交媒体平台的虚拟空间生产则是人将现实社会网络复制到网络，并通过网络拓展社会资本，进而映照至现实的过程，也是人借以虚拟空间重塑现实权力关系，并借此重构现实地方意义的过程（Castells，2011）。从该视角而言，社交媒体所塑造的虚拟空间覆盖于现实空间之上，虚拟和现实空间作为一个整体呈现于地方消费者，虚拟和现实空间的互嵌塑造了全新的地方品牌符号（Mueller，2012）。Jansson（2013）将这种互嵌的"技术诡异性（technological uncanny）"体验（McQuire，2008）描述为个体空间社会实践的"惯常化（normalization）"过程，即个体对社交媒体影响日常生活经验和社会变迁的适应性过程。

旅游作为游客和本地居民互动凝视（mutual gaze）（Maoz，2006）以及具身性主客互动（Jiang，2019）的过程，社交媒体在旅游研究中发挥的作用在过去十年间受到了研究者的重视。

第一，研究者将社交媒体视作重要的数据源，借以分析现实世界中的旅游现象。如 Mccreary（2019）利用对社交媒体数据的现象学分析以及内容分析法，定性研究了旅游目的地形象要素，并指出社交媒体数据可以有效地监测游客对旅游目的地的即时（real time）评价以供目的地管理者做出有效的决断。S. Y. Ryu 和 Yoo S. W.（2017）利用数据挖掘手段对社交媒体上所发布的旅游相关大数据进行分析，准确定位了特定旅游目的地的游客感知和偏好。后现代社会旅游研究关注亚文化旅游群体的旅游体验，而社交媒体在提供了线上的亚文化群体交互平台的同时，给予研究者以接近特殊旅游者群体的便利途径，如 Luo（2015）利用网络民族志的深描手法揭示了中国驴友群体的旅游行为特征。

  第二，研究者深入探索了社交媒体普及对旅游不同利益相关者的影响，尤其对社交媒体对游客的影响作用进行了系统的研究。如 Lyu（2016）探索了韩国女性在社交媒体软件上发布自拍照片作为一种自我呈现的现象；Schroeder（2015）系统地探索了社交媒体在国际游客决策中所发挥的重要作用；Narangajavana（2017）实证研究了社交媒体所带来的信息可接近性对构建游客期待的重要作用。类似的研究均从积极的方面探索了社交媒体对游客前、中、后期旅游体验的影响，并对社交媒体作为一种有效的市场营销工具所蕴含的意义进行了阐述（Harb, 2019），乃至以游客在社交媒体中所扮演的角色为中心，对游客群体进行市场细分化，提出了所谓的"社交媒体市场营销学"（Hays, 2013; Leung, 2013）。在肯定社交媒体所带来积极影响的同时，社交媒体作为一种新兴的社交工具，对游客体验的负面影响也逐渐引起研究者的重视，这种负面影响被广泛地定义为社交媒体过负荷（social media overload）（Shi, 2020）。一方面，研究者批评了社交媒体对游客逃离日常生活的负面影响，提出社交媒体所带来的时空压缩将日常生活和工作嵌入至旅游状态中（Chen, 2018），导致游客无法完全沉浸于旅游的逃离体验状态，从某种程度上破坏了旅游的神圣与世俗的二元对立（Wang D., Xiang Z. & Fesenmaier D. R., 2016）。另一方面，游客过度接触社交媒体上的信息，不只是信息过负荷影响了游客的决策效率（Zhang, 2016），从旅游目的地品牌管理者的角度而言，本地居民和游客的信息交换成了目的地品牌形象管理的"噪音"（de Lencastre, 2013）。

第七章 专题四：Z省乡村旅游地方品牌化成功策略典型案例分析

由此可见，现有的研究重视社交媒体所带来旅游供应商、目的地开发者和游客关系的改变以及信息可接近性对游客体验的影响，而对作为重要旅游开发利益相关者的本地居民的影响的相关研究并不充分。本地居民作为旅游目的地品牌的内部消费者、目的地社会资源的有效供给者以及目的地本真形象的重要组成成分（Kalandides，2013；K. Ryu，Roy P. A. & Kim H.，et al.，2020；Uchinaka，2019），社交媒体影响其感知和参与地方旅游发展的相关研究并不多见，仅有的研究也大多停留在本地居民的社交媒体使用行为对旅游目的地形象的影响等较为浅显的层面（Uchinaka，2019）。将社交媒体视作本地居民参与地方旅游事务的延伸平台，探索社交媒体所产生的虚拟空间和本地居民具身性感知旅游发展的现实空间之间的互嵌的整合性研究还很缺乏。Jabreel（2017）的研究虽然从本地居民和游客的不同视角对比了社交媒体上目的地形象传播的差异，但是他们仅仅提到了利用社交媒体进行主客目的地品牌共建的可行性，并未对本地居民的社交媒体使用与目的地品牌化之间的相互关系进行深入探索。Zankova（2018）在研究中提到，社交媒体有助于促进居民的民主参与和城市品牌建设，以创建新的充满活力的城市社会生态，但相关的研究并未置于旅游视角下进行场景性探索，也并未对社交媒体的促进作用进行深描。

乡村地区作为文化和社会生态脆弱的传统社区，乡村旅游发展对本地居民的影响在过去的研究中已经得到充分证实。层级和社会网络更为复杂的乡村地区在面临乡村旅游发展的过程中，受到精英俘获（Herrold-Menzies，2006）、地方品牌化过程中的权力不均衡（Xue，2018）、主客互动过程中的后殖民主义凝视（Sun，2020）等不同方面的影响，而导致本地居民的弱参与、基于感知威胁的主客冲突、感知地方认同弱化（Rasoolimanesh，2017；K. Ryu，Roy P. A. & Kim H.，et al.，2020）等。而社交媒体提供了乡村社区居民自下而上参与乡村旅游发展的契机，促进了乡村事务的民主化（Abubakar，2012）。探索乡村社区居民在虚拟空间和现实空间中的角色转变以及互嵌性行为将有助于理解社交媒体如何影响乡村旅游社区参与。

（三）研究设计

现有的社交媒体分析将社交媒体本身视作数据源，使用网络民族志的数据收集方法获取可供分析的数据。然而，这种研究仅将社交媒体视为用户发布信息的媒介，缺乏对用户社交媒体实践及其与现实社会互动之间关系的解构。要获取该现象的丰富资料，仅沉溺于社交媒体平台的网络民族志数据资料收集并不适用。通过线上和线下资料的同步收集，以现象学的整体性视角连接用户的社交媒体实践以及日常生活实践，寻找两者之间的互嵌被考量是此类研究有效的研究思路（Pan，2020；Meek，2018）。

（四）分析结果

将社交媒体视作居民参与乡村旅游发展的扩展空间，居民的社交媒体实践通过媒介化过程重构了居民的日常生活空间环境和关系。即居民在社交媒体实践的过程中实现了网络与现实空间的交互性影响，这种交互性影响的结果直接反映在居民的旅游发展参与意识和行为的改变上。社交媒体空间与现实空间的互嵌，使居民感知固有社会空间的变迁，包括居民身份的建构或重构、社会结构的变迁和社会关系的重塑。角色展演、社会结构和社会关系共同形成了社交媒体嵌入下的居民参与旅游发展的新环境。

1. 社交媒体构建村民认同感

（1）原有社会认同扩展

空间消费者利用具身性体验将空间转变成有意义的地方，在地方生产的过程中，空间消费者创建与空间之间的意义关联，并借此产生独特的地方认同（Gustafson，2001）。过去的研究探索了旅游目的地不同利益相关者不同的地方生产过程（Lew，2017），并指出利益相关者的地方生产是其利用与地方之间的交互性行为所进行自我呈现，借此建立、区分并延续与地方相关联的独特角色的过程（Rui，2013；Stiglbauer，2018）。而社交媒体因其提供的 UGC（用户生产内容）生产功能，使其成为重要的旅游目的地利益相关者的地方性角色展演平台（Lyu，2016）。

第七章 专题四：Z省乡村旅游地方品牌化成功策略典型案例分析

对于本地居民而言，其在线下既扮演着旅游目的地的地方本真表征的角色，作为游客凝视的地方符号能指，影响游客的地方形象建构；又作为旅游目的地的内部消费者，参与并影响旅游目的地的地方品牌化过程（Kalandides，2013）。现实中的角色延伸至虚拟网络，本地居民利用网络和现实之间的勾连实现了地方认同的强化和自我扩展（self-enhancement）。

"我可以在抖音（社交媒体软件）上发布很多我们村的生活视频，让更多的人认识我们这里，吸引更多的游客。"

"那你认为有游客在多大程度上受到类似你们所发布视频的吸引？"

"至少比政府宣传所吸引的游客要多，有时候游客提到说看到抖音来的我们会很骄傲。另外，我认为，我们有责任利用（社交媒体）软件让游客认识真实的这里。有时候政府的宣传会夸张，游客来了看不到宣传的内容会很失望。我们吸引来的是真正对我们这里感兴趣的游客。"

正如Uchinaka（2019）所提到，本地居民利用社交媒体扮演着地方大使的角色。这种地方大使的角色展演是本地居民积极利用社交媒体保护地方形象的市民行为（Chiu，2015）。本地居民利用社交媒体有意识地保护本真地方文化，本质上是其自下而上参与旅游目的地发展的内部地方品牌化过程（Mueller，2012），其利用社交媒体表现出对现实中以政府为主导空间生产过程中所感知到的权力不均衡的不满和抵抗（Su，2020）。

另外，本地居民对于自己在社交媒体中所扮演的地方本真文化宣传角色有着明确的认识，地方作为其网络角色的标识（tag），是其在网络上交互过程中获取他者期待的重要来源（Ames，2007）。社交媒体上，现实地方形象与其个人网络形象之间相互嵌入，本地居民通过保护地方形象进而保护其个人网络形象，该过程中，现实居民强化了地方认同，并借此产生基于地方的自尊和自我效能感（S. Wang & Xu H.，2015）。正如某位受访者提道，"对于有些在网上诋毁我们村的游客，我们会跟他们吵架；而有夸我们村的，我们会很开心，比我们自己赚了钱还高兴"。

而社交媒体上本地居民和外部消费者之间围绕旅游目的地的谈论也反馈至本地居民对现实旅游目的地发展的反思。如研究者曾在微信群里捕捉到村民之间因游客在网上所发布的负面信息而进行的讨论,某位村民提道,"别人说得对的,我们接受就好了,没必要在网上去吵,毕竟都是为了村里的发展。"而大部分村民则表示,应该"先去保护村的名声,再反思错误"。因为,"毕竟在网上没人认识我们是谁,都是说××村的,骂我们村就等于骂我们自己"。

(2)新社会身份的建构

本地居民的现实角色延伸至社交媒体,并利用虚拟空间里的角色重塑和展演影响其对现实角色的重新认识和地方认同感。而本地居民在社交媒体平台所塑造的新角色同样投射至现实,而塑造其全新的现实社会角色(McClellan, 2013)。这种新的社会身份的建构既包括通过社交媒体的个人品牌化作用所生成的"地方网红",又包括通过社交媒体的信息"守门员(gatekeeper)"和"管理员"身份所建构的"非正式精英"。

小A(化名)是T村的本土网红,她通过网络直播和Vlog在抖音平台积攒了大量的粉丝。社交媒体上个人品牌的成功使她在现实中体验新的角色展演。

"也有游客认出我,或者专门过来看我。前几天,我们村主任找我,希望我做形象大使,专门宣传我们这里。我觉得我有这个责任,不给钱也可以。另外,这也算是个体面的工作。"

对于T村乡村社区而言,小A利用社交媒体所形成的虚拟社会关系网络是地方品牌形象传播的潜在社会资本(Meek, 2019)。一方面,小A个人品牌化的成功对于吸引潜在游客具有重要意义;另一方面,作为带有地方标志(tag)的网络名人,小A成为可供游客凝视的"地方景观符号"(Maoz, 2006)。

而村民微信群的创建者和管理员团队则构成了另一类乡村新精英群体。小B(化名)是村民微信群的管理员之一,拥有管理微信群成员的权限。小B经常利用管理员权限引导村民在群里就村里的旅游事务进行讨论,并借此在村民中积累了一定声望。"老百姓不敢跟村干部进行正面探讨,所以我们引导大家在群里表达想法。讨论的人多了,村干部也不得不重视。

第七章 专题四：Z省乡村旅游地方品牌化成功策略典型案例分析

（小B）"

研究者追踪了一起微信群里关于对旅游开发公司统一收取门票的讨论。在管理员的引导下，村民在群里共计发言200余条，70余名村民中仅有8名未参与讨论。最终达成了一致性意见，由管理员代表向村委提出建议，并最终影响了村委的判断。由此可见，微信群管理团队成为了村民代表，作为由社交媒体诞生的"非正式精英"影响乡村旅游决策。尤其是在中国乡村社会自治逐渐"原子化"，村民被排除在乡村发展决策之外的现实下，社交媒体重启了乡村社区自治，将袖手旁观的普通村民通过社交媒体所诞生的村民代表的"中间组织"作用变成乡村发展的"治理主体"，真正实现了自下而上的内部地方品牌化。

另一方面，小A和小B代表了基于社交媒体的新精英群体，即网络社交的成功所映射的现实权利的增长。基于此，其得以对乡村旅游社区发展实施非正式的个人权利（Blaer，2020）。正是基于对网络新精英的现实角色权利的不确定性的认识，地方决策者希望通过将其非正式权利合法化以将其发展成地方发展决策的"共谋者"（Elliot，1983）。对于小A而言，其网络个人品牌所映照在现实中的角色固化为合法角色（形象大使），一方面是其对现实中地方认同延续性的感知（"我有责任"）；另一方面则是基于对现实中社会资本的需求，即"面子"追求（Meek，2019）。而对于小B而言，其深刻地了解自己个人权利的来源，"我们也是普通老百姓，别的老百姓信任我们才让我们当管理员（小B）。"

微信群的退出低门槛和交互的群体性令村民高度赋权，村民微信群换过几任管理员，大部分是由作为群组成员的村民投票选出，且必须符合几个条件。

"管理员一是要活跃，能带动气氛。再就是必须站在老百姓一边，能站出来替老百姓说话。否则我们就换掉他，而且我们可以随时退群再另外建个群。（村民）"

村民会利用退群和弹劾向管理员表达不满，削减管理员的权利。因此，管理员的角色任务是代表村民与政府博弈，管理员的权利与村民共荣，避免了其成为地方决策者的"共谋"。

村民在乡村旅游发展参与过程中通过社交媒体重塑了固有的身份，建构了新的社会角色。其本质是虚拟和现实的双重勾连（Livingstone，2007），现实角色延伸至虚拟完成现实角色的拓展，虚拟角色则映射至现实协助其现实角色的固化或是新现实角色的呈现。不管是身份的重构或是建构，都意味着村民社区共同体意识的增强和地方认同的强化。即本地居民通过在虚拟空间中对本地旅游发展的讨论构建了"内部"网络品牌社区（Meek，2019）。该虚拟品牌社区通过影响现实旅游发展决策而扩大了目的地居民的现实空间生产话语权，既增加了现实中本地居民的非正式权力，促进了社区参与的民主化（Xue，2018），又增强了本地居民的地方依恋，正如某位村民所言，"讨论的越多，说明大家都希望参与进来，说明大家都爱这片土地。"这种地方依恋的强化令本地居民在面对外界威胁时表现出更强的社区社会凝聚力（"骂我们村就等于骂我们自己"）。

综上，社交媒体增强了村民在参与乡村旅游发展过程中的主体意识和自治能力，带动了乡村旅游发展的内部地方品牌化。

2. 社交媒体实践诱发的社会结构变迁

传统的乡村旅游发展由自上而下的政府和传统乡村精英主导，乡村居民作为乡村旅游开发的旁观者和被动参与者存在。而社交媒体通过信息的"开放、共享、互动"，促进了旅游发展的多元主体参与。这种多元主体的参与本质是多元利益相关者的权力协商和地方品牌共建。

对于村民而言，社交媒体提供了民意表达的渠道，并通过固有身份的重塑和新角色的展演增强了其参与乡村旅游发展决策的能力。不仅像小A一样的网络新精英在现实中参与旅游决策，普通村民也因社交媒体所带来的信息流动而感受到分权。

"村干部会把村里的事务发布在（微信）群里征求我们的意见。现在是网络社会，没什么可隐瞒的，也瞒不住。"

"那你们会发表意见吗？"

"有时候会，特别是牵涉个人利益的时候，比如在旅游分红或征地方面。因为你知道你不是一个人在战斗,只要有第一个人提出来,大家都会在里面讨论。人越多,政府就越重视。"

这种权力结构的重塑本质上是社会交易的公正化(Choo,2014)。社交媒体将现实的社会网络关系虚拟化,并通过虚拟社会网络的重构映射至现实,而在现实和虚拟社会关系的互嵌过程中,普通社区居民所具有的话语权得以放大,并借此在表征空间构建中占据更多的自主性(Xue,2018)。

而对于目的地管理者而言,他们则因村民话语权的增强表现出对社交媒体的矛盾态度。一方面,管理者因社交媒体所带来信息披露的便捷化,而减少了潜在的与村民之间的冲突(Mansell,2016)。正如某位目的地管理者所言,"在群里发通知,可以视作他们(普通百姓)都收到了,少了很多麻烦。另外,群毕竟是个公共场合,什么事都摆在明面上来说,有证人,有证据,也不怕有人私下找麻烦。"

而另一方面,社交媒体所具有的非正式联合的能力,令乡村传统权威(包括管理者和传统精英)感知到权力的弱化和威胁。研究者收集了一件由朋友圈信息引发的冲突,某位村民通过非正式渠道提前获取了村委和几名传统精英关于旅游分红的消息,发在朋友圈里,短短一天之内,该信息被转发、评论了80余次,最终形成了群体性事件。最终以村委成员公开澄清该信息为谣言而结束。虽然该信息的真实性并未得到证实,但村民通过社交媒体得以对旅游发展决策施加权力影响,令乡村传统权威不得不重新考量村民参与能力的变化。

与此同时,社交媒体同样强化了精英联合,导致普通村民参与被排斥。"几个在村里说了算的单独建个群很正常,有些事情第一时间我们要先知道,特别是牵扯到利益分配方面。"

一方面,传统权威通过社交媒体强化精英联合,并利用时间差获取暂时的信息不均衡优势,进而强化精英俘获(Herrold-Menzies,2006)。另一方面,社交媒体提供了"排他性"私密交互的社会空间,这种基于社交媒体的社会交互被认为比现实空间更具隐秘性以及交互的时空性。

"村里就这么大，以前见面谈难免被人看到、听到。用微信不但可以保证私密性，而且可以随时随地聊。（村委）"

因此，社交媒体的发展一方面导致本地居民围绕现实地方的社会交互更加丰富、灵活，另一方面却又使得本地社区社会交往的私密化（the privatization of sociability）和公共空间的碎片化（fragmented publics）（Castells，2011）。无论是基于社交媒体的居民参与乡村旅游发展能力的强化，还是因社交媒体实践的私密性而导致居民参与进一步被排斥，都是多元利益相关者之间围绕旅游发展决策权力的博弈。在博弈的过程中，社交媒体成为新的微观社会公共领域，现存的权力关系得以消弭，不同利益相关者重新通过社交媒体的"媒介化"作用而得以重新协商权力关系，乡村社会围绕乡村旅游决策得以权力重构。该过程中，社交媒体不仅仅是现实中村民对"空间表征"的反抗代理，社交媒体本身成了村民参与乡村旅游发展的新的实践空间并影响现实中的空间生产。即，村民通过虚拟和现实空间互嵌而得以对乡村旅游发展施加影响力（Jansson，2013）。

3. 社交媒体实践诱发的社会关系重塑

列斐伏尔的空间生产理论将空间视作社会的空间（Castells，2011），社会结构和社会关系是空间实践的基础。社交媒体作为虚拟的社会空间链接了线上和线下的社会关系，社交媒体实践则影响了村民的社会关系重塑。

首先，现实中的社会关系网络通过社交媒体得以固化和建构。T村作为一个典型的藏族乡村，过去是典型的"熟人社会"，有着独特的基于宗教性的人际关系。随着旅游的开发，T村逐渐"离散化"，村民社会关系强度降低。"最近几年，大家都忙着赚钱，各干各的，有出去打工的，上学的，很多人都不太来往了。（村民）"而社交媒体通过其时空规制的突破性，固化了逐渐离散的社会关系，重现了"熟人社会"。这种通过社交媒体的社会关系的固化促使T村乡村社区凝聚力加强，在面向旅游发展时，人际参与限制因素得以减少。

"我们建了个微信群，一起做特产一起卖给游客，更容易形成合力。通过微信大家交流起来也方便，都是一个村子的，也放心。（村民）"

第七章 专题四：Z省乡村旅游地方品牌化成功策略典型案例分析

不仅是常驻村民之间的社会关系得以强化，外出的T村村民也通过社交媒体得以"回归"社会关系，乃至通过社交媒体参与T村的旅游发展。正如某位村民所言，"很多在外面打工上学的人有人脉、有知识，我们通过微信和他们联系，让他们帮忙推销我们村的旅游特色和特产，还有人专门联系了旅行社和特产店，帮我们找市场。"社交媒体打破了空间的局限性，将内外的人际关系重新组织，透过网络实现了旅游参与的跨地域性。这种跨地域的社会关系的重塑促进了旅游发展的分工和合作，旅游商品的生产、售卖和地方品牌营销得以通过社交媒体形成稳定的产业链。不只是外出的村民和常驻村民之间的内部关系重塑，村民通过社交媒体得以和外部建立跨越空间的社会关系，借助外部关系进行旅游产品营销和售卖。例如村民小C，在接待游客的同时，通过互加微信好友与游客建立了长期的社会关系，小C在朋友圈里发布的有关T村的风景经常得到游客的点赞和评论，"部分游客再来T村的时候还会找我，或者向别人推荐T村的特产和旅游特色"。即游客通过对小C的个人忠诚形成了对T村的地方忠诚。

其次，社交媒体中形成的社会关系转到线下，形成了民主化的乡村旅游发展决策组织。线上展开的关于乡村事务的讨论往往延伸到线下。由于有线上讨论的基础，线下的讨论同样具备了开放、协商、宽松的氛围。这种线下的讨论因具有民意的基础而对T村的乡村旅游决策产生影响力，作为非正式权力网络而带有了民主自治的特性。

"我们会不定期聚会。或是在茶馆，或是在谁家里。大家探讨网上聊到的关于（旅游）发展的见解，如果有了好的点子，有时候我们也会向村里提建议。"

综上所述，通过社交媒体实践，村民的线上和线下社会关系得以交互影响。通过社会关系的重塑和拓展，村民得以更积极地参与乡村旅游发展，乃至对乡村旅游发展决策施以影响力。

（五）结论

本研究以Z省T村为例，初步探讨了社交媒体如何影响乡村居民参与旅游发展以及社交媒体的嵌入如何影响乡村旅游目的地社区的社会变迁。

第一，社交媒体所构建的虚拟空间与本地居民所处的现实空间相互勾连，现实中的社会和权力关系因虚拟空间的嵌入而得以重塑。信息不均衡因社交媒体的传播功能而得以缓解，本地居民因此而能感知到权力距离的缩减。同时，现实中本地居民的角色复刻至虚拟空间并得以重塑（地方大使和市民）和发展（新精英群体），并映照至现实，地方居民成为社区旅游发展的主动参与者，并因此强化了地方依恋和社区凝聚力（Ward，2011）。

第二，以社交媒体为媒介的虚拟空间生产为本地居民拓展了现实空间生产过程中的空间表征抵抗渠道（Su，2020），内部地方品牌化得以因社交媒体的嵌入而在地方品牌化过程中发挥更大的作用（Mueller，2012）。此外，社交媒体所构建的虚拟社交空间拓展了本地居民的现实社会网络，本地居民在面对决策者及传统乡村精英自上而下的目的地管理时得以拥有更多的话语权（Xue，2018）。

第三，社交媒体在影响本地居民参与旅游发展时，从不同角度影响了乡村旅游社区变迁（Hjarvard，2008；Mansell，2016）。不只是居民角色的变迁所带来的居民生活方式的变迁，社交媒体重塑个人社会资本所带来本地居民非正式权力的强化，还包括了社区内部社会关系的进一步分化。社会层级和社会角色因社交媒体的聚类功能而得以进一步显著化，传统精英联合和新精英的生产重塑了传统的乡村社区社会关系网络（Bongomin，2018）。这导致了社交媒体嵌入下的乡村旅游社区参与的新的形态和模式。

综上，社交媒体在乡村居民参与乡村旅游发展中构建了新的微观社会公共领域。通过这一微观社会公共领域，乡村居民得以获取非正式权力，并因此产生了一批非正式精英。兼之乡村社会关系网络的重塑，乡村居民得以更为民主化地参与乡村旅游发展。达尔格伦的公共领域分析框架将社会公共领域分为结构、表征、互动三种维度。在本研究中，因社交媒体的嵌入而导致的乡村旅游社区权力结构的变化恰是结构维度。社会关系的重塑和拓展代表社会互动维度，而因权力结构的变化所引发的村民参与旅游

第七章 专题四：Z省乡村旅游地方品牌化成功策略典型案例分析

发展事务意识的增强，因社会关系的重塑所引发的村民自下而上的参与内部地方品牌化发展行为的多元化，以及社交媒体嵌入下的村民在乡村旅游发展过程中的角色展演则代表了表征维度。由此可见，社交媒体不仅仅是单纯的村民参与乡村旅游发展的媒介，更是作为新的社会公共领域，通过与现实的乡村旅游社区空间互嵌，重塑了乡村居民的乡村旅游发展参与能力及方式。

三、基于故事讲述的乡村旅游地方品牌开发策略研究——案例分析及思考

（一）研究前述

近年来，我国城市化进程的加速使有钱有闲的城市居民更加向往田园牧歌式的乡土文化，逃离无地方（noplace）的异化日常，通过追寻乡村他者的文化本真以体验自我恢复成为后现代社会的时代潮流。在这样的背景下，通过发掘差异性的乡村地方文化资源，开发乡村旅游成为提振乡村经济、缩小城乡差距的新思路。因文化和自然生态相对脆弱而发展缓慢的乡村地区，因乡村旅游的兴起而焕发出新的生机。而乡村旅游并不仅仅是千篇一律的"干农家活、吃农家饭"，差异化的乡村社会制度、乡村文化体系都是游客所凝视的对象。探寻乡村独特的文化风情，以乡村为地方，构建乡村地方品牌符号并通过品牌符号传播，激发游客的地方认同，最终形成正向的乡村地方形象，方为可持续乡村旅游发展之路。

地方品牌是地方文化、地方认同和地方形象三者之间循环往复的动态系统。其中，若地方形象被视作地方品牌符号的解释项，地方认同作为地方品牌符号的表征，地方文化则为地方品牌符号的释义对象，三者共同构成地方品牌符号迷思（myth），通过不同的符号载体传播且被地方内外部利益相关者接收并解读。

故事讲述（storytelling）在地方品牌化的不同阶段为乡村旅游地方品牌

开发提供了策略性思考的方向。一方面，故事讲述有助于识别地方文化内涵以形成独特的地方品牌故事。另一方面，故事讲述还可以促进地方利益相关者之间的合作，通过创造具有说服力的故事而形成利益相关者的共同目标，并为共同创造难忘的游客体验提供机遇。

（二）故事讲述及其在地方品牌化中的作用

1. 品牌开发视野下的故事讲述

根据消费者心理学的相关理论，以故事形态进行思考是消费者解读品牌迷思的基础方式。首先，通过故事的形态解释世界是人类的基础特征。人类通过形成自己的生活故事来表达自己的现实体验、信念和对生活的态度。集体的故事讲述嵌入至文化记忆中，以神话传奇的形态所呈现；而个体的故事讲述则通过不同媒介进行社会传播，最终形成个体的社会标签（social tag）。其次，根据记忆心理学的相关理论，相较于对固有知识存储的语义记忆，存储生活经验的情节记忆更持久，而且更能影响个体行为。情节记忆是个体观察到或亲身经历的生活事件，包括时间节点、特定语境、情感表达、评价／态度在内的故事体。再次，特定的品牌往往会让消费者产生认知或情感的共鸣，即所谓品牌认同或品牌依恋。荣格将这种品牌的内涵称之为原型神话（archetype myths），即品牌故事所述说的本真文化。反复体验品牌故事能促使消费者产生幸福感，这种反复的体验不只是重复购买和重复体验，还包括通过复述品牌体验故事来重温"适当的快乐"（proper pleasure）。最后，个体倾向于通过故事讲述来明确自己的态度，即通过讲故事来寻求清晰性。在复述故事的过程中（包括反复回忆和口口相传），个体强化了自己的信念，建构了身份认同，加深了对故事意义的理解，减少了认知不一致。

综上，一方面，消费者在品牌体验过程中自发地将品牌拟人化，通过自己与品牌间的互动形成自我独特的品牌体验故事，并通过故事讲述的方式实现品牌传播。需要注意的是，此处的消费者并非单指产生实质消费行为或具有潜在消费意向的外部消费者，还应该包括生产品牌的内部消费者，如旅游目的地品牌视野下的本地居民。另一方面，品牌本身作为故事体，自身蕴含故事性特征的品牌更易引发和促进消费者的思考和记忆形成。Holt（2004）提出，成功的品牌符号作为一种神话影响消费者体验这个世界。"（优秀的）品牌以一种有形的形式向我们传递神话，从而使它们更容易接近。"

故事讲述是一种知识传递的方式，故事帮助人们分享经验或观点，并通过叙述（narrative）或传播学习和借鉴他人的经验和观点。当故事讲述被用作战略工具时，故事不仅被用来告知、分享和学习，而且被用来说服。战略品牌故事讲述（strategic brand storytelling）中的故事被有意识地生产，旨在说服听众对品牌产生正面的态度和行为意图，促使对方有意或无意地追随品牌发展轨迹并参与品牌行动。即成功的故事讲述取决于它的"动员能力"，而这种动员能力取决于以下因素。

①关键代理人（agent）的行为：关键代理人是主动开展故事讲述的关键人物或群体，这些关键代理人必然是故事讲述对象的意见领袖。以旅游地方品牌开发为例，其关键代理人包括正式代理人和非正式代理人。正式代理人意指自上而下对地方品牌进行战略规划和管理的政府部门、地方品牌开发者等；而非正式代理人则包括自发传播地方品牌故事的本地居民、叙述地方体验故事的游客等。据此，旅游地方品牌开发作为自上而下和自下而上的品牌共建（co-creation）过程，所有的利益相关者都具备地方品牌故事讲述关键代理人的隐藏身份。而故事则通过加强不同利益相关者之间的联系来发挥纽带作用，如强化游客和本地居民共同的地方认同。

②故事讲述的可信性和显著性：故事讲述的可信度包括故事中所蕴含经验的可信度、故事讲述者自身的可信度，以及故事中所蕴含信念和讲述者行为之间的一致性。而显著性则是故事中所蕴含的理念和愿景是否对听众而言是有意义的。以旅游地方品牌开发为例，地方品牌故事的可信度包括游客所讲述个人体验的真实性、故事讲述者（如本地居民）的本真性、故事中所蕴含地方文化和地方形象之间的一致性等；显著性则包括地方品牌故事听众对地方形象的认知和自我形象之间的认知一致性等。

③所讲述故事的普适性和特殊性：故事往往难以具有普世的信念，而只能针对特定的对象群体。过于特殊的故事无法满足大多数听众显著性要求，因此需要平衡故事的普适性和特殊性。以旅游地方品牌故事为例，过于普适性的地方品牌故事难以满足本地居民的地方认同和游客的深度体验；而过于特殊的文化/传统信念嵌入则可能难以达到规模经济，甚至诱发听众的负面感知（如 LGBT 旅游）。

2. 故事讲述在地方品牌化中的作用

商业品牌的故事讲述有两个主体概念，一是故事，即品牌生产商所生产的品牌故事作品，用于传达一个或一系列品牌事件；二是叙述，即消费者基于自己的经验对品牌符号进行解释、编造并传达的过程。据此，解释构成了一种消费行为，通过消费，一个故事被转换成了一种叙述。然而，从代理人和共建（co-creation）的角度看，品牌故事的生产和消费具有共时性，消费者的叙述本质上是对品牌故事的再生产。新的听众将前一消费者视作品牌故事本真的代理人，形成品牌公众形象认知，以此循环往复。在故事讲述的过程中，品牌内化为消费者的身份表征，被消费者用于构建社会角色和自我认同。消费者从品牌故事的听众转变为品牌故事的代理人，通过品牌构建自我认同，成为品牌形象的传播者。该过程本质上与 Kavaratzis 的地方品牌化动态模型相一致。

因此，在战略规划和地方管理领域，特别是目的地开发领域，故事讲述作为一种地方开发策略越来越受到关注。故事讲述可以被定义为通过规范的、话语的和政治性的故事创造以达到传达信念、团结利益相关者、说服听众参与集体行动目的的过程。故事制造者试图以有选择的方式谋划未来，通过尽量满足不同听众之间的不同偏好促进集体决策的形成，从而降低规划在实践过程中的不确定性和复杂性。因此，故事讲述对于地方开发者来说是一种未来指向的规划工具。

此外，就旅游体验本身而言，旅行叙述不仅是个人、集体和地方身份建构的重要方式，而且在个体冥思、体验、记忆和传播体验的过程中同样重要。游客作为旅游体验的主体，在体验的全过程中，通过生产者和消费者之间的互动，共同建构故事叙事。即体验本质上是共同构建的故事，旅游目的地则是故事场景（storyscape），故事将原本毫无意义的空间转换成有意义的品牌地方，该过程本质上是地方品牌化的过程。从该角度看，旅游业的核心内涵即为叙事。成功的故事讲述策略并不将地方自身确认为故事的主角，而是将地方品牌故事设计为能够使游客感知到自我的主角意识，即在故事设计中将游客定位为故事主角。例如，利用民间传说的故事结构来创建一个可令游客沉浸的梦幻世界或者利用"英雄"游客的故事来推销目的地，以引起观众的共鸣。综上，旅游地方品牌故事讲述的成功取决于游客的体验共建及其故事讲述参与的意愿和能力。

（三）乡村旅游地方品牌开发中的故事讲述策略探讨

乡村旅游品牌发展的关键在于差异化的乡村地方文化。一方面，乡村地方文化的最本真表现和乡村社区信念的最直观表达无异于乡村民间"神话"故事；另一方面，基于故事讲述理论，乡村品牌的最有效传播方式是品牌故事形态。因此，乡村地方品牌故事不仅是形成乡村地方形象的关键，也是游客解读乡村地方符号的前文本。根据故事讲述影响个体认知的特点，构建有效的乡村地方品牌故事需要策略化乡村旅游地方生产（place-making）的方式，表现在以下几个方面。

1. 多元利益相关者共同参与的乡村地方品牌故事代言人

乡村旅游地方品牌化的关键利益相关者包括政府和目的地管理者、作为内部消费者的本地村民以及作为外部消费者的游客。在地方品牌故事制造和传播过程中，内外部消费者分别承担着不同的角色。政府和目的地管理者作为乡村旅游地方品牌故事的设计者和管理者发挥着自上而下的战略引导作用；本地村民则作为乡村地方品牌的地方文化本真表征及地方文化的叙述人，一方面自下而上地参与地方品牌故事的文化内涵设计；另一方面则作为地方品牌故事的关键听众，通过消费品牌故事中的文化内涵而影响地方文化变迁。因此，需要地方品牌故事设计者充分利用本地人讲述本地故事，引导本地村民进行品牌故事共建。尤其是通过新媒体的病毒式传播作用，可以引导一批本地"网红"来叙说本地故事，完成参与式地方品牌化的过程。同时，需要充分调动乡村精英的政治、社会、经济引领作用，缓冲因剧烈的地方形象变迁而带来的本地村民感知旅游负面影响。通过三方商谈，可以维持乡村旅游和地方文化的共存性可持续发展。

作为乡村地方品牌故事的外部消费者，游客在消费故事的同时也在口口相传塑造着故事。即游客在后旅游体验过程中不自觉地承担着地方故事代言人的角色。尤其是在新媒体普遍化的今天，游客的即时（real time）体验成为其他潜在消费者的游前地方形象塑造来源。因此，乡村旅游开发者可以通过积极引导和主动制造"英雄"游客故事正向化并加速化乡村地方形象传播。

2. 提升乡村地方品牌故事讲述的可信性和显著性

乡村地方品牌故事讲述的可信性和显著性是品牌故事可以有效被记忆和接收、品牌故事中的文化内涵可以被有效识别和解读的关键。首先，影响故事讲述可信性的内容包括合理的故事规划和故事中的文化嵌入。可信性受政府/乡村旅游管理者公信力的影响。不管是故事的外部听众还是内部听众，其对政府/乡村旅游管理者的信赖程度，直接影响了其对故事规划合理性的认可程度。因此，提升政府/乡村旅游管理者的公信力是加强听众感知品牌讲述可信性的最有效方法。这种公信力的提升可以通过增强社区增权和游客价值共建实现。

故事讲述的显著性则表现为听众感知地方形象和故事内涵一致性。若听众在乡村旅游体验后形象感知、对地方文化的固有认知和地方故事中所嵌入的地方形象存在冲突，听众则因感知认知不一致而对目的地呈现负面感知，甚至影响其地方认同。因此，在乡村旅游地方品牌故事设计中，需要充分考量地方文化、地方故事中的形象嵌入和地方体验项目之间的一致性。尤其是本真的故事场景开发，可以作为故事中所蕴含文化内涵的表征，从而提升故事自身的本真性。

3. 均衡品牌故事的普适性和个性，实现故事的规模化

过于普适的地方品牌故事容易导致大众化乡村旅游阶段的提前到来，

而过分个性的故事则在传播和设计过程中难以凝练地方性格以及实现规模化经济。因此，在乡村旅游品牌故事设计过程中如何均衡故事中所涉及价值观的普适性和个性尤为重要。对于地方品牌设计者而言，汲取乡村地方的文化内涵，深入发掘乡村社区固有的价值观表征（如人际关系、文化仪式、社会符号等）是个性化乡村地方的关键路径。而通过社会数据分析的方式提炼特定乡村地方的社会公众形象则是普适化乡村地方故事价值观的有效方式。

另外，通过乡域间的故事链构建有助于实现地方品牌故事的规模化。即通过地方故事的设计带动村域间旅游发展。该过程中，应打破村域间的空间壁垒，以故事讲述的形态串联各村域。通过故事所阐述的地方意义将村域空间转变成地方符号，从而形成共建故事区域，乃至故事廊道。

综上，故事讲述是促进乡村旅游地方品牌化的有效策略。而有效的故事讲述则需要考量乡村旅游多元利益相关者的故事共建意愿和能力、故事讲述的可信性和显著性以及故事普适性和个性间的均衡性。通过成功的乡村旅游地方故事讲述，可以使听众形成一致的信念和地方认同；通过增强乡村社区居民的代理人意识，提升其获得感和对政府的信赖；通过故事中本地文化的嵌入增强地方文化保护和传承并形成正向的地方形象和地方个性；通过感知自我和地方形象一致，增加游客的获得感，即所谓认知和情感忠诚；通过故事链嵌入，实现村域合建和规模效应，并最终实现乡村旅游的全域性地方品牌化。

四、小结

地方品牌与商品或企业实体品牌不同，内部地方品牌化固然是地方品牌发展的核心内涵，以区别性的地方文化为主体，构建内外部地方消费者的地方认同并形成一致性的地方社会公共形象是可持续地方品牌发展的关键。相比一般实体品牌，地方品牌更具无形性和内部利益相关者的参与性，也更具内外部环境压力所带来的内外部风险脆弱性。因此，在地方品牌营销的初期，构建内外部同商的地方品牌形象，实现内部营销和外部营销的共赢是地方品牌营销成功的关键。尤其是在更以文化和生态脆弱为地方特性的乡村旅游情景下，地方品牌营销需要发掘其可持续品牌进化的方案。

第四部分 结论

第八章 研究结论

一、研究发现

党的十九大报告提出了共建共治共享的社会治理体系。2018年中央一号文件《中共中央、国务院关于实施乡村振兴战略的意见》第一条提出，"到2020年，乡村振兴取得重要进展"。2018年9月，中共中央国务院印发《乡村振兴战略规划（2018—2022年）》，在"十三五"到"十四五"期间，国家持续出台有关乡村振兴的政策和规划，并将其置于一个极为重要的战略位置。乡村兴则国家兴，因此，在规划引导乡村建设的过程中，如何实现制度框架和政策体系、市场环境和品牌效应的高质量发展，成为实现全面脱贫后防止返贫以及可持续脱贫并引领乡村社会全面小康的发展新时期所面临的问题和困境。

乡村旅游一直被视为乡村振兴可持续发展的重要途径。在乡村发展面临社会生态脆弱、文化本真性易失、传统乡村社会认同易破裂、非正式制度的非适应性变迁的背景下，乡村旅游成为实现"一地一品""一村一品"的重要实现路径。

本研究借助地方品牌化理论，对Z省乡村旅游发展路径进行了追踪，为乡村旅游助力乡村振兴和产业高质量发展提供了一定的思路。

地方品牌化是以地方为核心概念，通过刺激利益相关者有效协商，促成差异化和战略性的空间规划方案,结合地方规划者的营销传播策略,实现正面地方形象的传播,从而形成忠诚消费者品牌社区的理论方案。

本研究在对乡村旅游和地方品牌化理论进行多层次分析的基础上,从四个方面对乡村旅游地方品牌化理论和 Z 省实践进行了探索。

首先,通过对 Z 省乡村旅游发展的政策环境、市场环境、资源环境和整体环境的分析,剖析了 Z 省乡村旅游地方品牌化的发展现状和潜力。以强弱项、补短板、抓重点为整体思路,梳理了当下 Z 省乡村旅游发展过程中的相对竞争环境。在政策环境方面,政策目标不清晰、政策执行者获得感较低、政策出台与落实之间存在差距,以及政策资源投入转化比较低一直是限制 Z 省乡村旅游发展的政策瓶颈。在资源环境方面,本地化效应不突出,即地方品牌与地方资源能效不匹配。廊道型或以故事线为核心的资源规模化优势和主题性优势未被合理挖掘。人力资源始终缺位,尤其是本地化旅游管理人才培育机制表面化。生态环境保护和资源开发之间的不协调(一方面是面对生态环境保护的品牌化资源开发弱化,另一方面则是面对地方品牌化资源开发的生态环境保护不利)等问题始终存在。在市场环境方面,Z 省乡村旅游地方品牌的核心——自然和社会文化生态并未得到合理开发。餐饮和住宿设施等满足市场最基础需求的要素,以及作为地方品牌化发展最核心要素的内容被评价为较低表现。同时,服务质量等直接对接人力资源环境的要素,以及作为 Z 省乡村旅游社区最短板的内容,在面对较高表现的主客互动时展现出低的表现。以上均从侧面证实了乡村旅游者地方本真体验是建立在一定水平的基础设施建设和服务基础上的"商业化"建构性本真感知的同时,凸显出 Z 省乡村旅游市场对 Z 省乡村旅游品牌质量的高期待以及低展演之间的冲突。

其次,在对环境进行整体把握的基础上,本研究将乡村社区参与视作 Z 省乡村旅游地方品牌化构建的基石。尤其是乡村社区居民作为地方品牌建设的本真表征和地方大使,内部地方品牌化的成功无疑是地方品牌化可持续发展的保证。以 D 村为案例地,从非正式制度的视角剖析了社区参与的特殊性存在的原因。更进一步,通过符号学的视角,整体剖析了 D 村内部地方品牌化的发展路径和存在问题，捕捉到了因内部地方品牌化路径不清晰而导致政府公信力不足以及乡村社区凝聚力弱化的普遍现象。

最后，更多地从理论发展的角度，对现有的地方品牌化分析框架进行重塑。以 Z 省乡村旅游地方品牌化的典型案例地为基础，通过嵌入皮尔斯符号学理论、内外部环境理论、ICON 地方品牌化理论，以及地方文化、地方认同、地方形象三维度动态地方品牌化模型，梳理了一种可以较为契合 Z 省乡村旅游地方品牌化发展现状、发展前景、潜力分析、路径探索的整合性地方品牌化研究方案，为未来的乡村旅游地方品牌化理论发展提供了参考。

二、研究价值和建议

地方并非等同于空间。差异化的地方可以被定义为个人或集体基于社会记忆对某空间符号赋予差异化意义的过程，其具体表现在空间消费者（包括居民、移民、消费者、潜在投资者等）的地方感、地方认同、地方依恋等方面。然而，国内学界关于地方品牌化的探索更多地停留在以空间区域为对象的品牌集群方面，而关于地方变迁的研究则仅涉及空间移位和社会文化性变化。相比之下，国外则领先一步，将类似的研究更多地移至地方概念的嵌入和地方意义的表达，这是对社会发展的人文关怀。加深地方品牌化和地方变迁理论研究，探索中国不同语境下的理论实践，是对中国学界的迫切要求。另一方面，目前，Z 省已初步完成了 2020 年全面脱贫的任务。然而，仅仅通过补偿性脱贫、易地搬迁等常规脱贫策略，可能难以实现脱贫任务的可持续性，同时也存在因缺乏地方内生动力而返贫的风险。

在这样的背景下，本研究从以下几个方面体现研究的价值。

（1）重塑了地方品牌化理论，增强了其实用性

本研究重塑了地方品牌化理论。首先，明晰了地方品牌化理论的框架和跨学科地位。即地方品牌化作为独立的理论框架，可以通过嵌入不同的

理论对其进行跨学科的分析,如本研究中所使用的增权理论、乡愁理论、本真理论、整合威胁理论和符号学理论等。其次,从整合分析的视角出发,重塑了地方品牌化理论。尤其是通过嵌入内外部环境分析和符号学分析框架,将现有的ICON地方品牌化分析模型和三维度地方品牌化动态分析模型进行了重构,使之更适用于地方品牌化的潜力分析和规划性分析,增强了地方品牌化的实用价值。

(2)明晰了地方品牌化理论的分析框架

本研究明晰了地方品牌化理论的分析框架,将地方品牌化理论定位为宏观和微观视角、环境和内涵视角、案例分析和整体把控视角下两两结合的分析框架。宏观视角下,对地方品牌化发展的总体环境进行把控;微观视角下,对案例对象的地方品牌化内涵进行把握。尤其是将内部地方品牌化和外部地方品牌化区别对待,进而将整合地方品牌化模型分析以及内部营销和外部营销交互分析的方式环环紧扣。

另外,本研究以混合分析的方式,对地方品牌化进行剖解。将层次分析法、IPA分析法等环境分析法作为分析宏观地方品牌发展环境的核心道具;将问卷调查和民族志田野调查作为案例分析地方品牌化的资料收集方法;将符号学和解释现象学分析作为定性资料的分析方法,兼以对个例现象的现象学分析。定性和定量相结合,对地方品牌化进行了全方位把握。

(3)明晰了乡村旅游地方品牌化的理论基础

本研究初次明晰了乡村旅游地方品牌化的理论基础。从理论综述的维度,将乡村旅游和类似概念(如农业旅游、农家乐等)进行了对比。以乡村概念和乡村特性为指导,重新建构了乡村旅游的概念和发展内涵。同时,通过对我国乡村旅游发展的政策环境进行剖析,明晰了中国情境下乡村旅游的发展前景和发展要素。将地方品牌化和类似概念(如区域品牌化、城市品牌化或目的地品牌化)进行了对比。以地方概念和品牌概念、地方特性和品牌特性为指导,重新建构了地方品牌化的概念和应用框架。尤其是基于对国内地方品牌化理论研究不足的认识,明晰了中国情境下地方品牌化理论发展的必要性和关键内涵。进一步,将乡村旅游和地方品牌化结合

第八章 研究结论

分析,奠定了本研究的理论基础。

(4)再次证实了地方品牌化理论在乡村旅游发展中的应用价值

本研究再次证实了地方品牌化理论在乡村旅游发展中的应用价值。尤其是通过内部地方品牌化和外部地方品牌化、地方品牌化内部营销和外部营销以及整合地方品牌化的乡村旅游案例交叉分析,证实了地方品牌化理论在乡村旅游可持续发展和乡村社区参与中的实践性内涵。

针对本研究的研究目的和研究价值,基于地方品牌化视角下的 Z 省乡村旅游发展现状和未来展望,研究凝练出以下几点建议:

第一,构建整合性的公—私部门统筹机制。成功的地方品牌基础是地方利益相关者之间的共同责任,没有任何一方拥有单独开发和实施策略的能力。而在复杂的利益相关者网络中,各方间社会交易不可能实现完全公平。以 D 村为例,本地员工、外聘员工、村委会、普通村民、公司管理层之间交易关系错综复杂,仅仅依靠单一的"中间人"和交易方式难以实现利益相关者机制的可持续稳定。更分散的权力下放以及经济、权力混杂的交易方式可能更有效。而信息不对称同样是利益相关者机制不稳定的因素。整合化的利益相关者协商必须建立公开透明的信息共享机制,以避免地方品牌化的资源分散。

第二,通过情景化和有机化的乡村旅游动态模型满足不同利益相关者的诉求。现有的地方品牌化可以视作地方文化为核心,以激发村民地方认同和游客地方形象感知为共同目的的动态系统。其中,乡村旅游规划者所塑造的地方形象(以宣传片、logo、吉祥物等为载体)扮演着沟通村民地方认同和外部形象一致的重要角色。在调研过程中我们发现,相对于经济获益而言,村民更倾向于能够激发地方认同和文化自信的心理赋权和社会赋权。因此,通过发掘村民的文化自信和社区凝聚,塑造能够激发村民地方认同感的地方形象,有助于促进村民参与和政策配合,减少主客冲突,同时也有助于可持续的地方形象传播。

第三,构建多渠道、创新性的地方品牌宣传体系。包括提升村民的市民意识、鼓励村民利用新媒体构建有效的个人品牌以协助地方形象传播;

通过具有本地化特色的节庆促进乡村地方文化品牌化建设；挖掘有传播性的民族文化故事和传奇人物在提高村民文化自信的同时强化地方品牌的社会记忆等一级营销传播策略。还包括策略性的广告宣传、友好城市对接、选拔旅游宣传大使等二级营销传播策略的活性化。另外，还应该利用地方品牌化构建体系的乡村地方品牌形象舆情监管体系，以促进动态的地方品牌文化变迁和地方品牌风险管控。

第四，采用积极的区域品牌协同发展策略，构建成规模、成体系、全域性质的集群性乡村旅游地方品牌（cluster branding），强化单一品牌应对风险的弹性。调研发现，某国道沿线乡村旅游品牌相对于零散的周边乡村旅游目的地更具有风险弹性和集群效应。因此，我们建议利用"故事性"廊道建设，连接相似品牌形象或具有衔接性的乡村地方品牌，共同发展乡村旅游廊道地方品牌系统，将更有助于Z省乡村旅游地方品牌化发展。

第五，根据乡村旅游目的地生命周期适应性改变地方品牌化策略。乡村旅游目的地生命周期有其特殊性，尤其表现在伴随生命周期阶段而发生改变的本地居民参与程度和旅游发展态度方面。因此，不同生命周期阶段，应采用不同的地方品牌化策略。在初期阶段，应强化乡村政治和促进经济精英参与，通过非正式部门的引导刺激初期品牌化。在成长阶段，应适当嵌入自上而下的政府协调，以促进政策性村民参与。在成熟阶段，应强化外部投资和内部企业家精神，刺激普通村民旅游择业和自主创业。在衰退阶段，应强化知识精英嵌入，引导乡村旅游地方品牌的规模化效应和创新性溢出。

第六，创建"村民主体，协商共治"的民主决策机制。特别是积极利用社交媒体等新兴媒体手段，将村民固化为乡村旅游发展的网络大使，汇集政府、社会和村民/村民组织的多方合力，重视发掘村民的个人组织力量，激发村民的内生动力，共建多维体系，共享地方品牌化发展的成果。具体而言，乡村社区居民同时作为地方大使，即乡村目的地形象的宣传者；文化表征，即乡村目的地访问游客所凝视文化本真符号；以及"选民"，即基层乡村自治工作的实践者等角色。激发乡村社区居民的旅游参与热情，才能够充分激发乡村旅游目的地的内生性，促进乡村旅游目的地的持续动态发展。这样一来，可以减少乡村旅游目的地的政治和经济性财政支出，同时也可以促进乡村旅游的规模化效应，实现区域性的旅游品牌建设。

笔者对Z省具有典型意义的几处乡村旅游目的地进行了田野调查，总结出以下两种较为适合促进Z省乡村旅游目的地本地社区参与的路径。

①精英带动型乡村旅游目的地社区参与路径。较为典型的包括L市Z村政治和经济精英带动型、S市J渔村知识精英带动型、B村知识和经济精英带动型。调研发现，以上几个案例中，精英带动乡村社区参与均属于自下而上的自组织类型，即初期的乡村旅游发展并非自上而下的政府设计。共同的发展都具有偶然性，然而在这种偶然性下，又存在着初期成功发展的必然。首先是精英的号召力，这种号召力一方面是乡村精英本身所具有的村民代表性和乡村社会资本，这种类型的精英一般具有政治精英或经济精英的性质，例如B村目前客栈的规模化经济得益于客栈主人的家族关系网；另一方面则是精英所具有的知识性，这种类型的精英一般具有知识精英的性质。调研发现，在不具备乡村社会资本的前提下，知识精英同样具有村民号召力。例如J渔村前期接纳的各省份的大学生，协助J渔村建立牛皮纪念品电商平台，带动了一批乡村居民主动参与。而且，笔者发现，所有的精英类型都具有知识精英的潜质，即使并非完全意义上的知识精英。例如J渔村牛皮合作社的发起人是非遗文化传承人，这种特点带动了一批村民的主动参与。

在调研中，笔者同样发现，并非所有乡村的精英带头作用都产生了效果。关于精英带动作用的失败，笔者总结存在两个原因。第一是精英俘获的存在，即精英对乡村旅游资源的不公正占用或过多涉入政治性会造成乡村居民的低信任。第二是外来资本或政府的过多涉入压缩了乡村精英发挥的空间。尤其是政府的涉入，虽然在某种程度上规范了乡村旅游的开发，但也抹杀了乡村旅游进一步发展的潜能。使村民产生了"等靠要"的思想，限制了乡村精英的带动性。成功的乡村精英嵌入型乡村旅游发展都在某种程度上得益于基层政府的"无为"政策。但是，无为并不代表不作为。有关 Z 省乡村旅游的调研，结合其他地区乡村旅游的成功案例，笔者发现相当部分的乡村旅游社区参与的成功得益于基层党组织的完备。尤其是党员精英的介入，可以充分提起村民的参与兴趣和获得村民的信任。

②社区增权型乡村旅游目的地社区参与路径。社区增权可以充分带动乡村社区居民的参与。这种增权包括经济增权、心理增权（文化自尊和自我效能）、社会增权（社区凝聚力）和政治增权（政治参与）。但是在笔者的研究中发现，Z 省地区的乡村旅游社区增权有其特殊性。经济增权、心理增权和社会增权固然可以促进村民的旅游参与，但是政治增权反而对其旅游发展态度起到了负面作用，这是一个颠覆性的发现。在进一步的研究中笔者发现，其原因有二：其一，Z 省文化和历史的特殊性导致普通村民并不乐于直接参与政治决策，乡村精英在其中发挥着重要的媒介作用；其二，大部分村民认为政治参与的前景并不乐观，尤其是存在"事后算账"和"形式主义"的现象，这也造成了基层政府管理的困境。这种观念并非短时间内可以改善的。因此，笔者建议，通过社区增权促进 Z 省乡村社区居民参与，应该更多地从心理增权和社会增权入手。经济增权虽然可以带来实际利益，但经济的分配在乡村旅游建设中无法完全做到村民满意，而心理和社会增权反而可以抵消经济增权所带来的负面影响。

经过以上分析，笔者提出了以下几点建议，旨在促进 Z 省乡村旅游社区的参与和发展。

首先，应该充分发挥乡村精英在乡村旅游发展中的作用。具体来说，可以采取以下措施：①发掘具有知识性或社会资本的乡村党员充当精英角色，并构建完善的乡村基层党员组织网络，提升村民的参与信赖。②吸引一批能干事实、愿干实事的大学生下乡实习，更新乡村社区居民的参与理念。同时加强本地旅游专家的作用，刺激乡村旅游类专家研究成果的地方转化。③刺激具有乡村社区社会资本的乡村精英发挥其社会嵌入性，以家族式、近缘式方式促进乡村社区居民参与，并在短时间内形成规模化效益。

其次，应该充分提升乡村社区居民的心理增权和社会增权感知，淡化经济增权效果，保守性地强化政治增权。可以通过社会性宣传、文化电影、忆苦思甜、集体记忆回忆等方式，提升乡村社区居民的文化自信和旅游参与自豪感，并借此增强乡村社区凝聚力。

三、研究不足与困惑

乡村旅游发展和乡村社区参与的相关研究一直是旅游社会学和旅游人类学的热门话题。层出不穷的理论框架和研究方法不断刷新着相关的研究领域。然而，细数相关研究，不难发现几个问题，首先，大部分研究仅仅是将新的理论套用到旧的问题上，为了出成果而出成果，但是旧的问题是否真正被解决了呢？未必！其次，大多数研究将理论上升到过高的高度，脱离了实践性。是否理论和实践一定要分道而行？"阿者科"计划可能是最好的回应。地方品牌化理论在国外一直获得很好的发展，甚至有"*Place Branding*"为名的期刊，但在中国并未得到应有的解释。究其原因不过如此，该理论很难从纯理论层面进行探讨，因此"劝退"了很多以理论为导向的国内学者。加之该理论的跨学科性和其他理论的兼容性较强，难以进行全面的思考。

本研究尝试解决了上述的困惑和问题，但学术总是在困惑中发展，随着初期的目的达成，更多的困惑涌现。

首先，乡村旅游地方品牌化是否能找到一个固定的路径呢？这种固定的路径并非是说放之四海而皆准的套路，而是可供操作的方式。虽然本研究试图发现这样一个套路，但随着更多的研究案例纳入研究者的田野，研究者发现，地方品牌化的嵌入牵一发而动全身，不同的内外部环境塑造不同的构建方向，仅仅利用工具性的思维去套用地方品牌化理论远远不足。

其次，本研究的结论之一，廊道型、故事型、主题型的 Z 省乡村旅游品牌如何具体建立，这其中，政治、经济分配和历史遗留问题成为最大的困境。Z 省现有的乡村旅游品牌大多以村组为单位，莫说形成区域性的规模效应，以村为单位，形成村居品牌尚未成功，全域性的发展也只能纸上谈兵。

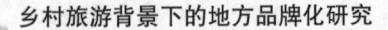

最后，如何突破指标性的、结果导向的和短平快的乡村旅游发展思路，Z省现有的乡村旅游成功案例大多以政府招标、企业参与、村委分红为主流。这其中，难以体现村民的主观能动性以及真正激发社区自生性和内生性。一旦企业完成招标任务撤走，乡村旅游品牌瞬间被打回原形，而政府和企业、村委则成为唯一受益者。地方品牌化思维需要政府长期的引导和持续不断的培训以及资源，尤其是人力资源投入，与政府现有的"规划性"目标导向思维存在差距，如何让政府理解并接受地方品牌化是最根本的问题。

参考文献

英文文献

A

Aaker J. L., 1997. Dimensions of brand personality [J]. Journal of Marketing Research, 34 (3): 347-356.

Aaker & Jennifer L., 1999. The Malleable Self: The Role of Self-Expression in Persuasion [J]. Journal of Marketing Research, 36 (1): 45-57.

Aaker D. A., 2004. Leveraging the corporate brand [J]. California Management Review, 46 (3): 6-18.

Abreu Novais M., Ruhanen L. & Arcodia C., 2018. Destination competitiveness: a phenomenographic study [J]. Tourism Management, 64: 324-334.

Abubakar A. A., 2012. Political participation and discourse in social media during the 2011 presidential electioneering [J]. The Nigerian Journal of Communication, 10 (1): 96-116.

Ahn J., 2019. Consideration of rosy-and blue-side attachment with integrated resort brands [J]. Journal of Destination Marketing & Management, 13: 1-9.

Aitken R. & Campelo A., 2011. The four Rs of place branding [J]. Journal of Marketing Management, 27 (9): 913-933.

Alexander Josiassen., 2015. Rethinking destination image: a destination imagery and image approach [J]. Proceedings of SPIE-The International Society for Optical Engineering: 8125 (1): 172-176.

Ames M. & Naaman M., 2007. Why we tag: motivations for annotation in mobile and online media [M]. Paper presented at the Proceedings of the SIGCHI conference on Human factors in computing systems.

Anderson R. E., 1973. Consumer dissatisfaction: the effect of disconfirmed expectancy on perceived product performance [J]. Journal of Marketing Research, 10 (1): 38-44.

Andereck K. L., Valentine K. M. & Knopf R. C., et al., 2005. Residents' perceptions of community tourism impacts [J]. Annals of Tourism Research, 32 (4): 1056-1076.

Andrea, Insch & Magdalena, et al., 2008. A great place to live, work and play: conceptualising place satisfaction in the case of a city's residents [J]. Journal of Place Management and Development, 1 (2): 138-149.

Anton C. E. & Lawrence C., 2014. Home is where the heart is: the effect of place of residence on place attachment and community participation [J]. Journal of Environmental Psychology, 40: 451-461.

Anholt & Simon., 2006. The Anholt-gmi city brands index: how the world sees the world's cities [J]. Place Branding, 2 (1): 18-31.

Ap J., 1992. Residents' perceptions on tourism impacts [J]. Annals of Tourism Research, 19 (4): 665-690.

Ashworth G., 2009. The Instruments of Place Branding: How is it Done?[J]. European Spatial Research & Policy, 16 (1): 9-22.

Armenski T., Dragičević V. & Pejović L., et al., 2011. Interaction between tourists and residents: Influence on tourism development [J]. Polish

Sociological Review: 107-118.

Ashworth G. & Kavaratzis M., 2010. Towards effective place brand management. Annals of Tourism Research, 38（3）: 1210-1211.

B

Babin B. J., Darden W. R. & Griffin M., 1994. Work and/or fun: Measuring hedonic and utilitarian shopping value [J]. Journal of Consumer Research, 20（4）: 644-656.

Baloglu S. & Mccleary K. W., 1999. A model of destination image formation [J]. Annals of Tourism Research, 26（4）: 868-897.

Barthes R., 1991. Mythologies [M]. New York: Noonday Press.

Baxter J. & Kerr G., 2011. The meaning and measurement of place identity and place image of towns and cities in New South Wales [C]. Paper presented at the ERSA conference papers.

Bergstrom A., Blumenthal D. & Crothers S., 2002. Why internal branding matters: the case of Saab [J]. Corporate Reputation Review, 5（2-3）: 133-142.

Berg P. O. & Sevón, Guje., 2014. Food-branding places-a sensory perspective [J]. Place Branding & Public Diplomacy, 10（4）.

Berg L. V. D. & Braun E., 1999. Urban competitiveness, marketing and the need for organising capacity [J]. Urban Studies, 36（5）: 987-999.

Beza B. B. & Hernández-Garcia J., 2018. From placemaking to sustainability citizenship [J]. Journal of Place Management & Development, 11（2）: 192-207.

Biel A. L., 1992. How brand image drives brand equity [J]. Journal of Advertising Research, 32（6）.

Bingham N., 1996. Object-ions: from technological determinism towards geographies of relations [J]. Environment and Planning D: Society and

Space, 14 (6): 635-657.

Boley B. B. & Mcgehee N. G., 2014. Measuring empowerment: developing and validating the resident empowerment through tourism scale (rets) [J]. Tourism Management, 45 (12): 85-94.

Botschen G., Promberger K. & Bernhart J., 2017. Brand-driven identity development of places [J]. Journal of Place Management & Development, 10 (2): 152-172.

Bong Na W., Marshall R. & Lane Keller K., 1999. Measuring brand power: validating a model for optimizing brand equity [J]. Journal of Product & Brand Management, 8 (3): 170-184.

Bosak K. & Zaret K., 2010. Deconstructing the' crown of the continent': power, politics and the process of creating national geographic's geotourism mapguides [J]. Tourism Geographies, 12 (3): 460-480.

Bratt J., 2018. Return to the east: Tourism promotion as legitimation in Qiandongnan, China [J]. Tourist Studies, 18 (1): 21-40.

Braun E., Kavaratzis M. & Zenker S., 2013. My city-my brand: the different roles of residents in place branding [J]. Journal of Place Management and Development, 6 (1): 18-28.

Brown T. J., Dacin P. A. & Pratt M. G., et al., 2006. Identity, intended image, construed image, and reputation: an interdisciplinary framework and suggested terminology [J]. Journal of the Academy of Marketing Science, 34 (2): 99.

Büchi M., Festic N. & Latzer M., 2019. Digital Overuse and Subjective Well-Being in a Digitized Society [J]. Social Media+ Society, 5 (4): 205-211.

Buta N., Holland S. M. & Kaplanidou K., 2014. Local communities and protected areas: the mediating role of place attachment for pro-environmental civic engagement [J]. Journal of Outdoor Recreation & Tourism, 5-6: 1-10.

Buzinde C. N. & Manuel-Navarrete D., 2013. The social production of space in tourism enclaves: Mayan children's perceptions of tourism boundaries [J]. Annals of Tourism Research, 43: 482–505.

C

Cai L. A., 2002. Cooperative branding for rural destinations [J]. Annals of Tourism Research, 29 (3): 720–742.

Carlos & Monterrubio., 2016. The impact of spring break behaviour: an integrated threat theory analysis of residents' prejudice [J]. Tourism Management, 54 (6): 418–427.

Carlson B. D., Suter T. A. & Brown T. J., 2008. Social versus psychological brand community: the role of psychological sense of brand community [J]. Journal of Business Research, 61 (4): 284–291.

Castillo-Villar F., 2016. Urban icons and city branding development [J]. Journal of Place Management & Development, 3: 255–268.

Castells M., 2011. The rise of the network society 12 [M]. New York: John Wiley & Sons.

Cassinger C. & Eksell J., 2017. The magic of place branding: regional brand identity in transition [J]. Journal of Place Management & Development, 10 (4): 00–00.

Campelo A., Aitken R. & Thyne M., et al., 2013. Sense of place: the importance for destination branding [J]. Journal of Travel Research, 53 (2): 154–166.

Cerda-Bertomeu M. J. & Sarabia-Sanchez F. J., 2016. Stakeholders' perceptions of place branding and the role of the public sector: an exploratory analysis [J]. Place Branding and Public Diplomacy, 12 (4): 299–313.

Chan C. & Marafa L., 2013. A review of place branding methodologies in the new millennium [J]. Place Branding & Public Diplomacy, 9 (4): 236–253.

Chen N., Dwyer L. & Firth T., 2014. Effect of dimensions of place attachment on residents' word-of-mouth behavior [M] Tourism Geographies: An International Journal of Tourism Space, Place and Environment.

Chen I. L., Scott N. & Benckendorff P., 2017. Mindful tourist experiences: a buddhist perspective [J]. Annals of Tourism Research, 64(5): 1-12.

Chen C. C., Huang W. J. & Gao J., et al., 2018. Antecedents and consequences of work-related smartphone use on vacation: An exploratory study of Taiwanese tourists [J]. Journal of Travel Research, 57(6): 743-756.

Cheng C. K. & Kuo H. Y., 2015. Bonding to a new place never visited: exploring the relationship between landscape elements and place bonding [J]. Tourism Management, 46(2): 546-560.

Chiu C. M., Huang H. Y. & Cheng H. L., et al., 2015. Understanding online community citizenship behaviors through social support and social identity [J]. International Journal of Information Management, 35(4): 504-519.

Choi H. C. & Murray I., 2010. Resident attitudes toward sustainable community tourism [J]. Journal of Sustainable Tourism, 18(4): 575-594.

Chubchuwong M. & Speece M., 2016). The "People" Aspect of Destination Attachment in International Tourism [J]. Journal of Travel & Tourism Marketing, 33(3): 348-361.

Chung-shing Chan, Lawal M. & Marafa., 2013. A review of place branding methodologies in the new millennium [J]. Place Branding & Public Diplomacy, 9: 236-353.

Clayton Jon., Hawkins, Lee-Anne J. & Ryan., 2008. Festival spaces as third places [J]. Journal of Place Management and Development, 6(3): 192-202.

Clarkson M. E., 1995. A stakeholder framework for analyzing and evaluating corporate social performance [J]. Academy of Management Review, 20 (1): 92–117.

Cleave E., Arku G. & Sadler R., et al., 2016. The role of place branding in local and regional economic development: bridging the gap between policy and practicality [J]. Regional Studies Regional Science, 3 (1): 207–228.

Cole S., 2006. Information and empowerment: the keys to achieving sustainable tourism [J]. Journal of Sustainable Tourism, 14 (6): 629–644.

Cohen E., 1979. Rethinking the Sociology of Tourism [J]. Annals of Tourism Research, 6: 18–35.

Croes R. & Kubickova M., 2013. From potential to ability to compete: towards a performance-based tourism competitiveness index [J]. Journal of Destination Marketing & Management, 2 (3): 146–154.

Crouch D., Aronsson L. & Wahlstrom L., 2013. Tourist encounters [J]. Tourist Studies, 1 (3): 253–270.

Cross & Eileen J., 2015. Processes of place attachment: an interactional framework [J]. Symbolic Interaction, 38 (4): 493–520.

D

Dann & Graham, 1996. Tourists' Images of a Destination–An Alternative Analysis [J]. Journal of Travel & Tourism Marketing, 5 (1-2): 41–55.

Danesi M., 2013. Semiotizing a product into a brand [J]. Social Semiotics, 23 (4): 464–476.

Dahlgren P., 2015. The global public sphere: public communication in the age of reflective interdependence [J]. Information Communication & Society, 18 (11): 1423–1425.

Davis J. S. & Morais D. B., 2004. Factions and enclaves: small towns and socially unsustainable tourism development [J]. Journal of Travel

Research, 43 (1): 3-10.

de Lencastre P. & Côrte-Real A., 2013. Brand response analysis: a Peircean semiotic approach [J]. Social Semiotics, 23 (4): 489-506.

Decrop A., 2010. Destination choice sets: an inductive longitudinal approach [J].Annals of Tourism Research, 37 (1): 93-115.

Dinnie K., 2004. Place branding: overview of an emerging literature [J]. Place Branding, 1 (1): 106-110.

Dinnie K., 2015. Nation branding: Concepts, issues, practice [M]. Oxford: Routledge.

Dioko L. & María Munar Ana., 2011. Tourist - created content: rethinking destination branding [J]. International Journal of Culture Tourism & Hospitality Research, 5 (3): 291-305.

Dogra R. & Gupta A., 2012. Barriers to community participation in tourism development: empirical evidence from a rural destination [M]. South Asian Journal of Tourism & Heritage, 5 (1): 129-142.

Dolores M. Frías-Jamilena, Sabiote-Ortiz C. M. & Josefa D. Martín-Santana, et al., 2018. The effect of cultural intelligence on consumer-based destination brand equity [J]. Annals of Tourism Research, 72: 22-36.

Donner M., Horlings L. & Fort F., et al., 2016. Place branding, embeddedness and endogenous rural development: Four European cases [J]. Place Branding & Public Diplomacy, 8 (4): 1-20.

Dredge D., 2010. Place change and tourism development conflict: evaluating public interest [J]. Tourism Management, 31 (1): 104-112.

Dredge D. & Jenkins J., 2003. Destination place identity and regional tourism policy [J]. Tourism Geographies, 5 (4): 383-407.

Droseltis O. & Vignoles V. L., 2010. Towards an integrative model of place identification: dimensionality and predictors of intrapersonal-level place preferences [J]. Journal of Environmental Psychology, 30 (1): 23-34.

Dwyer L., Forsyth P. & Dwyer W., 2009. Tourism and economic development three tools of analysis [J]. Tourism Recreation Research, 34(3): 307-318.

E

Echtne C. M., 1999. The semiotic paradigm: implications for tourism research [J]. Tourism Management, 20(1): 47-57.

Echtner & Ritchie, 2003. The Meaning and Measurement of Destination Image [J].The Journal of Tourism Studies, 14(1).

Ehrkamp P., 2006. Place: a short introduction by Tim Cresswell [J]. Canadian Geographer, 58(4): 492-493.

Elliott H., Gunaratnam Y. & Hollway W., et al., 2009. Practices, Identification and Identity Change in the Transition to Motherhood [M]. UK: Palgrave Macmillan.

Elliot J., 1983. Politics, power, and tourism in Thailand [J]. Annals of Tourism Research, 10(3): 377-393.

F

Fallon P. & Schofield P., 2006. The dynamics of destination attribute importance [J]. Journal of Business Research, 59(6): 709-713.

Farmaki A., Christou P. & Saveriades A., 2020. A Lefebvrian analysis of Airbnb space [J]. Annals of Tourism Research, 80: 102-113.

Faucher-King F., 2009. Identity, place, knowledge: Social movements contesting globalization-By Janet M. Conway [J]. International Journal of Urban and Regional Research, 33(4): 1084-1085.

Felix G., Bello & Brent, et al., 2016. Constraints of community participation in protected area-based tourism planning: the case of Malawi [J]. Journal of Ecotourism, 16(2): 131-151.

Fournier S. & Yao J. L., 1997. Reviving brand loyalty: a reconceptualization within the framework of consumer-brand relationships [J]. International Journal of Research in Marketing, 14 (5): 451-472.

Fournier S. & Alvarez C., 2011. Brands as relationship partners: warmth, competence, and in-between [J]. Journal of Consumer Psychology, 22 (2): 177-185.

Frankenberg Ronald, 1966. Communities in Britain: Social Life in Town and Country [M]. Harmondsworth: Penguin Books: 313.

G

Gao J., Ryan C. & Cave J., et al., 2019. Tourism border-making: a political economy of China's border tourism [J]. Annals of Tourism Research, 76: 1-13.

Gartner W. C., 1994. Image formation process [J]. Journal of Travel & Tourism Marketing, 2 (2-3): 191-216.

Gelya & Frank., 1988. Beyond stigma: visibility and self-empowerment of persons with congenital limb deficiencies [J]. Journal of Social Issues, 44 (1): 95-115.

George Allen Principal, 2010. Place Branding: New Tools for Economic Development [J]. Design Management Review, 18 (2): 60-68.

Giddens A, 1995. Time-space distanciation and the generation of power [M] //A contemporary critique of historical materialism. Macmillan Education UK: 90-108.

Giraldi A. & Cesarco L., 2016. Film marketing opportunities for the well-known tourist destination [J]. Place Branding & Public Diplomacy, 13 (2): 1-12.

Goeldner C. R. & Ritchie J. R., 2003. Tourism: principles, practices, philosophies [M]. Hoboken, NJ: John Wiley & Sons.

Gordon Wendy & Sally Ford-Hutchinson, 2002. Brains and brands: rethinking the consumer [J]. Admap, 37 (1; ISSU 424): 47-50.

Govers & Robert., 2011. From place marketing to place branding and back [J]. Place Branding & Public Diplomacy, 7 (4): 227-231.

Graumann, 1983. On Multiple Identities [J]. International Social Science Journal, 35 (2).

Greiner C. & Sakdapolrak P., 2013. Translocality: concepts, applications and emerging research perspectives [J]. Geography Compass, 7 (5): 373-384.

Gu H. & Ryan C., 2008. Place attachment, identity and community impacts of tourism——the case of a Beijing hutong [J]. Tourism Management, 29 (4): 637-647.

Guadalupe, Jiménez-Esquinas Cristina & Sánchez-Carretero., 2017. Who owns the name of a place? on place branding and logics in two villages in Galicia, Spain [J]. Tourist Studies, 18 (1): 4.

Gustafson P., 2001. Meanings of place: Everyday experience and theoretical conceptualizations [J]. Journal of Environmental Psychology, 21 (1): 5-16.

H

Halfacree K. H., 1993. Locality and social representation: space, discourse and alternative definitions of the rural [J]. Journal of Rural Studies, 9 (1): 23-37.

Harb A. A., Fowler D. & Chang H. J. J., et al., 2019. Social media as a marketing tool for events [J]. Journal of Hospitality and Tourism Technology, 10 (1): 28-44.

Hammitt W. E., Backlund E. A. & Bixler R. D., 2006. Place bonding for recreation places: conceptual and empirical development [J]. Leisure

Studies, 25 (1): 17–41.

Hansen R., 2010. The narrative nature of place branding [J]. Place Branding & Public Diplomacy, 6 (4): 268–279.

Haven-Tang C. & Sedgley D., 2014. Partnership working in enhancing the destination brand of rural areas: a case study of made in Monmouthshire, Wales, Uk [J]. Journal of Destination Marketing & Management, 3 (1): 59–67.

Hay R., 1998. Sense of place in developmental context [J]. Journal of Environmental Psychology, 18 (1): 5–29.

Hays S., Page S. J. & Buhalis D., 2013. Social media as a destination marketing tool: its use by national tourism organizations [J]. Current Issues in Tourism, 16 (3): 211–239.

Henninger C. E., Foster C. & Alevizou P. J., et al., 2016. Stakeholder engagement in the city branding process [J]. Place Branding and Public Diplomacy, 12 (4): 285–298.

Hernández, et al., 2007. Place attachment and place identity in natives and non-natives-sciencedirect [J]. Journal of Environmental Psychology, 27 (4): 310–319.

Hirsch E. & Silverstone R., 2003. Consuming technologies: Media and information in domestic spaces [M]. London: Routledge.

Hjarvard S., 2008. The mediatization of society: A theory of the media as agents of social and cultural change [J]. Nordicom Review, 29 (2): 102–131.

Holbrook M. B., 1993. Nostalgia and consumption preferences: some emerging patterns of consumer tastes [J]. Journal of Consumer Research, 2: 245–256.

Hudak K. C., 2019. Resident stories and digital storytelling for participatory place branding [J]. Place Branding and Public Diplomacy, 15: 97–108.

Hycner R. H., 1985. Some guidelines for the phenomenological analysis of interview data [J]. Human Studies, 8(3): 279–303.

J

Jansson A., 2013. Mediatization and social space: Reconstructing mediatization for the transmedia age [J]. Communication Theory, 23(3): 279–296.

Jean-Noël Kapferer & Azoulay A., 2003. Do brand personality scales really measure brand personality? [J]. Journal of Brand Management, 11(2): 143–155.

Jenniina & Sihvonen., 2019. Understanding the drivers of consumer-brand identification [J]. Journal of Brand Management, 26(5): 583–594.

Johnson R., 1986. What is Cultural Studies Anyway? [J]. Social Text, 6: 38–80.

John Deborah Roedder, Loken & Barbara, et al., 2006. Brand Concept Maps: A Methodology for Identifying Brand Association Networks [J]. Journal of Marketing Research, 43(4): 549–563.

Jordan E. J., Vogt C. A. & DeShon R. P., 2015. A stress and coping framework for understanding resident responses to tourism development [J]. Tourism Management, 48: 500–512.

Jorgensen B. S. & Stedman R. C., 2001. Sense of place as an attitude: lakeshore owners attitudes toward their properties [J]. Journal of Environmental Psychology, 21(3): 233–248.

K

Kahle L. R., Poulos B. & Sukhdial A., 1970. Changes in social values in the united states during the past decade [J]. Journal of Advertising Research, 28(1): 35–41.

Kalandides A., 2011. The problem with spatial identity: revisiting the "sense of place" [J]. Journal of Place Management & Development, 4(1): 28-39.

Kalandides A., Mueller A. & Schade M., 2012. Symbols and place identity [J]. Journal of Place Management & Development, 5(1): 81-92.

Karine & Dupre., 2019. Trends and gaps in place-making in the context of urban development and tourism: 25 years of literature review [J]. Journal of Place Management & Development.

Kavaratzis M., 2005. Place Branding: A Review of Trends and Conceptual Models [J]. Marketing Review, 5(4): 329-342.

Kavaratzis M. & Hatch M. J., 2013. The dynamics of place brands: an identity-based approach to place branding theory[J]. Marketing Theory, 13(1): 69-86.

Kastenholz E., Davis D. & Paul G., 1999. Segmenting tourism in rural areas: the case of north and central Portugal [J]. Journal of Travel Research, 37(4): 353-363.

Kayat K., 2008. Stakeholders' perspectives toward a community-based rural tourism development [J]. European Journal of Tourism Research, 1(2): 94-111.

Keller K. L. & Lehmann D. R., 2006. Brands and branding: research findings and future priorities [J]. Marketing Science, 25(6): 740-759.

Kelly & Meghan., 2017. Analysing the complex relationship between logo and brand [J]. Place Branding & Public Diplomacy, 13(1): 18-33.

Kelly S. & Bric., 2010. Level of specialization and place attachment: an exploratory study of whitewater recreationists [J]. Leisure Sciences, 22(4): 233-257.

Kemp E., Childers C. Y. & Williams K. H., 2012. Place branding: creating self-brand connections and brand advocacy [J]. Journal of Product &

Brand Management, 21 (7): 508-515.

Khan M. L., 2017. Social media engagement: What motivates user participation and consumption on YouTube? [J]. Computers in Human Behavior, 66: 236-247.

Kieffer C. H., 1983. Citizen empowerment: a developmental perspective [J]. Prevention in Human Services, 3 (2-3): 9.

Kladou, Kavaratzis & Irini, et al., 2017. The role of brand elements in destination branding [J]. Journal of Destination Marketing & Management, 6 (4): 426-435.

Kladou S. & Kehagias J., 2014. Assessing destination brand equity: an integrated approach [J]. Journal of Destination Marketing & Management, 3 (1): 2-10.

Knox S. & Bickerton D., 2003. The six conventions of corporate branding [J]. European Journal of Marketing, 37 (7): 998-1016.

Kock F., Josiassen A. & Assaf A. G., 2016. Advancing destination image: the destination content model [J]. Annals of Tourism Research, 61 (11): 28-44.

Kohli C. S., Harich K. R. & Leuthesser L., 2005. Creating brand identity: a study of evaluation of new brand names [J]. Journal of Business Research, 58 (11): 1506-1515.

Konecnik M. & Gartner W. C., 2007. Customer-based brand equity for a destination [J]. Annals of Tourism Research, 34 (2): 400-421.

Krotz F., 2007. The meta-process of mediatization as a conceptual frame [J]. Global Media and Communication, 3 (3): 256-260.

Kulczycki & Cory., 2014. Place meanings and rock climbing in outdoor settings [J]. Journal of Outdoor Recreation & Tourism, 7-8: 8-15.

L

Leary M. E., 2013. A Lefebvrian analysis of the production of glorious, gruesome public space in Manchester [J]. Progress in Planning, 85: 1-52.

Lefebvre H., 1991. The Production of Space [M]. Oxford UK &Cambridge USA: Blackwell.

Lee J., Arnar Árnason & Nightingale A., et al., 2010. Networking: social capital and identities in european rural development [J]. Sociologia Ruralis, 45 (4): 269-283.

Lew & Alan A., 2017. Tourism planning and place making: place-making or placemaking? [J]. Tourism Geographies, 19 (3): 1-19.

Li Xiang, (Robert) Lai & Kun., 2016. Tourism destination image: conceptual problems and definitional solutions [J]. Journal of Travel Research the International Association of Travel Research & Marketing Professionals, 55 (8): 1065-1080.

Li Y., Zhang H. & Zhang D., et al., 2019. Mediating urban transition through rural tourism [J]. Annals of Tourism Research, 75: 152-164.

Line N. & Wang Y., 2017. A multi-stakeholder market-oriented approach to destination marketing [J]. Journal of Destination Marketing & Management, 16: 35-51.

Liu D., 2014. Mandalized village: Holy scene and ecological view of Gaxue in Changdu, Tibet [J]. Nationalities Research in Qinghai, 25 (3): 23-27.

Liu J., Huang F. & Wang Z., et al., 2020. Understanding the role of rural poor's endogenous impetus in poverty reduction: evidence from china [J]. Sustainability, 12 (6): 1-16.

Livingstone S., 2007. On the material and the symbolic: Silverstone's double articulation of research traditions in new media studies [J]. New Media

& Society, 9（1）：16-24.

Lucília Cardoso, Dias F. & Arthur Filipe de Araújo, et al., 2019. A destination imagery processing model: structural differences between dream and favourite destinations［J］. Annals of Tourism Research, 74: 81-94.

Lucarelli A., 2018. Co-branding public place brands: towards an alternative approach to place branding［J］.Place Branding Public Diplomacy,（3）: 1-12.

Lundgren A. S. & Johansson A., 2017. Digital rurality: Producing the countryside in online struggles for rural survival［J］. Journal of Rural Studies, 51: 73-82.

Lyu S. O., 2016. Travel selfies on social media as objectified self-presentation［J］.Tourism Management, 54: 185-195.

M

Maarit, Vuorinen & Marita, et al., 2013. Challenges in joint place branding in rural regions［J］. Place Branding & Public Diplomacy, 9（3）: 154-163.

Mackey J. & Sisodia R., 2013. Conscious Capitalism: Liberating the Heroic Spirit of Business［M］. Cambridge, Boston Metropolitan Area, Massachusetts, USA: Harvard Business Review Press.

MacCannell D., 1976. The Tourist: A New Theory of the Leisure Class［M］. Berkeley, CA: University of California Press.

Malone C. & Fiske S. T, 2017. 人文品牌：如何建立品牌与人、产品、公司之间的关系［M］. 北京：经济管理出版社.

Martin E & Capelli S., 2018. Place Brand Communities: From Terminal to Instrumental Values［J］. Journal of Product & Brand Management, 27（7）: 793-806.

Maruyama N U, Woosnam K M, Boley B B, 2017. Residents' attitudes toward ethnic neighborhood tourism (ent): perspectives of ethnicity and empowerment [J]. Tourism Geogr, 2017, 19 (2): 265-286.

Maoz D., 2006. The mutual gaze [J]. Annals of Tourism Research, 33(1): 221-239.

Marzo-Navarro M., Pedraja-Iglesias M. & Vinzón L., 2017. Key variables for developing integrated rural tourism. Tourism Geographies, 19 (4): 586-612.

McClellan A., 2013. A case of identity: Role playing, social media and BBC Sherlock [J]. The Journal of Fandom Studies, 1 (2): 139-157.

McCreary A., Seekamp E. & Davenport M., et al., 2019. Exploring qualitative applications of social media data for place-based assessments in destination planning [J]. Current Issues in Tourism, 23 (1): 1-17.

McAndrew F. T., 1998. The measurement of "rootedness" and the prediction of attachment to hometowns in college students [J]. Journal of Environmental Psychology, 18 (4): 409-417.

McCabe S. & Foster C., 2006. The role and function of narrative in tourist interaction [J]. Journal of Tourism and Cultural Change, 43 (3): 194-215.

Mckercher B., Wang D. & Park E., 2015. Social impacts as a function of place change [J]. Annals of Tourism Research, 50: 52-66.

Mechthild Donner, Lummina Horlings & Fatiha Fort, et al., 2017. Place branding, embeddedness and endogenous rural development: four European cases [J]. Place Branding and Public Diplomacy, 13: 273-292.

Meek S., Ogilvie M. & Lambert C., et al., 2019. Contextualizing social capital in online brand communities [J]. Journal of Brand Management, 26: 426-444.

Mick D. G. & Politi L G., 1989. Consumers' Interpretations of Advertising Imagery: a Visit to the Hell of Connotation [M] //E. C. Hirschman (Ed.): Interpretive Consumer Research. Provo: Association for Consumer

Research.

Mihailovich P., 2006. Kinship branding: a concept of holism and evolution for the nation brand [J]. Place Branding, 2(3): 229-247.

Miličević K., Mihalič T. & Sever I., 2017. An investigation of the relationship between destination branding and destination competitiveness [J]. Journal of Travel & Tourism Marketing, 34(2): 1-13.

Mueller A. & Schade M., 2012. Symbols and place identity: A semiotic approach to internal place branding – case study Bremen (Germany) [J]. Journal of Place Management & Development, 5(1): 81-92.

Molinillo S., Anaya-Sánchez R. & Morrison A. M., et al., 2019. Smart city communication via social media: Analysing residents' and visitors' engagement [J]. Cities, 94: 247-255.

Morley D. & Silverstone R., 1990. Domestic communication-technologies and meanings [J]. Media, Culture & Society, 12(1): 31-55.

Mueller A. & Schade M., 2012. Symbols and place identity: A semiotic approach to internal place branding - case study Bremen (Germany) [J]. Journal of Place Management and Development, 5(1): 81-92.

Mustafa H., Omar B. & Mukhiar S. N. S., 2020. Measuring destination competitiveness: an importance-performance analysis (ipa) of six top island destinations in south east asia [J]. Asia Pacific Journal of Tourism Research, 25(3): 223-243.

N

Nadeau J., Heslop L. & Norm O'Reilly, et al., 2008. Destination in a country image context [J]. Annals of Tourism Research, 35(1): 84-106.

Narangajavana Y., Fiol L. J. C. & Tena M. Á. M., et al., 2017. The influence of social media in creating expectations. An empirical study for a tourist destination [J]. Annals of Tourism Research, 65: 60-70.

Nazmfar H., Eshghei A. & Alavi, S., et al., 2019. Analysis of travel and tourism competitiveness index in middle-east countries [J]. Asia Pacific Journal of Tourism Research, 24（6）: 501-513.

Nikos, Ntounis & Mihalis, et al., 2017. Re-branding the high street: the place branding process and reflections from three UK towns [J]. Journal of Place Management & Development, 10（4）: 392-403

North D, 1990. Institutions, institutional change, and economic performance [M]. Cambridge: Cambridge University Press.

Nursanty E., Suprapti A. & Syahbana J., 2016. The application of tourist gaze theory to support city branding in the planning of the historic city Surakarta, Indonesia [J]. Place Branding & Public Diplomacy, 13（3）: 1-19.

Nunkoo R. & Ramkissoon H., 2011. Residents' satisfaction with community attributes and support for tourism [J]. Journal of Hospitality & Tourism Research, 35（2）: 171-190.

O

Oliveira E., 2015. Place branding as a strategic spatial planning instrument [J]. Place Branding & Public Diplomacy, 11（1）: 18-33.

Oliveira E., 2016. Place branding as a strategic spatial planning instrument: a theoretical framework to branding regions with references to northern portugal [J]. Journal of Place Management & Development, 9（1）: 47-72.

Onwezen M. C., Reinders M. J. & Sijtsema S. J., 2017. Understanding intentions to purchase bio-based products: the role of subjective ambivalence [J]. Journal of Environmental Psychology, 52: 26-36.

P

Paasi & Anssi., 2010. Regions are social constructs, but who or what 'constructs' them? agency in question [J]. Environment & Planning A, 42 (10): 2296-2301.

Pan J., 2020. Temporality alignment: how WeChat transforms government communication in Chinese cities [J]. Chinese Journal of Communication, 13 (3): 241-257.

Panelas & Tom., 1982. Yearning for yesterday: a sociology of nostalgia. by fred davis [J]. American Journal of Sociology, 87 (6): 1425-1427.

Pansiri J. & Mmereki R. N., 2010. Perceived impact of tourism on rural and urban communities in Botswana [J]. WIT Transactions on Ecology and the Environment, 142: 605-617.

Papasolomou I. & Vrontis D., 2006. Using internal marketing to ignite the corporate brand: the case of the uk retail bank industry [J]. Journal of Brand Management, 14 (1-2): 177-195.

Papadopoulos & Nicolas., 2004. Place branding: evolution, meaning and implications [J]. Place Branding, 1 (1): 36-49.

Park C., Macinnis D. J. & Priester J., et al., 2010. Brand attachment and brand attitude strength: conceptual and empirical differentiation of two critical brand equity drivers [J]. Journal of Marketing, 74 (6): 1-17.

Park C. W., Eisingerich A. B. & Park J. W., 2013. Attachment-aversion (aa) model of customer-brand relationships [J]. Social Science Electronic Publishing, 23 (2): 229-248.

Pedeliento G. & Kavaratzis M., 2019. Bridging the gap between culture, identity and image: a structurationist conceptualization of place brands and place branding [J]. Journal of Product & Brand Management, 28 (3): 348-363.

Pedro, Quelhas & Brito, et al., 2015. Tourism brochures: linking message strategies, tactics and brand destination attributes [J]. Tourism Management, 48 (6): 123-138.

Pesonen J. A., 2012. Segmentation of rural tourists: combining push and pull motivations [J]. Tourism and Hospitality Management, 18 (1): 69-82.

Phillip S., Hunter C. & Blackstock K., 2010. A typology for defining agritourism [J]. Tourism Management, 31 (6): 754-758.

Pine B. & Gilmore J., 1999. The Experience Economy: Work is Theatre & Every Business a Stage [M]. Cambridge, Boston Metropolitan Area, Massachusetts, USA: Harvard Business School Press.

Q

Qu H., Kim L. H. & Im H. H., 2011. A model of destination branding: integrating the concepts of the branding and destination image [J]. Tourism Management, 32 (3): p. 465-476.

R

Rabbiosi & Chiara., 2016. Place branding performances in tourist local food shops [J]. Annals of Tourism Research: A Social Sciences Journal, 60: 154-168.

Ram P., Bjrk A. & Weidenfeld., 2016. Authenticity and place attachment of major visitor attractions [J]. Tourism Management, 52 (2): 110-122.

Ratti, Bramanti & Gordon., 1999. The dynamics of innovative regions: the gremi approach [J]. Urban Studies, 36 (8): 1409-1410.

Ritchie B. J. R. & Crouch G. I., 2000. The competitive destination: a sustainability perspective [J]. Tourism Management, 21 (1): 1-7.

Rioux L., Scrima F. & Werner C. M., 2017. Space appropriation and place attachment: university students create places [J]. Journal of Environmental Psychology, 50 (6): 60-68.

Roux, Dominique & Belk, et al., 2020. The Body as (Another) Place

Producing Embodied Heterotopias through Tattooing[J]. Journal of Consumer Research(online first), 46(5).

Richard Mosley, 2017. 雇主品牌管理:世界领先雇主的实践经验[M]. 北京:经济管理出版社.

Rossolatos G., 2016. Brand image re-revisited: a semiotic note on brand iconicity and brand symbols[J]. Social Semiotics, 28(3): 412-428.

Rühan, Kayaman & Huseyin, et al., 2007. Customer based brand equity: evidence from the hotel industry[J]. Managing Service Quality, 17(1): 92-109.

Ryu K., Roy P. A. & Kim H., et al., 2020. The resident participation in endogenous rural tourism projects: a case study of Kumbalangi in Kerala, India[J]. Journal of Travel & Tourism Marketing, 37(1): 1-14.

Ryu S. Y. & Yoo S. W., 2017. A study on the perceptions and interests of tourists to Gangwon-do: Focusing on social media big data analysis[J]. International Journal of Tourism and Hospitality Research, 31(2): 63-81.

S

Saaty T. L., 2003. Decision-making with the ahp: why is the principal eigenvector necessary[J]. European Journal of Operational Research, 145(1): 85-91.

Sang S., 2018. A study on tourists' perceived authenticity in Gala village, Nyingchi prefecture[J]. Journal of Tourism and Cultural Change, 18: 1-14.

Sang, Wei H. & Ma N., 2021. How off-season tourism promotion affects seasonal destinations? a multi-stakeholder perspective in Tibet[J]. Tourism Review, 76(1): 229-240.

Sarabia-Sanchez F. & Cerda-Bertomeu M., 2016. Place brand developers' perceptions of brand identity, brand architecture and neutrality in place brand development[J]. Place Branding & Public Diplomacy, 13(1):

1–14.

Saufi A., O'Brien D. & Wilkins H., 2014. Inhibitors to host community participation in sustainable tourism development in developing countries [J]. Journal of Sustainable Tourism, 22 (5): 801–820.

Scheyvens R., 1999. Ecotourism and the empowerment of local communities [J]. Tourism Management, 20 (2): 245–249.

Schnittka O., Sattler H. & Zenker S., 2012. Advanced brand concept maps: a new approach for evaluating the favorability of brand association networks [J]. International Journal of Research in Marketing, 29 (3): 265–274.

Schroeder A. & Pennington-Gray L., 2015. The role of social media in international tourist's decision making [J]. Journal of Travel Research, 54 (5): 584–595.

Schultz D. E., 2015. 重塑消费者：品牌关系 [M]. 北京：机械工业出版社.

Seyfang G., 2006. Ecological citizenship and sustainable consumption: examining local organic food networks [J]. Journal of Rural Studies, 22 (4): 383–395.

Shim C & Santos C., 2014. Tourism, place and placelessness in the phenomenological experience of shopping malls in Seoul [J]. Tourism Management, 45: 106–114.

Short T. L., 2004. The development of peirce's theory of signs [J]. Cambridge Companion to Peirce, 119 (4): 852–855.

Simkova E., 2007. Strategic approaches to rural tourism and sustainable development of rural areas [J]. Agricultural Economics-UZPI (Czech Republic), 53 (6): 263–270.

Slee B. & Farr H., 1996. Tourism strategies and rural development [J]. Zemedelska Ekonomika-UZPI (Czech Republic), (1): 19–28.

Smith C. J. & Relph E., 1976. Place and placelessness [J]. Geographical Review, 68 (1): 116.

Smith A., 2005. Conceptualizing city image change: the 're-imaging' of barcelona [J]. Tourism Geographies, 7 (4): 398-423.

Snepenger D. J., Murphy L. & O'Connell R., et al., 2003. Tourists and residents use of a shopping space [J]. Annals of Tourism Research, 30 (3): 567-580.

So K. K. F., King C. & Hudson S., et al., 2017. The missing link in building customer brand identification: the role of brand attractiveness [J]. Tourism Management, 59 (APR.): 640-651.

Soja E. W., 1998. Thirdspace: Journeys to Los Angeles and other real-and-imagined places [J]. Capital & Class, 22 (1): 137-139.

Speller G., Lyons E. & Twiggerross C., 2003. A community in transition: the relationship between spatial change and identity processes [J]. Social Psychological Review, 4: 3-22.

Stiglbauer B., Weber S., 2018. A picture paints a thousand words: The influence of taking selfies on place identification [J]. Journal of Environmental Psychology, 58: 18-26.

Stronza A. & Gordillo J., 2008. Community views of ecotourism [J]. Annals of Tourism Research, 35 (2): 448-468.

Strzelecka M., Boley B. B. & Woosnam K. M., 2017. Place attachment and empowerment: do residents need to be attached to be empowered? [J]. Annals of Tourism Research, 66 (9): 61-73.

Stokowski P. A., 2002. Languages of place and discourses of power: constructing new senses of place [J]. Journal of Leisure Research, 34 (4): 368-382.

Su B., 2011. Rural tourism in china [J]. Tourism Management, 32 (6): 1438-1441.

Su J. & Sun J., 2020. Spatial changes of ethnic communities during tourism development: a case study of Basha Miao minority community [J]. Journal of Tourism and Cultural Change, 18(3): 333-350.

Sun J. & Xie Y., 2020. The 'internal orientalism': new encounter in Tibet tourism [J]. Current Issues in Tourism, 23(12): 1480-1492.

Suntikul W. & Jachna T., 2016. The co-creation/place attachment nexus[J]. Tourism Management, 52(2): 276-286.

Susan F., 1998. Consumers and their brands: developing relationship theory in consumer research [J]. Journal of Consumer Research, 4: 343-353.

T

Taylor M., 2007. Community participation in the real world: opportunities and pitfalls in new governance spaces [J]. Urban Studies, 44(2): 297-317.

Taylor M & Lobel., 1989. Social comparison activity under threat: downward evaluation and upward contacts [J]. Psychological Review, 96(4): 569-575.

Tetreault M. A. S. & Iii R. E. K., 1990. Ritual, ritualized behavior, and habit: refinements and extensions of the consumption ritual construct [J]. Advances in Consumer Research, 17(1): 31-38.

Teye V., Sirakaya E. & SNmez S. F., 2002. Residents' attitudes toward tourism development [J]. Annals of Tourism Research, 29(3): 668-688.

Thomas D R., 2006. A general inductive approach for analyzing qualitative evaluation data [J]. American Journal of Evaluation, 27(2): 237-246.

Thompson J. B., 1995. The media and modernity: A social theory of the media [M]. New York: Stanford University Press.

Thellefsen T. & Sørensen B., 2013. Negotiating the meaning of brands[J].

Social Semiotics, 23（4）: 477-488.

Tosun C., 2000. Limits to community participation in the tourism development process in developing countries[J]. Tourism Management, 21(6): 613-633.

Trueman M., Klemm M. & Giroud A., 2004. Can a city communicate? bradford as a corporate brand[J]. Corporate Communications an International Journal, 9（4）: 317-330.

Trudie, Walters & Andrea, et al., 2018. How community event narratives contribute to place branding[J]. Journal of Place Management & Development.

Tuan Y. F., 1975. Topophilia: a study of environmental perception attitudes, and values[J]. Leonardo, 9（2）: 313.

Twigger-Ross C. L. & Uzzell D. L., 1996. Place and identity processes[J]. Journal of Environmental Psychology, 16（3）: 205-220.

U

Uchinaka S., Yoganathan V. & Osburg V. S., 2018. Classifying residents' roles as online place-ambassadors[J]. Tourism Management, 71: 137-150.

V

Venkatesan R. & Kumar V., 2004. A customer lifetime value framework for customer selection and resource allocation strategy[J]. Journal of Marketing, 68（4）: 106-125.

Vuorinen M. & Vos M., 2013. Challenges in joint place branding in rural regions[J]. Place Branding & Public Diplomacy, 9（3）: 154-163.

W

Wang D., Xiang Z. & Fesenmaier D. R., 2016. Smartphone use in everyday life and travel [J]. Journal of Travel Research, 55 (1): 52-63.

Wang L. & Yotsumoto Y., 2019. Conflict in tourism development in rural China [J]. Tourism Management, 70 (2): 188-200.

Wang N., 1999. Rethinking authenticity in tourism experience [J]. Annals of Tourism Research, 26 (2): 349-370.

Wang Y. & Pfister R. E., 2008. Residents' attitudes toward tourism and perceived personal benefits in a rural community [J]. Journal of Travel Research, 47 (1): 84-93.

Wang S. & Xu H., 2015. Influence of place-based senses of distinctiveness, continuity, self-esteem and self-efficacy on residents' attitudes toward tourism [J]. Tourism Management, 47 (47): 241-250.

Warren G. & Dinnie K., 2017. Exploring the dimensions of place branding: an application of the icon model to the branding of Toronto [J]. International Journal of Tourism Cities, 3 (1): 56-68.

Whelan D. S., 2011. Brand meaning [J]. European Journal of Marketing, 45 (4): 692-694.

Wilson & Lynn J., 2015. Here and now, there and then: nostalgia as a time and space phenomenon [J]. Symbolic Interaction, 38 (4): 478-492.

Wong P. P. W. & Teoh K., 2015. The influence of destination competitiveness on customer-based brand equity [J]. Journal of Destination Marketing & Management, 4 (4): 206-212.

Wu J., Xu J. & Erdogan E. H., 2009. Investigating the push and pull motivation of visiting domestic destinations in china: a means-end approach [J]. Journal of China Tourism Research, 5 (3): 287-315.

Wynveen C. J., Kyle G. T. & Sutton S. G., 2012. Natural area visitors' place meaning and place attachment ascribed to a marine setting [J]. Journal of Environmental Psychology, 32 (4): 287-296.

X

Xiao S., 2012. Tobacco as a social currency: cigarette gifting and sharing in china [J]. Nicotine & Tobacco Research, 14（3）: 258.

Xie D. & Heung V. C. S., 2012. The effects of brand relationship quality on responses to service failure of hotel consumers [J]. International Journal of Hospitality Management, 31（3）: 735-744.

Xue L. & Kerstetter D., 2018. Discourse and power relations in community tourism [J]. Journal of Travel Research, 57（6）: 757-768.

Y

Yang X., Hung K. & Xiao H., 2018. A dynamic view on tourism and rural development: a tale of two villages in Yunnan province, China [J]. Journal of China Tourism Research, 12（2）: 1-22.

Ye S., Xiao H. & Zhou L., 2018. Commodification and perceived authenticity in commercial homes [J]. Tourism Management, 71: 39-53.

Yousaf S., 2017. Quantification of country images as stereotypes and their role in developing a nation brand: The case of Pakistan [J]. Place Branding & Public Diplomacy, 13（1）: 81-95.

Yoon J. & Chang D., 2017. Place Brand System Framework and Role of Design Based on Luhmann's Social System Theory [J]. Archives of Design Research, 30: 109-125.

Yousaf & Salman, 2017. Quantification of country images as stereotypes and their role in developing a nation brand: The case of Pakistan [J]. Place Branding & Public Diplomacy, 13: 81-95.

Yuksel A., Yuksel F. & Bilim Y., 2010. Destination attachment: effects on customer satisfaction and cognitive, affective and conative loyalty [J]. Tourism Management, 31（2）: 274-284.

Z

Zankova B., 2018. Smart citizens for Smart cities: the role of social media for expanding local democracy [J]. ORAȘE INTELIGENTE ȘI DEZVOLTARE REGIONALĂ, 2(2): 19-34.

Zenker S. & Martin N., 2011. Measuring success in place marketing and branding [J]. Place Branding & Public Diplomacy, 7(1): 32-41.

Zenker S. & Braun E., 2017. Questioning a "one size fits all" city brand: developing a branded house strategy for place brand management [J]. Journal of Place Management & Development, 10(3): 270-287.

Zenker & Sebastian., 2014. Measuring place brand equity with the advanced brand concept map (abcm) method [J]. Place Branding & Public Diplomacy, 10(2): 158-166.

Zenker S. & Beckmann S. C., 2013. My place is not your place—different place brand knowledge by different target groups [J]. Journal of Place Management & Development, 6(1): 6-17.

Zhang L., Wu L. & Mattila A. S., 2016. Online reviews: The role of information load and peripheral factors [J]. Journal of Travel Research, 55(3): 299-310.

Zhang Z., 2020. Infrastructuralization of Tik Tok: transformation, power relationships, and platformization of video entertainment in China [J]. Media, Culture & Society, 21: 25-37.

Zhang H. & Xu H., 2019. Impact of destination psychological ownership on residents' "place citizenship behavior" [J]. Journal of Destination Marketing & Management, 14.

Zhang X. & Sheng J., 2017. A peircean semiotic interpretation of a social sign [J]. Annals of Tourism Research, 64(5): 163-173.

Zhang C., Gursoy D. & Deng Z., et al., 2015. Impact of culture on perceptions of landscape names［J］. Tourism Geographies，17（1）：134-150.

Zhang X. & Sheng J.，2017. A peircean semiotic interpretation of a social sign［J］.Annals of Tourism Research，64（5）：163-173.

Zhao W. & Ritchie J. R. B.，2007. Tourism and poverty alleviation：an integrative research framework［J］. Current Issues in Tourism，10（2-3）：119-143.

Zhou L.，2014. Online rural destination images：tourism and rurality［J］. Journal of Destination Marketing & Management，3（4）：227-240.

Ziakas & Vassilios.，2013. Fostering the social utility of events：an integrative framework for the strategic use of events in community development［J］. Current Issues in Tourism，19（11）：1-22.

中文文献

A

安迪·派克，派克，2016. 品牌与品牌地理化［M］. 邓龙安，译. 北京：经济管理出版社.

C

曹辉，陈秋华，2007. 基于层次熵分析法的乡村旅游产业竞争力评价研究［J］. 云南地理环境研究，019（006）：112-117.

陈文胜，2016. 论中国农业供给侧结构性改革的着力点——以区域地标品牌为战略调整农业结构［J］. 农村经济，11：3-7.

陈岗，2015. 旅游者符号实践初探——以杭州西湖"西子"诗词为例［J］. 人文地理（5）：153-158.

F

范公广，孟飞，2017. 农业供给侧结构性改革背景下新疆兵团地理标志品牌化策略［J］. 江苏农业科学，45（19）：99-102.

G

高鉴国，2006. 新马克思主义城市理论［M］. 北京：商务印书馆.

高宣扬，1989. 新马克思主义导引［M］. 北京：洞察出版社.

郭凌，王志章，2014. 制度嵌入性与民族旅游社区参与——基于对泸沽湖民族旅游社区的案例研究［J］. 旅游科学，28（002）：12-22.

H

贺雪峰，2011. 论富人治村——以浙江奉化调查为讨论基础［J］. 社会科学研究，000（002）：111-119.

何瀚林，蔡晓梅，2014. 国外无地方与非地方研究进展与启示［J］. 人文地理（6）：47-52.

胡宇娜，梅林，刘继生，2015. 县域乡村旅游竞争力评价指标体系构建及类型区划研究——以烟台市12个县域单元为例［J］. 山东农业大学学报（社会科学版），000（003）：26-32.

K

凯文. 莱恩. 凯勒，2009. 战略品牌管理（第3版）［M］. 北京：中国人民大学出版社.

L

拉巴次仁，2009. 论印度种姓制度对中国西藏社会所带来的负面影响［J］. 西藏省大学学报（1）：133-136.

李毓，孙九霞，2018. 旅游发展对傣族社区居民生活宗教实践的影响［J］. 社会科学家，251（03）：91-98.

李瑞，殷红梅，2010. 近10年中国民族村寨旅游研究进展与展望［J］. 地理科学进展，29（4）：411-421.

里茨尔，1999. 社会的麦当劳化［M］. 上海：上海译文出版社.

路幸福，陆林，2014. 基于旅游者凝视的后发型旅游地文化认同与文化再现［J］. 人文地理，2014，129（6）：117-124.

M

马克贝特，2015. 品牌的本质［M］. 北京：经济管理出版社.

O

欧阳康，黄丽芬，2020. 体系构建与效能优化：加强制度建设推进国家治理现代化［J］. 天津社会科学（1）：4-11.

P

彭文英，王瑞娟，刘丹丹，2020. 乡村振兴评价及政策建议［J］. 兰州财经大学学报（1）：69-78.

彭丹，2017. 制造旅游迷思：关于湘西凤凰古城的个案分析［J］. 旅游学刊，32（9）：34-46.

Q

钱丽芸，朱竑，2011. 地方性与传承：宜兴紫砂文化的地理品牌与变迁［J］. 地理科学，31（10）：1166-1171.

乔纳森·R.，卡普斯基，2018. 品牌弹性［M］. 北京：经济管理出版社.

R

任宁，2008. 乡村旅游地竞争力影响因素研究［D］. 杭州：浙江大学.

饶鉴，2013. 从符号学角度看景区品牌与城市品牌的传播意义［J］.

湖北社会科学, 000（010）：92-95.

饶鉴, 2017. 城市传播与景区品牌[J]. 品牌研究, 05（11）：79-79.

T

唐玉生, 曲立中, 孙安龙, 2013. 品牌价值构成因素的实证研究[J]. 商业研究, 9：116-122.

田敏, 撒露莎, 2015. 旅游仪式论质疑[J]. 思想战线, 041（001）：14-19.

田村正纪, 胡晓云, 许天, 2017. 品牌的诞生——实现区域品牌化之路[J]. 品牌研究, 12（06）：2.

S

桑森垚, 2016. 探索旅游体验的伴随文本分析框架——以赴韩中国留学生的遗产旅游体验为例[J]. 旅游纵览（下半月）：4.

桑森垚, 2016. 探索赴韩中国游客体验记忆形成过程中的关键要素和记忆偏差[J]. 旅游论坛, 9（004）：33-39.

桑森垚, 2017. 基于拉萨市藏族居民对游客消极态度的整合威胁分析[J]. 西藏研究, 6：60-71.

桑森垚, 尼玛, 2018. 探索怀旧视角下的旅游现象：怀旧的时间、空间和意义属性[J]. 广州大学学报（社会科学版）：17（08）：82-87.

桑森垚, 何伟, 刘呈艳, 等, 2018. 整合 icon 模型：基于旅游开发的达东村地方品牌化思考[J]. 中国旅游评论, 4：139-153.

桑森垚, 2019. 符号学视角下的内部地方品牌化探究 ---- 以西藏自治区达东村为例[J]. 地域研究与开发, 038（002）：129-132, 146.

桑森垚, 2019. 少数民族乡村节庆视角下的地方品牌建构 ——以林芝市嘎拉村为例[J]. 农业经济, 4：139-140.

桑森垚, 2019. 居民增权作用本地居民旅游影响感知研究——以西藏自治区达东村为例［J］．西藏研究，4：81-90．

孙丽辉，2010．区域品牌形成与效应机理研究［M］．北京：人民出版社．

孙丽辉，毕楠，李阳，等，2009．国外区域品牌化理论研究进展探析［J］．外国经济与管理，31（2）：40-49．

孙九霞，2008．旅游人类学的社区旅游与社区参与［M］．北京：商务印书馆．

孙九霞，周一，2014．日常生活视野中的旅游社区空间再生产研究——基于列斐伏尔与德塞图的理论视角［J］．地理学报，69（10）．

孙九霞，黄秀波，王学基，2017．旅游地特色街区的"非地方化"：制度脱嵌视角的解释［J］．旅游学刊，32（9）：24-33．

苏悦娟，2013．地理标志区域品牌化策略研究［J］．广西社会科学，6：55-57．

W

万年庆，张立生，2010．基于引力模型的旅游目的地客源市场规模预测模型研究［J］．河南大学学报（自然版）（01）：49-53．

王宁，2014．家庭消费行为的制度嵌入性［M］．北京：社会科学文献出版社．

王宁，1999．旅游，现代性与"好恶交织"——旅游社会学的理论探索［J］．社会学研究（06）：93-102．

王飞，王建国，2017．基于AHP-FCE模型的乡村旅游目的地指标体系的研究［J］．内蒙古工业大学学报（社会科学版），1：12-23．

王晓灵，2010．品牌价值的结构、影响因素及评价指标体系研究［J］．现代管理科学，11：95-97．

王敏，马纯莉，朱竑，2017．"互联网+"时代下的乡村地方品牌建构——以从化市良口镇三村为例［J］．经济地理，37（1）：115-122．

王彦勇，胡宁，2017．区域品牌发展中的地方政府影响渠道及作用研究［J］．理论导刊，1：72-77．

文群艳，翁胜兵，李翎羚，等，2015. 浙江嘉兴农产品区域品牌营销战略研究［J］. 安徽农业科学，47（1）：381-383.

王铭铭，杨清媚，2010. 费孝通与《乡土中国》［J］. 中南民族大学学报（人文社会科学版），04：6-11.

魏雷，钱俊希，朱竑，2014. 谁的真实性？泸沽湖的旅游凝视与本土认同［J］. 旅游学刊中国旅游研究年会，69-79.

X

徐勇，1997. 中国农村村民自治［M］. 武汉：华中师范大学出版社.

许可，2019. 黄陂区乡村旅游竞争力评价研究［D］. 武汉：华中师范大学.

Y

杨锐，张攀，牛永革，2018. 旅游口号信息诉求对口号态度和旅游意愿的影响研究——基于心理意象加工的视角［J］. 旅游学刊，033（006）：73-86.

殷章馨，夏赞才，唐月亮，2018. 乡村旅游市场细分的统计检验［J］. 统计与决策，20.

Z

赵卫宏，凌娜，2014. 基于资源与制度视角的区域品牌化战略［J］. 江西社会科学，34（7）：212-217.

赵卫宏，周南，朱海庆，2015. 基于资源与制度视角的区域品牌化驱动机理与策略研究［J］. 宏观经济研究，2：26-38.

赵卫宏，张宇东，2017. 区域品牌化的企业参与行为研究——基于文化认知的视角［J］. 当代财经，4：69-80.

朱梓烨，2007. 新闻传播中的"集体无意识"与神话再现［J］. 新闻与传播评论（Z1）：84-90.

庄德林，伍翠园，王春燕，2014．区域品牌化模型与绩效评估研究进展与展望［J］．外国经济与管理，36（9）：29-37．

张晶晶，2018．乡村旅游学研究［M］．北京：冶金工业出版社．

张骁鸣，保继刚，2009．旅游发展与乡村变迁："起点–动力"假说［J］．旅游学刊，6：19-24．

邹统钎，2005．中国乡村旅游发展模式研究——成都农家乐与北京民俗村的比较与对策分析［J］．旅游学刊，20（3）：63-68

朱伟，2014．乡村旅游理论与实践［M］．北京：中国农业科学技术出版社．

郑少茹，桑森垚，2020．制度分析视角下西藏自治区乡村旅游发展策略研究——以拉萨市尼木县吞达村为例［J］．山西农经，12．